天
Borderless
下

天下，在乎正义和你

天
Borderless
下

犯罪学的历史

[美] 戴维·亚瑟·琼斯（David A. Jones）著
郭建安 宋金莹 译

法律出版社
LAW PRESS · CHINA

Translated from the English Language edition of History of Criminology: A Philosophical Perspective
by David A. Jones
Originally published by Praeger, an imprint of ABC-CLIO, LLC, Santa Barbara, CA, USA.

著作权合同登记号
图字：01-2019-1809

作者简介

[美] 戴维·亚瑟·琼斯（**David A. Jones**）

美国彼得斯堡大学法律与司法交叉学科教授和社会学教授，宾夕法尼亚州州长任命的量刑委员会成员，美国最高法院和各联邦上诉法院律师，马萨诸塞州、纽约州、宾夕法尼亚州和哥伦比亚特区律师协会会员，出版过《刑事诉讼法》《婚姻法》和《没有惩罚的犯罪》等著作。

译者简介

郭建安　中国法律服务（香港）有限公司董事长、总经理，曾任司法部预防犯罪研究所所长、司法协助与外事司司长，兼任中国国际私法学会副会长、刑法学研究会常务理事、司法部高级职称评委会委员、北京师范大学博士生导师等职。

宋金莹　一级英语笔译，现任北京思必锐翻译有限公司译审，曾任司法部司法协助交流中心翻译。北京外国语大学高级翻译学院硕士、南开大学英语学士、中国人民大学法学学士。

译者序

1989年8月至1990年9月，我在美国纽约州立大学奥尔巴尼分校（SUNY ALBANY）刑事司法学院进修，该刑事司法学院当年在全美首屈一指。图书馆里关于犯罪学和刑事司法的藏书非常丰富，20世纪90年代的中国这方面的图书还很少，因此我每天除了上课以及每周参加一次课题讨论之外就泡在图书馆里，在浩瀚的书海里发现琼斯教授这本书当时就感觉眼前一亮。这本书的哲学视角独特，叙事年代久远而脉络清晰，融通科学、宗教、政治、文学、史学等诸多学科支持主题，让我们这些仅仅见识过循环论证式干涩结论的学界新手眼界顿开，这样研究犯罪学像做学问。后来，我按书中作者简介给琼斯教授写了一封信，对这本书表示赞赏，现在不记得当时有没有明确提出要书，总之后来琼斯教授收到信后给我寄了一本书，扉页上记载的是1990年1月25日收到的。我回信表示感谢时提了一句，本书应当以中文版与中国读者见面，不知道这算不算我心中的一个承诺。不过，回国之后我将主要精力放在完成工作任务和为抢评职称而著述上，这本书的翻译虽然没有丢到脑后，但始终放在一边了。2007年我从司法部预防犯罪研究所彻底脱身，任务性研究工作没那么多了。后来，在司法部外事司做翻译的原同事宋金莹希望做些专业性的笔译。她的英语功底很好，有一定法律基础，就是犯罪学的专业术语和相关理论不熟悉。因而，在她翻译了两篇专业论文之后，我便让她翻译本书。翻译过程的艰难，我从校订中可以看出。最终，她完成了绝大部分章节的翻译，我将她未完成的第八章部分内容和第九章译完，并参考《中国大百科全书》相关卷、《大不列颠百科全书》和 *Black's Law Dictionary*，依照原文对全书校订了多遍。有些宗教词汇的含义我没有把握，曾请教过美驻华使馆的顶级翻译布朗先生，他常常为美国总统访华或接待中国领导人访问担任翻译。全书完稿之后，我试图联系琼斯教授商议版权问题，但做了几次努力也没联系上。最后，向时任美驻华使馆法律顾问 Dkyle Latimer 先生求助，他也没有找到琼斯教授，不过他联系上了拥有版权的出版商。出版商代表说版权问题比较复杂，要求中文出版商与其联系洽谈。当时，我还没有找中文出版商，事情就搁置下来了。出版时机直到 2017 年才到来。2017 年年初，法律出版社拟出版一套“犯罪学与刑事司法手册译丛”，市场研发部(社项目运营中心)主任王旭坤博士负责前期工作，我被列入编委会，并负责审定译者的样章。看了几本书的不同样章之后，感觉这套丛书虽然名称是手册，论理性还是很强的，不过没有关于犯罪学与刑事司法史的内容，若将琼斯教授这本《犯罪学的历史》放在一起出版，会起到很好的补充作用。我与王旭坤博士沟通后，她说不用放在丛书中,可以单独出,我便把书稿和版权所有者负责人的联系方式一并给了她。她请社里版权法务中心的同事联系版权事宜,版权所有人同意有偿授权法律出版社出版中文版。获得授权之后,法律出版社确定由学术分社黄琳佳女士担任策划和责任编辑,她积极策划和推进本书的出版进程。对工作极其负责的社领导在终审过程中又对书稿做了美容。他们的不懈努力使本书进入到出版的最后阶段。

本书有三个特点。一是书中所展现的唯物史观。全书共计九章,作者实际上是按时代将犯罪学的产生和发展划分了九个历史时期。犯罪学,作为人类特别是统治者对犯罪现象的认识和反映,具有明显的时代特征,与不同时代的发展水平尤其是科学的进步程度非常一致。科学越发展,对犯罪的认识越深化,犯罪学的知识化程度越高。有了这样的认识,我们就会把对犯罪学的研究放在一个历史的长河中来看待,任何时代的研究都脱离不了当时的历史背景,个人的认识总是具有时代局限性的。

二是书中所涉猎的知识之广博。由于作者以作为科学之王的哲学为视角来透视不同历史时期人类对犯罪的认识和反应,因而牵扯的知识范围非常广泛,除哲学之外,还包括自然科学、文学、历史、语言学、法学和犯罪学等不同学科。作者对各个学科的掌握都达到了融会贯通的程度,在不同章节的引用非常娴熟和恰当,为犯罪学学者如何将这一交叉学科的研究和著述提升到一个新高度树立了标杆。

三是书中所贯穿的中立而专业的研究方法。作者站在中立和专业的立场上，在书中对不同时代的相关文献和研究进行了详尽的阐述，融汇了不同的观点和结论，并予以科学的评价。科学应当是包容的，科学结论其实并没有科学方法重要，只有运用符合一般科学常识和规律的研究方法所得出的结论，才更具有说服力和可信度。这鼓励着犯罪学学者进一步掌握相关研究方法，跳出简单论证和分析的循环，将犯罪学的研究进一步深化，向学科、知识界和公众提供更高质量的研究成果。

这本书的出版得益于众多认识的和不认识的人的努力。除上面提及的各位之外，样章出来之后，责任校对又反复核对了文字，美编设计了独特的封面和适当的版面，在此一并表示感谢。

本书的中文版面世算是兑现30年以前对作者琼斯教授的一个承诺，尽管当时我没有确定承担或者组织翻译，不论现在他身在何处，希望他知道这个消息之后，会对他的著作以地球上使用人数最多的语言出版而感到高兴。鉴于本书在理解和翻译上的难度，尽管译者在翻译和校对上尽了最大努力，书中难免还有不准确的翻译、不恰当的措辞或者未校出的笔误，恳请读者指正。

郭建安

2019年7月于香港

目　录

Contents

第一章　犯罪学之历史与哲学的联系

CHAPTER ONE CONNECTIONS IN THE HISTORY AND PHILOSOPHY OF CRIMINOLOGY

"比起战争，人类任何其他形式的努力都微不足道。上帝，我是多么热爱战争啊！"[1]美国陆军上将小乔治·S.巴顿(Gerorge Smith Patton, Jr.)在第二次世界大战中如是说。我们也可以找到充分的论据证明，除战争以外人类任何形式的努力与犯罪相比都微不足道。的确，犯罪可谓是战争的一种形式，甚至是战争在和平时代的替代品。巴顿进一步宣称："男人总爱战斗，不爱战斗就不是男人。"[2]果真如此吗？倘若果真如此，即使在一定程度上是如此，那么是否意味着男人为犯罪而生？女人又是怎样呢？犯罪是人类的本性吗？还是犯

〔1〕 *The War Laver*, Review of Ladislas Farago, Ordeal and Triumph (1964) 84 Time 112 (Octorber 30, 1964).

〔2〕 同上。

罪是部分人类的本性或是动物的普遍本性？抑或是所有或大部分生物以不同形式表现出来的本性？对这些问题，我们并不清楚，因而无法做出肯定的回答。

“20 世纪的犯罪学是十八九世纪的理论产物。如果不与今天的犯罪学家所做的事情相联系，对犯罪学的历史评判就毫无价值。”[3] 1959 年，克拉伦斯·雷·杰弗利(Clarence Ray Jeffery)就曾这样提醒我们。这一忠告至今仍然适用。但是，18 世纪的犯罪学(Criminology)主要是为反对当时以宗教名义实施的野蛮刑罚而兴起的进步运动，而在 19 世纪，犯罪学有所发展是由于当时的思想家重新审视了 18 世纪的理想主义，并发现这一理论无法应对残酷的犯罪现实。19 世纪的科学至上在很大程度上逆转了 18 世纪争取理性进步的潮流。

时间总是交替产生进步和倒退。但是，倒退孕育了更大的进步，18 世纪和 19 世纪开创的科学方法在 20 世纪结出了硕果。我们所处的 20 世纪经历了 18 世纪任何人都无法想象到的如此伟大的启蒙运动。这一点在犯罪学及其他自然科学和行为科学中显而易见。20 世纪，我们探究人类心理，已经发现了确凿的证据可以证明心理如何影响我们的身体行为和生活方式。此外，20

---

〔3〕 C. Jeffery, *The Historical Development of Criminology*, 50 J. Crim. L., Crim. & Pol. Sci. 1 (1959), reprinted in H. Mannheim, ed., Pioneers in Criminology 458 (ed. 1972).

世纪发明的技术使我们能够记录并分析人们在群体互动过程中发生的事件。无线电波的贡献尚未完全发挥出来,硅片刚刚应用于这一领域。我们或许已经处于开始了解犯罪的门槛上,但仅此而已。在犯罪学领域,我们如果幸运的话,20 世纪剩下来的年头也许会产生新的启蒙运动或完成第一次启蒙运动的目标。

犯罪学思想在每个世纪之间的衔接,甚至同一个世纪中一代与下一代间的衔接,比美术之外的其他任何学科都更为显见。犯罪学先驱们借鉴同代人的思想,形成自己的理论,就如同画家德加(Edgar Degas)、莫奈(Claude Monet)和雷诺阿(Pirre-Auguste Renoir)通过学习导师马奈(Édouard Manet)的技巧而形成了自己的印象派风格。如同计算机技术领域一样,犯罪学的发展水平变化迅速,但每一次变化都与其前后发生的变化相衔接。"新"批判犯罪学体现了 20 世纪七八十年代与学界公认犯罪学产生的 1764 年相同的关注和思想,就像用于制造便携式计算机的微芯片是在 20 世纪 50 年代通用自动计算机(UNIVAC)技术的基础上加以改进而形成的一样。

杰弗利还观察到,犯罪学包括三个领域:(1)查明违法者;(2)关押与治疗罪犯;(3)解释犯罪与犯罪行为。"查处、治疗与解释犯罪和罪犯相关的问题相互交叉,并且在很多领域是重叠的。”[4]犯罪学思想的联系跨越了这三个领域的界限。因此,虽然事实证明切萨雷·龙勃罗梭(Cesare Lombroso)穷毕生之力研究所有罪犯的共同生理特征对解释犯罪行为并无助益,但这项研究对今天产生用于查明证据和逮捕犯罪嫌疑人的法医调查技术具有重要意义。

第一节 现代犯罪学的起源

犯罪学在20世纪成为独立的学科,在很大程度上归功于被誉为该领域“先驱”的少数人的努力。[5] 对犯罪学中不同时代或基本处于同一时代但跨越不同领域的各种思想,人们没有充分地把它们密切联系在一起,也没有对这些联系进行足够的记录。一些艺术家、自然科学家和哲学家本人虽然从未直接关注犯罪研究,但他们对犯罪学的贡献至少等同于,甚至超越了被誉为犯罪学先驱的少数人。犯罪学与艺术、自然科学和哲学之间的联系不受关注,这一空白是犯罪学迟迟得不到学术界

[4] id Mannheim at 459.

[5] 参见H. Mannheim, ed., Pioneers in Criminology (1960 and 1972)。

尤其是美国学术界的普遍承认,无法成为独立学科的原因之一。

大多数学者一致认为,现代犯罪学形成于 1764 年意大利贝卡利亚·切萨雷·博尼萨那侯爵在意大利里窝那出版著作《论犯罪与刑罚》(*Trattato dei délitti è elle pèna*)[6]之时。1767 年,该书以英文名 *Essay on Crimes and Punishment*[7]在伦敦再版。作者贝卡利亚立时得到广泛赞誉。这部著作出版的时间与其所获得的认同具有重要意义。贝卡利亚于 1763 年 3 月动笔撰写此书,至次年 1 月完成。前一年(1762 年)3 月,一位名叫让·卡拉的老人在法国图卢兹被判处死刑,罪名是杀害亲生子。卡拉是胡格诺教派信徒,即法国新教徒。皇家公诉人宣称,卡拉因其子皈依天主教而将其杀害。而事实上,法国哲学家伏尔泰随后在 1763 年的著作《论宽容》中证明,卡拉之子死于自杀。在 1762 年 11 月 28 日致友人琼·达伯特的那封著名信件中,伏尔泰谴责法院批准用以迫害异教徒的酷刑,并以"铲除卑鄙"(Ecrasez-L'infame)结尾。这句话后来成为法国大革命的口号。最终,伏尔泰在卡拉死后成功为其翻案,并使在法国监狱中实施的酷刑受到世界关注。

在《论犯罪与刑罚》创作前和创作中的几年间,贝卡

---

〔6〕 参见 H. Mannheim, ed., Pioneers in Criminology 1 (2d ed., 1960)。

〔7〕 美国版第 1 版(1809 年纽约版)为斯蒂芬·古尔德翻译,更为晚近的版本(1963 年印第安纳波利斯版)为亨利·保卢奇翻译。

利亚着迷于其他法国百科全书编纂者的理论，尤其是孟德斯鸠 1748 年出版的《论法的精神》（*De l' Esprit des lois*）。如果没有百科全书运动的影响，特别是如果没有孟德斯鸠的思想为背景，年轻的贝卡利亚不可能写出《论犯罪与刑罚》一书，这本书更不可能声名远扬。或许有许多像贝卡利亚这样的人，写出了同样或更优秀的文章，却平凡一生。贝卡利亚取得广为人知的成功，是由于他在适当的时间和地点写出了适当的内容：他写作的平台由孟德斯鸠搭建，他的读者范围因伏尔泰而扩大。他所写的是读者希望读到的内容，读者喜爱他的作品。

第二节　古典现实主义

孟德斯鸠、伏尔泰和贝卡利亚是理想主义者。他们共同的理想是为罪犯建立公正的司法制度，与这项制度对立的是宗教统治下的现实主义，而宗教直至 18 世纪末一直都是欧洲大多数国家执法的原动力。18 世纪前欧洲盛行的社会哲学被称为古典现实主义（Classical Realism），同时包含了世俗作者和神学作者的思想。世俗哲学家有希腊黄金时代的柏拉图和亚里士多德以及罗马共和国的马尔库斯·图里乌斯·西塞罗。

但是在中世纪,起初并无宗教色彩的现实主义原理与圣奥古斯丁、圣安瑟尔谟、圣托马斯·阿奎纳等中世纪天主教僧侣和牧师的罪过取向纠结在一起。希腊和罗马早期的现实主义思想家认为,国家的权力来自全体公民,国家有权惩罚作恶之人是因为需要保护人民的共同利益。这一思想始见于柏拉图的《理想国》,并贯穿于亚里士多德的《政治学》和《尼各马科伦理学》(*Ethika Nikomachea*)以及西塞罗的三部政治学著作《论共和国》(*De Republica*)、《论责任》(*De Officiis*)和《论法律》(*De Legibus*)。而另一方面,现实主义神学家则认为,如天主教会所解释的,国家的权力源于上帝,惩罚作恶之人是以神授之权统治国家的绝对君主与生俱来的权力。这一思想始见于圣奥古斯丁的《上帝之城》,并在随后的神学论文中得以传承。这些论文有圣安塞姆(Anse Lmus)的《证道》以及圣托马斯·阿奎纳的《神学大全》,其中包括名篇《论法的本质》。

第三节 古典理想主义

孟德斯鸠、伏尔泰、贝卡利亚和18世纪中叶其他理想主义者目睹国家以宗教名义滥用权力。为摆脱这种局面,他们回望柏拉图、亚里士多德和西塞罗来寻求指引。实际上,他们追慕"古典时代",并且梦想能够将其复兴。所谓"古典"派犯罪学,是与文学和艺术浪漫主义相伴兴起的。在这一浪漫主义时期,人们向往并最终实现了古典复兴。事实上,"古典"派犯罪学体现着孟德斯鸠、伏尔泰和贝卡利亚的自由主义理论,遵循的是理想主义思维模式,而并非现实主义思维模式,尽管两者看似矛盾却不无道理地都以"古典"一词作修饰语。理解这一点甚为重要,因为近年来这个事实一直被人们忽视。

列昂·拉兹诺维奇爵士尖锐地指出:

现代刑罚思想体系首先于18世纪在欧洲形成。18世纪是人类活动值得纪念的转折点,而当时欧洲是世界的中心。这一思想体系的先驱是法国哲学家,而在他们所处的时代,法国是欧洲的中心。从否定的角度看,这是对许多旧有陋习的一种反抗,而从肯定的角度看,这是对人与自身及其与社会关系的一种新的认识。这一思想体系产生了巨大的直接影响,而其更为深远的影响则渗透了整个19世纪及以后的刑法与刑法执行。[8]

18世纪末革命的火焰在欧洲爆发之后,犯罪学开始成为独树一帜的研究领域。18世纪末,平等主义风潮盛行于欧美,激励人们公开抗议不公正行为。于是各种相互矛盾的观点开始涌现,人们开始争论人为什么会犯罪,如何最有效地查明、威慑和预防犯罪行为,以及如何既有效果又有效率地对刑事罪犯施以制裁。诚然,理想主义的出现最初反映的是贵族阶层(尽管是叛逆的贵族)似是而非的闲谈。18世纪的哲学家几乎均为贵族后裔,因为对于贵族以外的任何人,摆脱赖以维持生计的苦役只能是梦想。进入19世纪,功利主义运动改变了这种状况。

第四节　工业革命与功利主义

19世纪初,18世纪革命领袖呼吁的社会变革开始

〔8〕 L. Radzinowicz, Ideology and Crime 1 (1966).

成为现实。在引起变革的因素中，新技术远比社会情绪的变化更为重要，尽管机械理念和社会理念可能均发源于启蒙运动。18 世纪初许多发明家即尝试使用蒸汽作能源为机器提供动力，但从动力学意义上利用蒸汽作为能量则是在 19 世纪“机械革命”之后。当时蒸汽通常由煤炉产生，但经过完善，蒸汽机又可提高煤产量，最终使产生的蒸汽量按指数成比例增长。这种方式与今天增值反应堆产生更多的核能相似，只是较为原始。英格兰的煤矿冬季会被水淹没，造成对采矿作业的季节性限制。蒸汽机将煤矿中的水抽出，并通过机车提高运输能力，把大批煤运到更远的地方。这样，煤为工厂的蒸汽机提供燃料，蒸汽机使机器运转，而机器用来制造产品。大批量运煤能力的获得使一些煤可以转化为焦炭，而焦炭可以用于熔化铁矿石，炼成更轻、更坚固的钢。钢可用于建造监狱中高大的多层监舍，使数百名犯人能够长期居于其中。

英格兰在一代之内实现了工业化。随后，工业化迅速席卷欧洲大陆和新大陆。工厂的出现使乡镇繁荣发展，成为城市。人们从农村迁移到城市。他们在路上遭到强盗抢劫，到达目的地后又面临恶劣的居住条件。工业革命期间，盗贼有了新的可乘之机，犯罪日渐猖獗。长途旅行者手无寸铁，毫无抵抗之力，成为拦路劫匪手到擒来的猎物。伦敦等繁忙的贸易港成为犯罪中心。罪犯在那里进行各种犯罪交易，并且能够轻易窃取进口商品,由此产生了对高效率警务的需求。

人们在学习以最少的体力劳动实现工业生产最大化时,也开始将这一原则运用于社会活动,于是功利主义(Utilitarianism)逐步发展起来。19 世纪最初的 30 年,功利主义者的主要领袖是英国律师杰里米·边沁。他们关注的重点是:开展街头警务活动,并通过精心设计的项目使罪犯在监狱中做苦工,以此预防犯罪。

边沁学派的功利主义者错误地认为,罪犯人数也会随着功利主义对效率的要求而改变。首先在伦敦,继而在整个英格兰,杰里米·边沁以及约翰·菲尔丁爵士、埃德温·查德威克(Edwin Chadwick)爵士等人成功地实施了一套高效警察体制。19 世纪前 25 年中,警察队伍在欧洲和美国各大城市组建起来。但是,人们惊奇地发现,系统的警务工作将犯罪从巡逻密集的地区驱赶到了警察监视的目光无法触及的区域。由于社区雇请的警察增多,警察确定的犯罪也增多,从而有更多的人被视为应受法律制裁的罪犯,成为警察的目标。

边沁学派的功利主义者努力建造了许多堡垒式监狱,可以关押犯人并让他们做苦工,从而支付他们本人在监狱的各项费用,并且有希望创造利润。然而功利主义者却发现,为了维持收支平衡,监狱必须不断增加押犯人数,这就需要扩大监狱自身的规模和容纳能力;而扩大监狱规模又必须有更多的人被送进监狱,填充新建的空间。这些事件不断循环,周而复始,使国家耗费巨大,并且不出预料地没有完全消灭犯罪,也没有彻底改造罪犯。功利主义者忽视了一个显而易见的事实:一旦犯罪的人成为目标并被关进监狱,犯罪机会的诱惑吸引了无穷无尽的犯罪大军准备、甘愿并能够步入曾经成为监禁目标和被监禁的前罪犯队伍。

第五节 实证主义与科学方法

维护城市治安和维持监狱运转的成本日益增长。在 19 世纪后 50 年中,这个问题影响了大多数国家。自启蒙运动以来,一个事实第一次真正变得显而易见:把有监禁权者不喜欢的人全部关进监狱,是任何国家都负担不起的奢求。必须把可能成为累犯或重犯重罪的人与其他人区别开来。科学方法当时在西欧接近顶峰。受此影响,人们越来越多地进行经验主义研究,试图确定任何特定的人是否有以及有哪些明显特征,可以用来合理而准确地预见该人在有生之年是否会从事严重犯罪活动。于是,实证主义哲学出现在犯罪学中。由意大利军医切萨雷·龙勃罗梭领导的对"犯罪人"的搜寻开始了。斯蒂芬·谢弗(Stephen Schafer)深刻地指出,实证主义犯罪学的出现"鲜明地标志着宗教时代成为过去,科学时代已经开始"。[9]

龙勃罗梭搜寻并自称"发现"了"犯罪人",这在19世纪末由于某种原因而大受欢迎。对龙勃罗梭受到众人喜欢的原因有如下推测:

或许天生犯罪人的故事可以方便地为预防措施的失败找到理由,同时避免推导出一个危险理论,即犯罪是我们社会组织的必然产物。[10]

列昂·拉兹诺维奇爵士的解释与此相似但稍有不同:

它服务于上层阶级的利益并安慰他们的良心。他们把危险阶层视为游离于主流社会环境之外的独立类型。危险阶层的人被描述为另类种族。他们道德败坏,内心邪恶,以破坏有序社会的基本法则为生,而这个基本法则就是一个人应当以诚实可靠的劳动维持生计。[11]

无论原因如何,犯罪学中的实用主义运动开始生根,龙勃罗梭也未令读者失望。他的《犯罪人论》第一版只有252页,而1878年问世的第二版增加到740页。1889年,第四版需要两卷共1241页。1896~1897年,第五版达到1903页,勉强装为三卷。乔治·沃尔德

〔9〕 S. Schafer, Theories in Criminology 123 (1966).

〔10〕 A. Lindesmith, and Y. Levin, *The Lombrosian Myth in Criminology*, 42 AM. J. SOC. 653-71 (1937)。

〔11〕 同前注。

(George B. Vold)指出:

因此,252页足以表达他起初以进化返祖现象解释犯罪的理论。然而20年后他却需要用1900多页的篇幅来涵盖所有看来与导致犯罪相关的因素,从气候、降水、粮食价格、性别和婚姻习俗、刑事法律和银行业务惯例到国家关税政策、政府结构、教会组织以及宗教信仰情况。[12]

19世纪末20世纪初,人们似乎希望找到某种简单的方法,把罪犯与自己区别开来。他们也许希望以此确保自己的违法行为不为人知,或者是为了在崇尚顺从的维多利亚时代鼎盛时期证明本人外在的顺从。龙勃罗梭试图采用简单的解释来实现读者的愿望,这样的解释并未经过严格分析论证,却看似获得了科学方法的认可(官方处罚)。他的研究领域称为人体测量学,意为用于人类学分类和比较的人体测量研究和技术。

在龙勃罗梭及其追随者的领导下,人们继续寻找犯罪行为的主要原因。龙勃罗梭的追随者中最重要的是恩里科·菲利(Enrico Ferri)和拉法埃莱·加罗法洛(Baron Raffaelo Garfalo)。菲利于1921年为意大利起草了一部刑法典修正案。该法案因过于激进而遭众议院否决。这部法案使人们能够清晰地洞彻实证主义法

〔12〕 G.沃尔德:《理论犯罪学》1979年伯纳德修订版,第37页。龙勃罗梭最后一部著作《犯罪:原因与救治》出版于他去世两年后,即1911年。沃尔德认为这部著作“是龙勃罗梭特别为美国读者准备的,是其一生工作的总结”。同上。

哲学。加罗法洛把注意力从法律转向他所谓的心理异常或本能。[13] 这种心理异常或本能导致了他认为可以遗传或通过幼年经验习得的行为。龙勃罗梭研究身体上的生理特征,而加罗法洛则集中精力研究精神上的心理特征。这一学科在20世纪前40年因西格蒙德·弗洛伊德而广为人知。1913年,查尔斯·巴克曼·格林发表了题为《英国犯罪人:统计学研究》的著作[14],用严格的统计学分析推翻了龙勃罗梭的大部分研究结论。

诚如达尔文的自然进化理论,只有最恰当的理念才能通过科学检验,实现适者生存,而龙勃罗梭的实证主义没能适应知识的进化。尽管如此,实证主义并未完全消失。最近一项对先天性儿童行为的研究[15]以及另一项对有缺陷大脑的研究[16],揭示了遗传在犯罪学中可能起到的作用。很多研究人员已就染色体异常(如XXY综合征)与超常暴力倾向之间可能存在的关系进行了研究。[17] 尽管龙勃罗梭的结论由于不成熟而受到质疑,但寻找"犯罪人"的进程仍在继续。[18]

龙勃罗梭推广的生理学研究产生了一些效果。19世纪末,人们越来越关注如何识别已知的犯罪人。法国

[13] R.加罗法洛:《犯罪学》1914年版,第79页。

[14] C. Goring, The English Convicts: A Statistical Study.

[15] 参见E.威尔逊:《论人性》。

[16] 参见V. Mark, and F. Ervin, Violence and the Brain (1970)。

[17] 参见P. Moody, Genetics of Man (1967)。

[18] 对犯罪行为的基因原因的全面考察,参见L. Taylor, Born to Crime (1983)和Y. Rennie, The Search for Criminal Man (1978)。

一位名叫阿方斯·贝蒂隆的警察发明了一种人体测量学方法,用大量身体测量标准给犯罪人分类,但事实证明这种方法并未奏效。1880 年,一位在日本工作的苏格兰医生,设想通过对犯罪现场遗留的皮肤组织上的纹理标记可以追踪到犯罪人。[19] 20 世纪,出现了为血液、毛发、唾液、精液、皮肤以及其他人体残留物分类的各种方法,而所有方法都源于龙勃罗梭对人体测量学的推广。

第六节 自然主义与心理障碍

19 世纪大部分时间里,早在实证主义远未普及之时,各种自然主义流派就已出现在早期犯罪学家的思想中。从加尔(Galli)和施普茨海姆(Suprzheim)的颅相学(phrenology)[20] 到威廉·H. 谢尔登(William H. Sheldon)的体格精神病学(Constitufional Psychiatry)[21],

〔19〕 Faulds, *On The Skin Furrows of the Hand*,22 Nature 605 (1880). 第一部关于指纹的教科书于 1892 年实证犯罪学鼎盛时期问世,作者弗朗西斯·高尔顿爵士。F. Galton, Fingerprints (1892; reprinted 1965)。

〔20〕 F. Gall and J. Spurzheim, Anatomie Et Physiologie Du Systeme Nervese (1819).

〔21〕 W. Sheldon, Varieties of Delinquent Youth: An Introd-Uction to Constitutional Psychiatry (1949).

以及其间西格蒙德·弗洛伊德对弗里德里希·冯·谢林(Friedrich von Schelling)自然哲学的修正[22],犯罪行为一直被视为生理和情感双重疾病的产物而加以研究。与此相对应,19 世纪初盛行的观念则认为犯罪源于道德败坏。针对这种疾病模式,出现了所谓的精神病院。建造精神病院是为了照料并尝试治愈这些患有精神疾病的人。从让-艾蒂安·多米尼克·埃斯基罗尔的早期精神病院萨比里埃医院到诸如纽约麦特文医院或马里兰帕吐斯纳矫正机构等现代精神病医院,美国大多数州建立了"州立医院",以单独收容刑事意义上的精神病人,把他们与其他犯人分离开来,或至少表面看来是这样做的。[23]

因此,19 世纪中叶产生了许多对于分不清对错的行为人实施的犯罪行为予以宽恕而不加处罚的判决。从 1843 年英国上议院在丹尼尔·姆纳坦案中所作的裁决开始,精神病成为刑事责任的辩护理由。[24] 20 世纪演化出了其他作为抗辩理由的精神病类型,并且一直是对精神病人定罪不附加任何条件的障碍,这种情况至少持续到 1985 年。那一年新罕布什尔州开始考虑通过立法使所有的精神病刑事辩护理由不再成立。

---

〔22〕 S. 弗洛伊德、J. 布洛伊尔:《歇斯底里症研究》1895 年版;S. 弗洛伊德:《日常生活的精神病理学》。

〔23〕 参见 D. Rothman, The Discovery of the Asylum: Social Order and Disorder in the New Republic (1971)。

〔24〕 10 CI. & F. 200, 8 Eng. Rep. 718 (1843).

第七节　实用主义与社会化影响

19 世纪的一些犯罪学家认为，社会经验影响犯罪行为。例如，爱德华·利文斯顿(Edward Livingston)在 19 世纪 30 年代写道：

大城市的教养院里聚集着代表人性最堕落的人。这些人密切接触，使得他们各自掌握的骗术、抢劫术和反侦查术都在其他人面前展现无遗。在这里，能够"用最新奇的方法实施最古老的犯罪"，这样的人被视为天才受到拥戴，而且他不满足于独自使用自己获得的发现，把这个发现向不如自己知识丰富的同伴慷慨传授。[25]

仅仅在这一段以及其他几个段落中，利文斯顿就预见了伯吉斯(Burgess)、麦肯齐(Mckenzie)和帕克(Park)[26]等 20 世纪社会生态学者以及萨瑟兰

〔25〕 E. Livingston, The Complete Works of Edward Livinston on Ciminial Jurisprudence 538 (1873; reprinted 1968); 另见 R. Owen, A New View of Society (1813)。

〔26〕 R. Park, E. Burges, and R. McKenzie, The City : The Ecological Approach to the Study of the Human Community (1925).

(Sutherland)[27]及其后辈等 20 世纪互动论者的诞生。但是,尽管利文斯顿提前一个世纪即有先见,但在 20 世纪实用主义风行美国以前,人们并不了解社会习得经验对塑造儿童成为违法者或者思维正常的人所发挥的作用。实用主义在美国流行的主要原因,是“芝加哥社会学学派”对美国犯罪学家、1933 年以来美国公共政策决策者以及美国公众本身产生的影响。

利文斯顿和其他 19 世纪的刑罚学家认识到,城市的兴起可能对未来人们的行为方式产生影响。尽管如此,他们实际上并没有办法研究城市的任何细节。这是因为本世纪(指 20 世纪)远未到来之时,城市尚未大量充分发展。但是,到 19 世纪末 20 世纪初,美国出现的大城市已经不止一个,而这些城市在两次世界大战中继续扩张,为理论犯罪学家提供了重要的实验室和实用的培训场地,使应用实验得以在其中策划施行,其中包括 1932 ~ 1957 年克利福德·肖(Clifford Shaw)的芝加哥区域计划。

早期实用主义犯罪学家,包括生态学家帕克、伯吉斯和麦肯齐,试图推导人们如何像鱼类在平衡的鱼缸中和谐生活那样,通过达到社会平衡而实现和谐生活。埃德温·H. 萨瑟兰等早期互动论者努力调查了社会不平衡问题,以确定人们至少是一部分人不能实现社会平衡

〔27〕 E. 萨瑟兰:《犯罪学原理》(第 4 版),1947 年版,第 4 ~ 9 页。

的原因。爱德华·M. 莱默特(Edwin M. Lement)等亚文化学者将社会平衡解释为相对的平衡。他们指出,尽管不同亚文化可能相互冲突或与社会主流文化相冲突,但某一种特定亚文化的成员可以在该亚文化中和谐生活。1938 年,肖的《犯罪兄弟》(*Brothers in Crime*)问世。这部著作描述了违法者和守法者在大多数方面的相似之处。萨瑟兰不同交往理论的手稿[28]和罗伯特·金·默顿(Robert King Merton)著名的论文《社会结构与失范》[29]也于同年完成。我们有理由说,实证主义犯罪学在 1938 年达到了顶峰,世界期待着新的理论。20 年后,分析犯罪学以冲突理论的面目到来。

第八节 分析犯罪学

1958 年出版了犯罪学冲突理论的两部经典之作,即拉尔夫·达伦多夫(Ralf G. Dahrendorf)的《走出乌托

〔28〕 同上书,1939 年版。

〔29〕《美国社会学评论》第 3 卷,第 672 ~ 682 页。

邦:论社会学分析的新方向》(*Out of Utopia*)[30]一文和乔治·B.沃尔德的《理论犯罪学》(*Theoretical Criminology*)一书。达伦多夫把社会统治阶级与被统治阶级区别开来,并始终反对卡尔·马克思的观点。在沃尔德的著作中,政治腐败成为冲突理论解释犯罪行为的主要例证。达伦多夫和沃尔德的著述都不可避免地反映了索尔斯坦·塞林(Thorsten Sellin)的《文化、冲突与犯罪》一书中的部分内容。该书的问世相当不平静,出版于对犯罪学意义重大的1938年。自达伦多夫和沃尔德开始,出现了"新犯罪学"中与卡尔·马克思相关或不相关的大部分研究领域。自理查德·昆尼(Richard Quinney)1970年的著作《犯罪的社会现实》至1973年的《新犯罪学》[31],乃至1977年昆尼的著作《阶级、国家及犯罪》以来,我们认识到,某些犯罪定义可以从政治层面来界定,尽管此种观点颇有争议。这一切都提醒我们,正如《爱丽斯漫游奇遇记》中疯帽匠早已提出的警告,法律之所以是法律,是因为当权者说那是法律,无论结果是好是坏。

---

〔30〕 R. Dahrendorf, *Out of Utopia: Toward a Reorientation of Sociological Analysis*, 64 Am. J. Soc. 115－27.

〔31〕 I.泰勒、P.沃尔顿和J.杨:《新犯罪学》1973年版。

第九节　存在主义犯罪学

存在主义在犯罪学中尚未留下印记。如何能够留下印记呢？犯罪学是最年轻的一门科学，除却费奥多尔·陀斯妥耶夫斯基〔32〕和弗朗兹·卡夫卡〔33〕的一些作品对其有所涉及之外，作为存在经验的犯罪有待未来开发。但是，在犯罪的根源中能够辨别出存在主义，尤其在视犯罪为"权力欲望"的例子中〔34〕，更是如此。倘若如弗里德里希·尼采所言，"根本没有什么道德现象，有的只是对现象的道德解释"，那么就只能在超越正误的知识背景下理解犯罪。但是，这种超越了传统道德规范，甚至可能超越了一切道德规范的知识是什么样的知识？这种知识是否导致虚无主义？目前对这些问题尚无答案，须待存在主义犯罪学进一步发展后才能解答。

现在能够回答的问题是，可以怎样理解犯罪学？阅

〔32〕 费奥多尔·陀思妥耶夫斯基：《罪与罚》1866～1867年版；《卡拉马佐夫兄弟》1879～1880年版。

〔33〕 F. 卡夫卡：《审判》1925年版。

〔34〕 F. 尼采：《善恶的彼岸》，W. 考夫曼译，1966年版，第108页。

读本书各个章节,读者即可找到简单明了的答案。犯罪学不断产生新的学派,并且毫无疑问会继续如此发展下去。对犯罪的性质、原因以及社会干预的方法和策略从同一学科旧有的思想流派中产生。贝卡利亚的理想主义和边沁的功利主义,甚至龙勃罗梭的实证主义,仍然与我们同在,只是融入了"新"犯罪学不断变更的言语中,无论所用的言语在某一特定时期是分析主义、存在主义,还是远远超越了这些的其他称谓。犯罪学发展的历史反映了不同时代的哲学——历史上任何时代、包括我们当今所处的时代的哲学。犯罪学哲学可以变化,也正在变化,但所有犯罪学哲学均受到犯罪学史的影响。犯罪学史与犯罪学哲学相互结合。

第二章　启蒙运动前的现实主义

CHAPTER TWO

REALISM BEFORE THE ENLIGHTENMENT

18 世纪启蒙运动前,西方世界占主导地位的社会哲学是古典现实主义。古典现实主义哲学起源于希腊“黄金”时代,并且在中世纪由基督教僧侣和牧师加以发展。亚里士多德沿袭毕达哥拉斯(约公元前 530 年)的论点,认为有必要理解有序“宇宙”(Cosmos),即物理宇宙(Physical Universe)。亚里士多德还指出人性的另一种需要,即通过勇敢、节制等自然品德和艺术、谨慎、智慧等智力品德追寻幸福。亚里士多德之前和以后的希腊哲学家教导世人,人类需要社会以充分发挥自身能力。亚里士多德警告说,若没有从社会获得的外部支持,孤立的个人依然不能成为理性的动物。因此,希腊哲学家认为,如果一个国家依照各项公正的原则形成适当的秩序,那么这个国家就是一个有机体,因为其目的是服务于本国人民的共同利益。这一在亚里士多德所著《政治学》和《尼可马亥伦理学》(*Nicomachean Ethics*)中的主导思想,经西塞罗等罗马人传承,由索尔兹伯里的约翰(John of Salisbury)(1120—1180 年)和帕多瓦的马西利乌斯(Marsilius of Padua)(1275—1343 年)带入中世纪。

其间,起码从公元 410 年西哥特人洗劫罗马后圣奥古斯丁发表《上帝之城》开始,出现了"古典"现实主义两大思想中的另一个分支,即人类还需要上帝的恩典才能达到完美。罗马教皇基拉西乌斯(Pope Gelasius)(492~496 年在位)认为,一个基督徒属于两个社会——一个是自然的世俗社会,类似于亚里士多德的城邦;另一个是超自然的永恒社会。后者因基督徒另外具备的德性,即信念、希望和慈爱,而成为可能。这一思想在圣安塞姆(1033—1109 年)的著作《独白》和《证道》以及圣托马斯·阿奎纳(1226—1274 年)的著作《神学大全》中得以传承。

第一节 中世纪的现实主义

无论是否从基督教的角度出发,现实主义哲学都对有序的宇宙进行思考，并把其虚拟为不同的合理部分。亚里士多德认为，万事万物自身存在皆有四“因”：(1)质料因，即做成事物的材料，如木头或金属；(2)动力因，即将事物塑造成型的力量；(3)形式因，即形容事物种类性质的标记；(4)目的因，反映事物存在的终极目的和原因。与此相似，圣托马斯·阿奎纳认为法有四“级”：(1)神法，引导个人通过内在努力实现救赎；(2)永恒法，在一切受造物上留下印记，并使其获得各自的倾向性；(3)自然法，规定一切善，阻止一切恶；以及(4)人为法，由人类制定，是为使和平与秩序达到实现人类自我完善所必要的程度而在社会中进行的一项努力。

因此，现实主义者在立法上一直具有重大影响不足为奇。信奉基督教的现实主义者一致认为，国家统治其臣民的权力，包括因犯罪而惩罚他们的权力，来自上帝。请看圣奥古斯丁《上帝之城》中下面这一段：

凡人与超凡之上帝之间，和平在于以信仰依秩序遵守上帝之永恒法；人与人之间，和平在于彼此和睦；一家之和平在于家中人等以上治下各依秩序；一城之和平在于有序管理暨城中公民之服从；上帝之城中，和平为上帝自身最具秩序之和谐，亦为上帝之成就。万物之和平，在于妥善安排之秩序。因秩序即为妥善配置差等之物，使之各得其所。是以不幸之人，亦正因其为不幸之人，短少秩序所需之和平宁静，故而失序。然而纵为不幸之人，因其不幸为其自性所致，于此无论如何亦遭强行纳入既成秩序。秩序之法未将不幸之人与有福之人相结合，而将其相分离，使不幸之人遭受苦难，然而不幸之人适应其处境。……魔鬼不遵循真理，亦无法逃避真理审判；因为魔鬼违犯和平秩序之法，亦无法摆脱创造秩序者之强力手掌。[35]

在圣奥古斯丁之后大约七个世纪，索尔兹伯里的约翰在《君主的意义》中以同样的口气写道：

一切权力来自天主上帝，始终与上帝同在，自古以来即是如此。君主享有之权力因此来自上帝。上帝之权永不丧失，亦不与上帝相分离。上帝只是假手下属之人行使权力，使万物宣扬上帝之仁慈或公正。"抗拒掌权，就是抗拒神命。"上帝手握权柄，能够授予此项权力，亦能够决定将其收回或削减。因为统治者的意志倾向残酷对待臣民时，这并非统治者的个人行为，而是上帝的神意，是上帝希望惩罚或磨炼他们。[36]

即使作为世俗哲学，现实主义法哲学也是媚上欺下的。一个世纪后帕多瓦的马西利乌斯写下的这一段话可以为证：

任何公民都适合发现世俗法律以及民事司法科学并从中受益。但是，进行这样的调查，更为恰当的人选

---

〔35〕 奥古斯丁：《上帝之城》，约翰·希利译，1893 年第 15 卷，第 13 章。

〔36〕 IV，1，John Dickinson，tr.，The Stateman's Book of John Salisbury (1927)，quoting *Romans*，XIII，2.

是有闲暇时间、更为年长且实践经验更为丰富以及有“谨慎”之誉的人。与必须全力以赴维持生计的技工相比,他们可以更为出色地完成任务。[37]

在中世纪西欧最具影响力的教会控制之下的现实主义法哲学,进一步明确回答了法律解释权的归属问题。请看以下但丁·阿利盖利(Dante Alighieri)(1256—1361年)笔下的段落:

究其渊源,帝国的权威并非来自教皇……如果帝国的权威不取决于上帝的代理人,那么我们就得出结论,这权威取决于上帝自己……

因此,人类需要双重指导来实现双重目标:教皇以神的启示引领人类达到永生,皇帝以哲学教育指导人类获得尘世幸福……尘世的秩序遵循天体运转的内在秩序。为实现尘世秩序,需要由统治者对民众进行有益教导,使他们慷慨而和平,而由上帝,一切天体秩序的唯一监督者,安排适当的施教时间和地点。这秩序由上帝独自预先设定,并且根据上帝的神意通过自己使万物相互联结,各得其所……

因此可以确定,尘世帝国的权威无需任何媒介而直接来自宇宙的权威之源。而这源泉尽管只有一个单纯的源头,却充溢着美德,分出许多支流……

帝国的权威直接来自上帝,这并不能局限地解释为

〔37〕 帕多瓦的马西利乌斯:《和平的保卫者》,艾伦·格维尔茨译,1956年版,第12卷第2章。

罗马君主在一定程度上不应服从罗马教皇，因为尘世幸福在某种程度上排位在永生幸福之后。因此让凯撒敬重彼得，如同长子敬重其父，在其父恩典的光辉照耀下，他将以更伟大的光芒照亮精神与世俗万物的唯一统治者使其降临的那尘世地界。[38]

因此，到14世纪，古典现实主义体现出罗马天主教会与欧洲君主知识之争的缓和。14世纪至19世纪教会与国家间的结合，为理解整个欧洲惩罚犯罪行为的方法与目的提供了线索。

第二节 国王的权力

欧洲中世纪现实主义哲学推定国家统治者行使的权力源自上帝。因此，"古典"现实主义者无一例外地赞同君权神授理论。他们按自己的意愿假定君主是直接从上帝处继承权力的，因而其权力之源自然不容臣民质疑，而君主滥用权力也不容臣民质疑。而且，任何对君权的攻击也就成为对教会和上帝的攻击，攻击者因异端

---

〔38〕 但丁·阿利盖利：《帝制论》，奥里莉亚·亨利译，1904年版，第3卷第16章。

罪和叛国罪而受到指控。

社区要对居住在其中的个人所做或应做而未做的事情负责,这种观点盛行于启蒙运动前的中世纪欧洲。斯堪的纳维亚、德国和法国的传统强化了这种观点,而在英格兰,甚至早在1066年诺曼底人入侵前,这种观点就已牢牢根植于当地凯尔特人的传统中。在英格兰,每名年满12岁的自由男子都要加入一个十户区,这是一种准军事化团体,由一名十户长领导。十户长的职责是保证向君主和其他领主偿付债务,如缴纳罚款或税款。(人们向国王缴纳“什一税”,即每年收入的百分之十。通常以收获的作物为缴纳形式。)十户区的成员组成十户联保,保证对其所在村镇任何年满14岁的人犯罪施以惩罚,并保证他们因犯罪遭受的财产损失不使君主利益受到影响。君主被认为拥有臣民使用的一切财产,因此君主将臣民的损失也视为自己的损失。每一百个十户区组成一个百户区,由一名百户长领导,百户长向郡长官或国王派驻每个郡的代表报告工作。郡长官后来称为郡长,可以在危险或有必要时,例如,呼喊追捕逃犯时,召集地方武装(从十户区抽调的公民团)。撒克逊法律规定了被称为争斗处罚金、扰乱公共秩序处罚金以及破坏和平处罚金的各类罚金。为避免因财产遭偷盗并被迫向国王偿付同等价值财产的双重负担,撒克逊公民自发组织起叫作治安团的协会,互相保护,防止偷盗,并为君主科处罚金或没收财产时提供保险。

根据早期撒克逊法律,犯了罪的人可以用财产或服务补偿被害人,从而逃脱死刑。因此,杀死已婚男子的人,如果为被害人的遗孀服务,就可以活命。1066年,征服者威廉率领诺曼底人入侵英格兰以后,死刑成为对大多数罪犯的惩罚,并且没收犯人所有的一切财产归国王所有。幸免于死刑的罪犯可能受到伤残肢体的刑罚。犯了重罪的人,全家陷入赤贫,因为国王夺走了他们享有的微薄财产。获罪的普通人越多,君主和贵族就越富有。因此,掌握立法权的统治者和上层地主创设大批新罪名从中获利,用以维持一个封建帝国所需的急剧膨胀的开支。

在各个封建级别——包括村庄、封建采邑、郡治所在地以及隶属于国王的中央国家政府,都建立了法院。起初,君主亲自主持国家级法院,而诸侯同样亲自主持其封地管辖区内的法院。中世纪时期英格兰最高法院是王座法院。但君主和贵族逐渐将召集法院开庭的权力授予法官。法官通常是君主和贵族的政治亲信,作为君主和贵族的代表审理案件。1066年以后,在英格兰支配司法的诺曼底法官主宰着当地盎格鲁—撒克逊臣民的命运,但其决定很少公正。

第三节　审判的起源

欧洲君主发明了确定哪些人有罪以及如何对这些人定罪的方法。在英格兰称为“诏令”的皇家法律中规定了刑事案件应遵循的程序。1166 年《克拉伦登诏令》(Assize of Clarendon)中规定了称为“大陪审团”的审判体系：

[第一章]首先,为维护和平与正义,经所有男爵讨论,亨利二世国王规定,各郡及百户区应行调查。由百户区中遴选最守法之人 12 名,每村中遴选最守法之人各 4 名,发誓不说谎言,查自国王继位以来,本区或本村是否有人被控犯抢劫、凶杀、盗窃之罪,或为犯抢劫、凶杀、盗窃罪之人接收赃物,或有人认为其犯抢劫、凶杀、盗窃之罪,或为犯抢劫、凶杀、盗窃罪之人接收赃物,并应由法官及郡长亲自调查。

[第二章]经上述宣誓调查,如有人被控自国王继位以来犯抢劫、凶杀、盗窃之罪,或为犯此等罪之人接收赃物,或有人认为其犯此等罪或为犯此等罪之人接收赃物,应执此人往受水审之神意裁判,使其发誓保证本人

自国王继位以来并未犯抢劫、凶杀、盗窃之罪，亦未明知实情而为犯此等罪之人接收价值5先令以上的赃物。

……

［第四章］如经上述宣誓调查，捕到犯抢劫、凶杀、盗窃之人，或为此等人接收赃物之人，且近期无法官前往人犯就擒之郡，则郡长应差伶俐之人就近前往法官处，告知已捕到人犯若干，法官应答复郡长将人犯送往何地受审。郡长应将人犯送往法官指定处，并应有人犯就擒之百户区及村镇守法之人2名随同前往，携带该郡及该区擒拿该犯原因之记录；人犯应于法官面前共誓涤罪。

……

［第十二章］就擒之时持有盗窃或抢劫赃物，且声誉不佳，又无证言证其所持赃物为公开购得，并无所有权担保者，不得共誓涤罪。所持赃物并非公开取得者，应以持有该物受水审。

……

［第十四章］根据国王陛下意旨，以共誓涤罪洗脱罪名者，如声誉不佳，并有众多守法之人公开指证其声誉恶劣，则应放弃国王之土地。

这样，英格兰创立了一套以迷信而非推理为基础的审判制度。早期的审判方式包括宣誓断讼法、神意裁判法及决斗法。

宣誓断讼法（wager of law）事实上审判的是被告人在与其生活在同一社区的居民中的声誉。被告人必须找到一些守法的人,通常为 12 人,这些人要庄严宣誓,表示相信被告人的无罪誓言。他们成为被告人的宣誓助讼人,证明的是被告人的人品,而并非争议事实。被告人如果不能成功地按规定的人数召集宣誓助讼人,则称为没有实现“共誓涤罪”,从而被判有罪。

中世纪英格兰被控犯罪的人可以选择神意裁判法(ordeal)。如果法院不允许被告人使用宣誓断讼法,则神意裁判法成为其主要选择。神意裁判法的基础是一个宗教假定,即上帝不会听任发誓自己无罪的人死去,除非此人说谎。按照规定,自由人受热水神判,非自由人(农奴)受冷水神判。神意裁判与弥撒一同进行,通常由牧师主持。首先,被告人宣誓,发誓自己无罪;其次,如果是热铁或热水神判,则被告人抓住一块热铁走出 9 英尺远,或把手伸进一碗热水中取出一块石头。随后用绷带把手包扎起来,经过三夜后解开绷带,如果伤口没有感染,则宣告被告人无罪,反之则宣告其有罪。

如果是冷水神判,则把被告人双手用绳缚于膝下,绑成蹲踞姿势,将绳子放长,高于头部,在绳上打结,绳结与头顶的距离等于头发的长度。将被告人浸入水中,不可溅起水花,如果被告人在水中下沉至绳结处,则宣告其无罪,反之则宣告其有罪。神职人员被控犯罪则采用另一种神意裁判法进行审判,称为吞食法。被告人吞下一些藏有一根羽毛的食物,如果没有被噎住则宣告其无罪,反之则宣告其有罪。最为荒唐的是,在 1202 年公布的两起案件中,被告人有机会选择本人手持热铁或让控告人做这件事,两起案件的被告人都选择了后者![39]

在决斗法审判中,被告人与控告人生死相搏。如果决斗结束时被告人战败而未身亡,则处以绞刑。决斗法是解决纯粹私人诉讼的审判方法,审判皇家诉讼的刑事案件不能采用这种方式。美国独立战争前夕,马萨诸塞殖民地立法机关废除了裁判谋杀指控的决斗。据说此举激怒了英国人,因为他们珍视这一传统审判方式,[40]尽管他们自己已经不再使用。

最终,陪审团审判在英格兰取代了宣誓断讼、神意裁判和决斗的审判方式。到 13 世纪中叶,英国人可以"把自己交由国家审判",意即可以选择接受由 12 人组成的陪审团审判。陪审员几乎均为社会杰出人物,必须做出全体一致的判决。[41] 但是,如果发现某人站在一具尸体旁,手握一把沾有血迹的刀,则下结论推定此人有罪,不得接受陪审团审判。如果在某人住房内发现另一人被谋杀,同样推定此人有罪,不得接受陪审团审判,除

〔39〕 参见 T. Plucknett, A Concisise History of the Common Law 115 (1956), citing Lady Stenton, 22 Lincolnshire Assize Roll nos. 595,843。

〔40〕 id. at 117 - 18, citing 17 Parliamentary History 1291.

〔41〕 W. Forsyth, History of Trial By Jury 206 - 9 (1852). "陪审员必须自非限嗣继承、限嗣继承或其本人或他人终身保有之完全保有地、公簿保有地、特许公簿保有地或古地获得年收入 10 英镑;或自租赁保有产获得年收入 20 英镑,租期不短于 21 年……或必须为户主,用于评估确定缴纳济贫税金额的财产价值不少于 20 英镑……或其所居房屋开窗不少于 15 扇。" Id. at 208, n. 2, citing Stat. Geo. IV, c. 50.

非这位房主负伤，从而证明其曾为死者抵御他人袭击。[42] 如果国王认为陪审团做出了明显错误的判决，通常是判定被告无罪，那么甚至整个陪审团都会以伪证罪受到另一个更大的24人陪审团审判。如果后一个陪审团判定前一个陪审团的成员有罪，那么他们就被褫夺民事权，并且受到以下惩罚：

前一陪审团所有陪审员送国王的监狱收押，没收货物，夺取其财产归国王所有，毁其住房，伐其林地，犁其草场，此后永为律法规定之丧失廉耻之人。[43]

坚持己见，不同意多数人意见的陪审员也可能遭受类似的耻辱和制裁，除非他们"承认"自己的错误，使多数裁定成为一致裁定。例如，1554年，尼古拉斯·斯洛克莫顿爵士被控重叛逆罪和企图废黜玛丽女王而受审。他对陪审团讲了下面一段话：

对我们全部争议的裁判，对我的清白、我的生命、土地、货物的裁判，以及后世子孙是否陷于万劫不复，全赖诸位明断。[44]

大法官布罗姆利(Lord Chief Justice Bromley)告诫：

诸位再仔细想来，是否对所有证供均已详加考虑？此事确乎及于女王陛下，及于诸位自身，诸位好自

〔42〕 参见同上书，第203页。被指控秘密下毒谋杀的人必须用决斗法审判，因为国王没有可以向陪审团出示的证据。同上书，第202页。

〔43〕 同注释39，第131页。

〔44〕 同注释41，第393页。

为之。[45]

陪审团最终仍宣判斯洛克莫顿无罪，这时起诉人起立提出要求：

法官大人，陪审团这些人无端宣判被控叛逆的犯人无罪，他们似乎将要立即离开法院。鉴于此，如蒙大人许可，我为女王恳请您，让陪审员每人以500英镑保证金具结保证，无论他们何时被指控或传唤，都要对以女王名义被指控的事项进行答辩。[46]

所有陪审员被送上皇室法庭，其中4人“承认”他们“犯下不察事实之罪”。[47]

中世纪欧洲的良善公民，对教会或国家中权力比自己大的人俯首听命。大多数臣民手中无半点权力，只是尽力遵守教会和世俗官吏下达的法律。对宗教社会持不同意见的人迅速落入刑事司法体系的掌控，被酷刑或死刑消灭。不幸的是，无辜的普通人也会不小心落入其中，不公正地被刑事司法系统的魔爪缠上。事实上，一个卑微的臣民一旦被指出做了坏事，无论这桩坏事多么微不足道，他都要认罪，通过哀求教会和王室乞求上帝宽恕。顺从当时刑事司法体系的人难逃死劫，但过程也许比抗拒的人更快。顽强抗拒的人命运糟不堪言。

---

〔45〕 同上。

〔46〕 同注释41，第394页。

〔47〕 同注释39，第133页。Quoting Crompton, Authoritie Et Jurisdiction Des Courts f. 32b. 其余8人被关进监狱，不定刑期。2人被判每人缴纳罚金2000英镑，其余每人200英镑。

第四节　酷刑的使用

这一时期在欧洲占主导地位的刑事司法体系的首要目标是迫使有犯罪嫌疑的人认罪,略为次要的目标是迫使所有认罪的人供出其他可能一起参与违禁活动的人。在这两种情况下都使用酷刑,据称理由是国家需要保护社会免遭愤怒的上帝施加更多的惩罚。还有另外一个较为次要的目标,就是使受到指控的罪犯及其同党通过忏悔恢复个人获得救赎的希望。

法国在 18 世纪之前和 18 世纪大部分时间里使用的酷刑,是大多数欧洲大陆国家在这方面的典型。根据 1670 年《法国法令》,一旦君主怀疑某人参与了任何犯罪,最少量的犯罪证据即可形成“初步证明”,足以达到定罪的证据要求,依法推定其有罪。随后被告人受到审讯。在审讯过程中,要求被告人宣誓后回答由法官书面提交的问题,同时被告人还要忍受肉体上的痛苦,即酷刑。酷刑在“预审”和“初审”两个阶段实施。前一阶段的酷刑是为了使被告人供认自己的罪行,而后一阶段的酷刑则是要逼迫已经认罪的人供出和他一起参与犯罪的所有同谋。法官享有特权,可以随时终结“一般”酷刑,进入“特别”酷刑,使受刑人更加痛苦。最终,“供认”犯了罪的人会被处死。酷刑的时间可以尽量延长,直到被告人把所有犯罪细节向法官描述清楚。

1757年,一个叫达米安的人刺伤了法国国王路易十五。法国的法官以要找出同谋为由决定使用能够想象到的最可怕的“初审”酷刑,尽管大家都知道这人精神失常,并且独自一人行动。在处决达米安那天早晨7点,他被带到酷刑室,双腿放入“靴子”。插进楔子,“靴子”会逐渐收紧挤压。总共插进了八个楔子,每十五分钟插入一个,直至医生到场后警告,再插楔子有可能出现“事故”(达米安过早死亡)。于是,达米安被移往行刑地点。刑场设在巴黎市政厅前的台阶上。那里挤满了围观者,由附近每条街道上驻扎的法国和瑞士卫队维持秩序。判了刑的罪犯被放在一个台架上,用绳索分别缚住四肢。然后,烧着硫磺的火盆烧焦了达米安的手,炽热的火钳夹住他的手臂、大腿和胸膛。熔融的铅和滚沸的油几次泼向罪犯绽裂的伤口,每一次都令他痛苦地尖叫。随后整整一小时,侍从赶着四匹高头大马,拉拽达米安鲜血淋漓的伤口上缠绕的绳子。几处肌腱被割断后,双腿和一条手臂才从他的躯干上被砍下。他一直活着,一直呼吸,直到另一条手臂也被砍掉。达米安所有的肢体被投入附近生起的火中烧化。[48] 除了让平民对令人畏惧的君权印象深刻之外，这场演出几乎一无所获。

英国使用与欧洲大陆各国不同的酷刑方法，并且使用的频率更低。一个被指控为罪犯的人在尚未被判有罪前，确实可以完全避开酷刑，只要他“把自己交由国家审判”，同意在与自己相似的人组成的陪审团面前接受审判。被控有罪的人如果拒绝接受陪审团审判，国王可以迫使他遭受通常称为“重压”的酷刑折磨。在这种酷刑下，被告人被单独监禁，赤身裸体，四肢平伸，仰面被压在重物之下。有时被告人从一开始行刑就会挨饿。最初的重量常常会达到或超出被告人能够承受的极限。1658 年，一个名叫斯特兰奇韦斯的少校在受重压约 10 分钟后死亡。他死亡之前，几个人站到重物上以促使他尽快死去。但是，有一个名叫伯恩沃斯的人 1726 年被压在 4 英担重（1 英担合 112 磅，50. 8 公斤）的铁板下达 1 小时 3 刻钟，却只是改变主意要求接受陪审团审判。他被判有罪并处以绞刑。[49] 通常被告人第一天会得到 1 片面包，第二天是 3 口死水塘中的水，这一程序交替重复，直到被告人“招供”或死亡。有时被告人确实是被逐渐增加的重量压扁而死亡的。

很多被控犯罪的人宁愿受重压致死，也不愿接受陪审团审判，因为除非他们中途崩溃，承认了罪行，否则就

---

〔48〕 参见伏尔泰：《作品集》，莫兰主编 1885 年版，第 98 ~ 99 页。

〔49〕 参见 L. Pike, A History of Crime in England 194 – 95, 283 (1968)。

可能在未定罪之前的任何时间死去。[50] 这样，国王就无法没收被告人家庭所有的土地和动产。这种没收叫作充公令，主要用于英格兰被判犯有叛逆罪或任何其他重罪的人，是除死刑外对他们附加的刑罚。17 世纪重压刑在新英格兰使用过几次，在英格兰直到 1772 年才被废除。[51]

英格兰在处决那些已经没有情报可以向施刑者招供的犯人时甚至也会使用酷刑。例如，在英格兰被判犯有叛逆罪的人，要被活活开膛破腹，以便在犯人死前焚烧其内脏。犯叛逆罪的人也可能活活被肢解成四块，即把双臂双腿从活人的躯干上切下。根据英格兰普通法规定，除臣民阴谋弑君外，妇人阴谋杀夫、仆人阴谋弑主也是叛逆罪。但是，在 17 世纪和 18 世纪，刽子手可以行使自由裁量权。[52] 他们常常等到被判刑的妇女咽气之后才将其开膛破腹。

欧洲大陆国家把异端者烧死在火刑柱上，把某些持不同宗教见解的人放在轮式刑车上碎裂肢体。贵族通常被砍头，而普通的盗贼往往被绞死。在英格兰，死刑犯大多用绞刑处决，但犯人是被吊起后慢慢窒息而死，不像现代的行刑方式，是把犯人从空中掷下，犯人身体（通常带镣铐）的重量会使其颈部折断，立即死亡。启蒙

〔50〕 参见 W. 布莱克斯通：《英国法释义》1769 年版，第 324 ~ 328 页。

〔51〕 参见 Stephen, A Histroy of Criminal Law of England 298 (1849)。

〔52〕 同上书，第 477 页。

运动前,在英格兰和欧洲其他国家,酷刑也用于死刑以外的刑罚。事实上,所有国家都使用鞭刑。英格兰在1779年以前一直使用烙刑。[53] 在整个18世纪,至少是18世纪大部分时间,欧洲大陆国家一直使用各种肉刑,包括割裂或刺穿罪犯的舌头、割掉鼻子、烧焦或砍掉罪犯的手等。[54] 当时比较轻的刑罚是把罪犯的头和四肢锁在颈手枷上,市民可以对罪犯进行羞辱,如果愿意,也可以向罪犯扔石块或别的东西。[55]

第五节 中国的类似制度

在东西方遵循相似的犯罪应对哲学的漫长岁月中,中国的现实主义犯罪学与欧洲似乎相差无几。通过研究唐朝(619 ~ 906 年)法典,可以获得中国现实主义犯罪学哲学的明显例证。这部法典正式名称为《唐律疏议》,一般称为《唐律》,与太宗皇帝(627 ~ 649 年在位)

〔53〕 同上书,第463、490页。

〔54〕 参见K.巴尔:《大陆刑法史》1968年版,第273页。

〔55〕 同上书,第248页。

内兄长孙无忌(卒于659年)相关。[56] 尽管长孙无忌为《唐律》作序,但他在序中承认,《唐律》以《法经》为基础。约公元前350年,《法经》为秦国丞相商鞅所阐述,并成为著名的《秦律》。[57]

《唐律》规定了十种尤其应受谴责的犯罪,称为"十恶",包括:

1. 谋反
2. 谋大逆
3. 谋叛
4. 恶逆
5. 不道
6. 大不敬
7. 不孝
8. 不睦
9. 不义
10. 内乱

谋反包括阴谋危害国家或阴谋危害国家统治者,而谋大逆是指阴谋毁坏当朝君主的宗庙、陵墓和宫阙,以抗议其权威。谋叛是指阴谋向敌国出卖本国。谋反及谋大逆者,包括所有从犯和共犯以及十五岁以上男性长辈及晚辈,均斩首;女性长辈及晚辈和十五岁以下的男性晚辈沦为国家奴隶,国家没收上述所有人的一切财

〔56〕 参见庄为斯(W. Johnson):《唐律》1979年版,第5页。
〔57〕 同上书,第7页。

产;伯父、叔父以及兄弟之子终身流放,但不没收财产。[58] 谋叛被视为比前两罪较轻的罪行,惩罚的亲属较少。妻与子终身流放。如果谋叛者聚众超过百人,则父母、妻与子终身流放。[59] 因此,大唐帝国没收财产和"血统败坏"的做法与英格兰对叛逆罪及其他针对在位君主的相关罪行的做法只是稍有不同。

十恶中的第四条恶逆,可以由各种对家族不忠诚的行为构成,例如,(a)殴打或谋杀(未真正实施)父母或祖父母;(b)实际杀害伯叔父母、兄姊、外祖父母;或(c)妻子实际杀害其夫、夫之父母、祖父母。犯恶逆者处斩,旁系卑亲属终身流放。

罪犯杀害一家三人,且三人均未犯死罪;或肢解被害人,即构成十恶中的第五条,不道。从这个意义上讲,不道在某些方面类似于英格兰普通法中的重伤罪。犯不道者仍用斩刑惩处。若罪犯杀一家一至两人,或被害人中有一人或以上犯死罪,则处以绞刑。中国区分两种死刑方式:斩刑与绞刑。这在东方哲学中意义重大,因为斩刑将身体分为两段。中国孝道认为,身体来自父母,应该保持完整。[60] 不道还有另一种形式,即罪犯从事巫术,制造毒物或教令他人制造毒物。这种毒物称为

〔58〕 同上书,第 18 页。流放距离为 3000 里。

〔59〕 同上书,第 19 页。一个例外是:罪犯是外国人时,只有其本人以绞刑处死,家属不受惩罚。另外,即使罪犯是中国人,也处以绞刑,除非叛逆行为已经开始。同上书,第 65 页,注 107。

〔60〕 同上书,第 60 页,注 4。

"蛊",而制造蛊毒可以视为中国版的巫术崇拜罪。在英格兰犯巫术崇拜罪会被处以绞刑或火刑。制造蛊毒的不道罪,在中国处以绞刑而非斩刑。[61]

其他五种"十恶"之罪中,大不敬是指盗窃宗庙等处的宗教用品,或盗运皇帝处之物,或阻碍其运输。例如,仆从准备皇帝的食品药品不当即可构成大不敬。或许,这种犯罪在某种程度上是美国制定法上的犯罪中严格刑事责任的发端。[62] 不孝包括诸如诅咒父母或祖父母、藐视法庭等似乎离经悖道的行为。另外,与在世长辈分居,或另行购置家产不与在世长辈共有,从而对在世长辈削减(或拒绝)供养,也构成此罪。不睦包括谋杀亲属或卖亲属为奴。当然,谋杀父系长辈构成更为严重的恶逆罪。不义包括杀授业教师,杀地方官员或杀官长。在中国内乱指与四等丧服以内亲属,或与四等丧服以内亲属之妾发生性行为。此五种罪行以绞刑而非斩刑惩处。

"十恶"之罪通常不在称为"八议"的减刑范围之内。但是,只有皇帝才能批准死刑。因此,如果皇帝不批准,死刑就无法实施。[63] 对于"十恶"以外的其他罪行,则考虑"八议"减刑,包括:

---

〔61〕 同上书,第20页。与被判犯有制造蛊毒罪的犯人共有不动产或个人财产的人一律终身流放3000里。

〔62〕 参见摩里西提诉美国案:《美国法院判例》1952年第342卷,第246页。

〔63〕 同上书,第88页。《周礼》中论述的赦免的例子:(a)幼弱,罪犯年龄不满10岁;(b)耄耋,罪犯年龄超过80岁;(c)蠢愚。同上书,第171页。

1. 议亲
2. 议故
3. 议贤
4. 议能
5. 议功
6. 议贵
7. 议勤
8. 议宾〔64〕

因此,官方特权在中国与在英格兰和法国一样,在决定对犯罪行为的实际惩罚中发挥着重要作用。此外,可以用赎铜或降低社会等级来减轻刑罚。〔65〕

〔64〕 参见 *Morisette v. United States*, 342 U. S. 246 (1952)。

〔65〕 同上书,第 171 页。赎铜 100 斤抵终身流放 3000 里。但犯谋反罪者不得赎,其亲属可缴纳上述数量的铜赎刑。同上书。中国政府实施刑罚如此之重,一个原因是为了减少被害人亲属的私人复仇行为。参见瞿同祖:《中国法律与中国社会》1961 年版,第 81 页。另一个原因是通过道德教育维持社会秩序,瞿同祖在区分法与礼时将其称为“法的儒家化”。同上书,第 267 页。瞿同祖引用韩非子:“重罚者,民之所恶也。故圣人陈其所畏以禁其邪,设其所恶以防其奸,是以国安而暴乱不起。”同上书,第 266 页。

第三章　十八世纪以来的理想主义

CHAPTER THREE IDEALISM FROM THE EIGHTEENTH CENTURY

正像艺术、建筑、音乐、哲学以及自然科学中的理想主义一样,犯罪学中的理想主义起源于 1751 ~ 1772 年,20 年间席卷法国,进而席卷欧洲其他各国的百科全书运动。这 20 年间,约有 70 位艺术家、科学家和学者与法国作家丹尼斯 · 狄德罗(Denis Diderot)和谢瓦利埃 · 德 · 若古(Chevalier de Jaucourt)合作编著《百科全书》(*Encyclopédie*),以汇集各种新思想,这些新思想被合称为启蒙运动。《百科全书》收录了鲍彻 · 达尔吉斯(Boucher D'Argis)关于法理学、雅克 · 弗朗索瓦 · 布隆代尔(Jacques Fransois Blondel)关于建筑学、路易 · 多邦通(Louis Daubenton)关于自然史、安德烈 · 德朗德(André Deslandes)关于航海学、安东尼 · 路易(Antoine Louis)关于医学、让 · 雅克 · 卢梭关于音乐以及狄德罗本人关于绘画的文章。《百科全书》前 7 卷以每年一卷的速度出版,直到 1759 年法国出版审查人员对该书禁印。1756 ~ 1766 年,狄德罗未经官方授权出版了后十卷。

出版《百科全书》的一个初衷是向有阅读能力的大众介绍最近发明的新技术。但是出版审查之后发行的各卷探究了距法国大革命两代以前的欧洲政治现实,并且调查了专制政府为何要通过法院命令或批准实施的酷刑镇压自由尤其是宗教自由。很多《百科全书》撰稿人利用了孟德斯鸠著作中的思想。孟德斯鸠逝世于 1755 年,当时百科全书派的文章约有半数已经刊印。这些文章以孟德斯鸠 1721 年所著《波斯人信札》(*Lettre Persanes*)以及 1748 年所著《论法的精神》为基础。前者讽刺当时法国君主及皇室社会,而后者主张政府的立法、行政、司法三权分立以实现权力制衡。詹姆斯·麦迪逊在《联邦党人文集》第 47 篇中承认,孟德斯鸠至少是为建立分权原则发挥作用的作者,而这一原则对美国联邦和州政府的机构组织至关重要。[66]

百科全书派集体的力量为法国大革命、美国宪法以及"古典"派犯罪学做出了贡献。"古典"派犯罪学的建立部分归功于意大利贝卡利亚侯爵切萨雷·博尼萨那及其著作《论犯罪与刑罚》。该书于 1764 年在意大利出

〔66〕 在《纽约邮报》1788 年 2 月 1 日星期五版刊登的这篇文章中,麦迪逊写到,孟德斯鸠的思想在很大程度上以英国宪法为基础。

版,英译本于1767年在伦敦出版。在这部著作中,贝卡利亚公开向孟德斯鸠致敬,指出尽管孟德斯鸠对整个18世纪欧洲刑事司法管理的糟糕局面只是简要论及,但他启发贝卡利亚产生了很多自己的思想。[67] 在这个问题上,贝卡利亚的思想有多少是由孟德斯鸠或其他人引发的,无法精确衡量,正如列昂·拉兹诺维奇爵士的论断:

> 对于孟德斯鸠和伏尔泰、卢梭和狄德罗这些见解各异的哲学家,很难将其理论加以归纳。但是,一些主要思想的产生是毫无争议的。所有这些思想都受到日益发展的科学方法的影响,都以理性与常识为反对旧秩序的武器,都反对不加质疑地接受传统和权威,都在当时的制度效率低下、贪污腐败和杂乱无章中轻易找到攻击目标,也都对当时普遍存在的迷信和残忍提出抗议。[68]

第一节　从现实主义到理想主义

贝卡利亚的《论犯罪与刑罚》分为42个短章。英国

[67] 参见《论犯罪与刑罚》(第6版),1776年版,第12~13页。贝卡利亚在引言结尾段落中赞颂孟德斯鸠的影响。

[68] L. Radzinowicz, Ideology and Crime 4 (1966).

律师科尔曼·菲利普森(Coleman Phillipson)认为,作者在书中涉及了6个主要思想领域:

1. 犯罪与刑罚的衡量标准

2. 刑罚的确定性和不可赦免

3. 犯罪与相关刑罚的性质和分类

4. 对某些刑罚的思考

5. 刑事诉讼程序,包括秘密控告和酷刑

6. 犯罪的预防[69]

上述6个思想领域中每一个都反映了"古典"派犯罪学以及源于18世纪一般理想主义的贝卡利亚思想的一个重要原则。

贝卡利亚宣称,衡量犯罪的真正标准是对社会造成的危害,不是罪犯的思想倾向,即意图,而后者是英格兰普通法中对大多数犯罪实施刑罚的标准。同时,犯罪不应以被害者的社会地位为衡量标准,而对于不危害公共安全的犯罪行为,也不应以宗教教义为衡量标准。这与当时法国和其他欧洲大陆国家成文法规定的做法,也与英格兰普通法所追求的目标相反。贝卡利亚警告,法律必须具有确定性并且不可更改,也不应由某个法官随心所欲或依其个人性情决定。为此,贝卡利亚呼吁,法律应该明确而稳定,没有晦涩难懂之处,用本地语言公布,并且不接受司法解释。贝卡利亚认为,只有如此公众才

〔69〕 C. Phillipson, Three Criminal Law Reformers: Beccaria, Bentham, Romilly chap. 3 (1923).

能依赖对每起案件均采用统一标准的法律。

贝卡利亚宣称，刑罚要确定并且及时，因为刑罚与犯罪间隔时间越短，这一惩罚与罪犯的违法行为就联系得越紧密。另外，不应使犯人焦虑不安，其有罪与否应该立即判定，毫不迟延。贝卡利亚在柏拉图〔70〕和塞涅卡（Seneca）〔71〕的基础上推论，刑罚的目的不应是简单地给犯人制造痛苦或消除已经实施的罪行，而应该是防止罪犯再次犯罪，并对其他可能犯罪的人产生威慑作用，防止他们犯下类似的罪行。因此，贝卡利亚反对将罪犯迁往当时世界上的偏远地区，如澳大利亚和新西兰，因为在那里他们离开了公众视线，也就无从产生威慑效果。但是，贝卡利亚觉得刑罚及其实施方式的选择只应与犯罪行为本身的严重程度相适应，而不应考虑罪犯的意图或动机。总体而言，对罪犯身体施加的刑罚，应该是在罪犯和其他人思想上留下最深刻印象所需的最低限度。因此，刑罚带来的不利后果应该超过所惩处的犯罪带来的利益，但应以刚刚超过为限。贝卡利亚宣

---

〔70〕　参见柏拉图：《申辩篇》，第 324 页：“没有人会出于罪犯做了坏事这种想法或原因而惩罚他，只有以兽类毫无理智的暴怒才会如此行事。不理智地实施惩罚的人不对过去的罪行进行报复，因为过去的罪行无法消除。他着眼于未来，并希望受罚者以及目睹其受罚的人受到威慑，从此不敢犯罪。”另参见柏拉图：《法篇》，第 11 卷第 934 页：“一个人受到惩罚并非由于曾经犯罪，因为已经做过的事无法消除，而是为了使他和看到他受矫正的人将来痛恨不公正，或至少不再作恶。”

〔71〕　参见塞涅卡：《论愤怒》，第 1 卷第 19 章：“明智的人惩罚人不是由于他犯了罪，而是为了防止其犯罪；因为过去无法恢复，未来却可以避免。”另参见上书第 2 卷第 31 章。

称,任何更为严厉的刑罚都是多余、无益而且暴虐的。他认为刑罚的价值在于不可逃避,而不在于暴力。

18 世纪的犯罪被害人像现在一样,可以自由决定是否对罪犯提起民事法律诉讼以求获得赔偿金,补偿对其个人造成的损害。贝卡利亚对此并无异议。但是,与今天不同的是,18 世纪轻微犯罪的被害人享有赦免特权,可以单方面解除罪犯因犯该罪所受的刑罚。尽管贝卡利亚觉得这种做法人道而且仁慈,但却加以反对,认为这样做违背了公共政策。他认为惩罚罪犯的权利由整个社会通过国家权力行使,个人对这项集体权利无权支配。贝卡利亚担心,一旦人们发现犯罪可以得到赦免,就会期望犯罪免受惩罚,而如果仍然受到惩罚,也会觉得所受的惩罚是不确定的。贝卡利亚坚持认为,法律应该是不可变通的。他觉得如果刑罚和缓并且实施迅速而规范,那么就不需要仁慈。贝卡利亚认为仁慈是立法者的美德,而不是执法者的美德。显然,他把法官的执法任务看作与立法相对立的。

贝卡利亚区别了三类犯罪:(1)影响国家安全或主权的行为,如叛逆罪;(2)损害公民个人的生命、财产或名誉的行为;(3)违反为维护公共福利而对所有人具有约束力的积极或消极义务的行为。贝卡利亚主张每个公民都应能够按自己的意愿自由行事,只要不为法律所禁止,因为正是这种自由才能培养充满活力的精神和开明的思想。

贝卡利亚指出，对伤害被害人身体的罪犯应该用身体刑加以惩罚，如同对损害被害人名誉的罪犯应该用耻辱刑加以惩罚。因此，贝卡利亚论断，对盗窃罪应以罚金为惩罚手段，因为使他人受损失而使自己富裕的人应该遭受财产损失。但是，贝卡利亚认识到，犯盗窃罪的常常是贫困的人，而罚金使他们更加绝望。因此，贝卡利亚建议让盗窃犯通过服短期苦役来补偿社会。他指出，如果盗窃犯在犯罪过程中使用了暴力，则应同时受到身体刑和劳役刑的惩罚。走私犯不仅应该失去违禁品，还应该失去他所拥有的一切。因此，贝卡利亚建议以没收财产惩罚走私。

在《论犯罪与刑罚》第一版中，贝卡利亚声称破产者应该被看管起来，作为其债务的抵押，或受雇为债权人的奴隶，为债权人服劳役。随后贝卡利亚写到，他为自己主张这样的刑罚而感到惭愧，并认为自己这一行为侵犯了人的权利。〔72〕 他开始区分无辜破产债务人和欺诈性破产债务人，认为应该允许无辜破产者以自由劳动向债权人清偿债务，而这时反而将其投入监狱是野蛮行径。至于欺诈性破产债务人，贝卡利亚则要像对待造假者那样对待他们，对其处以监禁。贝卡利亚建议社会努力避免破产，采取的措施包括契约登记以及用向繁荣的商业交易征收的税款为资金来源，建立公共银行，并利

〔72〕 同注释69，第66页，注释3。

用这所银行为符合条件的不幸公民解除债务。

贝卡利亚预见到有效使用警察可以防止第三类犯罪。贝卡利亚呼吁,对通奸、杀害婴儿、鸡奸(成人与儿童间的性行为)等难以证明的犯罪,更有必要的是预防措施而不是不加区别的惩罚,而自杀根本不应受到惩罚,应该留给上帝处理。

与狄德罗、孟德斯鸠、卢梭和伏尔泰在内的几乎所有百科全书派成员相反,贝卡利亚反对以死刑作为对大多数犯罪的刑罚。事实上,贝卡利亚认为死刑只有在两种情况下才是正当的:罪犯的存在可能引起反对现政府的危险革命,以及唯有剥夺罪犯的生命才可能威慑他人不再实施类似的犯罪。菲利普森指出,贝卡利亚是“值得关注的作者中对死刑合法性提出争议的第一人”。[73]贝卡利亚认为死刑的表演会使被处决的人变成烈士,主要由于旁观者易于对任何被杀死的人感到同情。但是,贝卡利亚反对死刑的理由只有两个主要论点:(1)死刑在大多数情况下没有必要,因而是不正当的;(2)死刑并非威慑犯罪的最有效途径。贝卡利亚认为苦役的威慑力远远超过死刑,因为苦役能够延续更长一段时间,并且观看或听说的人比受刑的人更认为这是痛苦的刑罚。

另一方面,贝卡利亚赞成驱逐,尽管他将其区别于欧洲把罪犯放逐到遥远地区的普遍做法。贝卡利亚认

---

〔73〕 同注释69,第69页。

为驱逐是扰乱公共安宁的人应受的适当惩罚。同时，他认为这种刑罚甚至也适用于可能犯有凶残罪行但无法确认其是否有罪的人，因为这样可以使被定罪的人有时间证明自己的清白，而死刑则剥夺了这样的机会。

贝卡利亚告诫人们，秘密是暴政最坚固的盾牌，因此他谴责秘密控告，即密信（Lettres de cachet）。贝卡利亚提出，如果没有初步证据指向被控犯罪的人，则此人不应被审前羁押。他认为被指控的人应该有机会对法官和陪审员的选择进行质疑，并且如果被控犯罪的人与据称为被害人的社会阶层不同，则被选中决定被告人命运的陪审团中应该有一半人由被告人所属社会阶层的人组成，另一半人由被害人所属社会阶层的人组成。

贝卡利亚非常重视支持有罪判决所需的证据数量及质量。他坚持认为，所有证据应当公开出示，陪审团的每项判决均应当庭公开宣读。他认为，陪审团应该通过抽签挑选，而陪审团判决应该有相当确定的证据支持。应当允许被告人在法律规定的一段时间内发现针对他的证据并准备辩护理由。贝卡利亚坚持主张应当允许被控有罪的人像其他所有证人一样提供证据，并且反对当时把被控有罪的人视为“民事死亡人”，禁止其作证的传统。

贝卡利亚警告说，证言的价值取决于证人的可信程度。证人与被控犯罪的人之间敌对关系越明显,或友谊关系越亲密,其证言越不可靠。此外,贝卡利亚反对当时认为指控的犯罪越严重则每个证人越可信的假设。他反驳称,犯罪越严重则证人证言反而应该越不可靠。当时流行向共犯承诺若其提供“王室证据”(今天的国家证据)并作出不利于同案犯的证言即对其不予处罚的做法,贝卡利亚对这种沿用至今的做法表示怀疑,因为这样做可能会背信弃义。

贝卡利亚深刻地指出,酷刑的方法必然导致宣告强壮的罪犯无罪而软弱的无辜者有罪。他认为酷刑是野蛮、无益而且错误的,并且使从中一无所得的无辜者比试图逃避惩罚的罪犯受到更大的伤害。

贝卡利亚在《论犯罪与刑罚》的结尾处宣称,预防犯罪胜于惩罚犯罪。贝卡利亚认为,规定刑罚的法律如果不能以其规定最大限度地预防所要惩罚的行为,就缺乏正当性。贝卡利亚指出,努力维护法律而不是破坏法律的司法官员可以加强对犯罪的预防,并且提出司法官员的人数越多而不是越少越不容易产生腐败。贝卡利亚还提出预防犯罪的其他建议,包括改善教育总体状况以及建立奖励美德的制度。

第二节　贝卡利亚影响的传播

贝卡利亚的影响及于18世纪欧美其他主要改革家，并通过他们传播到他们在政府中创造的新思想中。伏尔泰为《论犯罪与刑罚》一书法文版加入自己的评论，将其推荐给朋友，其朋友中许多人身居高位。伏尔泰的仰慕者包括教皇克莱芒十四世、奥地利皇帝约瑟夫二世、普鲁士菲特烈大帝、俄国女皇叶卡捷琳娜二世、瑞典国王古斯塔夫三世、丹麦国王克里斯蒂安七世以及波兰国王斯坦尼斯拉夫二世。托马斯·杰斐逊的《备忘录》（1776年版）中有26处摘录自贝卡利亚《论犯罪与刑罚》的内容，其中大多数引用了意大利语原文。[74] 在被称为"波士顿惨案"的事件中，约翰·亚当斯曾为被控犯有谋杀罪的威廉·韦莫斯班长和其他五名英国士兵进行辩护并取得成功。他在波士顿起立发表那篇著名的辩护讲话时，做了这样的开场白：

诸位法官大人，陪审团的诸位先生，请允许我为公

〔74〕 第298～316页。另见G. Chinard, ed., The Commonplace Book of Thomas Jefferson: A Repertory of His Ideas on Government 38－39 (1939)。

开受审的犯人辩护。我只能用贝卡利亚侯爵的话为此道歉："如果我能成为挽救一个人生命的工具，这个人激动的祝福和泪水将足以成为对因此而受全人类蔑视的慰藉。"[75]

因此，贝卡利亚的理想主义无疑传播到了新世界，并为不久以后将创立一个新生国家的未来开国者们所接受。这个新生国家就是美利坚合众国。

与此同时，其他作者也采纳了贝卡利亚的思想和价值观，从而为将贝卡利亚的思想推广到前所未有的范围作出了贡献。在法国，帕斯托雷列出了包括120种死罪的清单，建议根据贝卡利亚的原则重新组织法国法律，赞同废除死刑。[76] 其他法国作者如德·拉·马德莱娜、马拉以及后来的孔多塞也提出了类似的观点。维也纳的一位教授冯·索南费尔斯提出反对酷刑以及死刑。[77] 荷兰的阿马雷、葡萄牙的梅罗·弗莱雷以及坎波曼尼斯、约韦兰诺基、拉迪札巴尔等西班牙著名思想家也提出同样的主张。1777年，贝卡利亚的朋友彼得罗·韦里起草了一篇反对酷刑的论文，论证了口供的荒谬性。[78] 1766年，贝卡利亚的《论犯罪与刑罚》出版两年后，保

---

〔75〕 Kidder, History of the Boston Massacre 232 (1968)。

〔76〕 Pstoret, Des Lois Penales (1790).

〔77〕 J. von Sonnenfels, *Ueber die Abschaffung dur Tortur*; French tr. In J. Brissot de Warville, Bibliotheque Philosophique Du Legislatteur, Du Politique, Du Jurisconsulte (1783).

〔78〕 Osservazioni Sulla Tortura (1804).

罗·里西撰写了一篇内容相似的论文[79]。在那不勒斯,菲兰杰里在其著作《立法科学》中谴责了秘密控告和恶劣的监狱条件。[80] 雷纳兹在其著作《刑法要素》[81]中提出,应该根据各项犯罪的严重性对刑罚划分等级。当时的意大利法学家,如克莱曼尼、迪发科和曼尼,提出应采用不那么暴虐的新法替代古代罗马法。

1771 年,英国法学家威廉·伊登(后称奥克兰勋爵)承认受到贝卡利亚影响,并写道:

立法者的主要目标是预防犯罪……报复不适用于任何人……应以宽厚仁慈护卫温和政府……过分的刑罚助长希望免于处罚的幻想……刻薄的司法削弱了自身的执行力度……刑法是要压制邪恶的力量,而并非向内心的自然情感宣战……应该废除过时而无用的成文法律,因为这些法律使仍然有效而且必要的法律权威受损……只有证明确有必要,才能以人之手毁灭人。因此,无论如何不应将处以死刑视为惩罚手段。死刑只是令人痛心的最后手段,采用这一手段是为将那些继续存在于其公民同胞中会危害公共安全的人从社会中除去。[82]

苏格兰法学家亨利·霍姆(亦称卡姆斯勋爵)自

[79] *Animadversions ad criminalem jurisprudention pertinentes.*

[80] Scienza Della Legislazione (1780).

[81] Elementa Juris Criminalis (1773 - 81).

[82] Principles of Penal Law 6 - 22 (1771).

1758 年开始反对死刑，并且在其 1776 年出版的著作《历史上的法律短论：刑法》中继续坚持这一观点。[83] 曼斯菲尔德勋爵、威廉·布莱克斯通以及其他 18 世纪主要英格兰法学家都称赞贝卡利亚，尤其以杰里米·边沁为甚。他这样描写贝卡利亚：

我的大师，第一位理性的福音传播者，把你的意大利举起，高高置于英格兰和法兰西之上。你在谈论法律的理性，而法国人只说行话（虽然比起英国行话这也已经是说理）你在功利主义的道路上做了如此大量的有益探讨。[84]

而另一方面，看似荒谬的是，贝卡利亚反对赦免的立场似乎比反对死刑的态度更能打动英格兰。1770 年，威廉·梅瑞迪斯爵士向议会提交呼吁组建死刑犯罪调查委员会的议案。他指出：

我们的刑法典散发着德拉古灵魂的气息，德拉古的法律以血写就。一个管理良好的国家最需要的莫过于使刑罚与罪行相适应，从而使人们确信每项违法行为都平等地受到正义的制裁。但是目前，偷盗罪和轻微盗窃罪与叛逆罪和谋杀罪同样处以死刑……人们看到获得赦免的罪犯如此之多，就会禁不住诱惑而去犯罪，认为

---

〔83〕 H. Home (Lord Kames), Historical Law - Tracts: Criminal Law (1776).

〔84〕 From manuscript in University College, London, cited in E. Halevy, La Formation Du Radicalisme Philosophique 30 (1901).

自己犯了罪可以不受处罚。[85]

1784年,副主教威廉·佩利(Williom Paley)在其著作《道德与政治哲学》中为执行死刑进行辩护。第二年,马丁·马登在其著作《关于死刑司法的思考》中同样为执行死刑进行辩护。由于担心赦免过度对犯罪造成影响,英国王室限制了宽缓的豁免政策。18世纪最后十年,英格兰的死刑执行率达到启蒙运动以来的最高水平。

在欧洲大陆,贝卡利亚对司法的影响并不令人费解。俄国女皇叶卡捷琳娜二世邀请贝卡利亚访问俄国宫廷未果。1776年,她召集了一个委员会,指导其编纂一部全新的刑法典,即《圣谕》。这部法典由女皇亲笔撰写,并且明显受到贝卡利亚的影响:

公民的政治自由在于因为知道人人享有个人安全而思想宁静,为使人民获得上述自由,法律应该如此制定,任何公民不应畏惧其他公民,但所有公民均应畏惧同样的法律。一切没有必要但却实施的刑罚都是暴虐的刑罚。经验教育人们,在刑罚宽缓的国家和在刑罚最为严峻的地方,刑罚的实施在公民思想上产生的效果相同。对一个拦路抢劫的盗贼和另一个不仅抢劫而且谋杀的盗贼,以同样的方式给予惩罚是不公正的。每个人都清楚地看出,出于对大众安全的考虑,对他们的惩罚

〔85〕 参见 Fletcher, Montesqueu and English Politics (1750 - 1800) 190 (1939)。该议案未获得上议院通过。

应该有些区别。[86]

新法典基调确定后，叶卡捷琳娜二世论及刑罚的数量和实施方法，内容变得更为具体，几乎再次完全引自贝卡利亚的著作：

应当废除所有伤残肢体的刑罚。——我们应当听取被告人要说的话……因此，被告人应当自己答辩，或选择其他任何人代表他答辩。使用酷刑违反一切自然和理性的法则。即便是人类自己也大声疾呼反对酷刑，并高声要求彻底将其废除——（酷刑）的方法必定给体格虚弱的无辜者定罪而使邪恶的罪犯依仗体格健壮而被宣告无罪。通过频繁的实践使宣誓变得过于廉价，就是弱化宣誓的责任，摧毁宣誓的效力……被告人被定罪后，对其实施刑罚的不是法官，而是法律。“应该考虑的是法律的精神，而不是法律的文字”。最危险的公理莫过于此。使刑法总让人可以逐字逐句理解清楚，这样就可以使每个人都认真盘算并准确了解不良行为带来的不便。我们采纳任何人的证言，只要没有理由认为此人是不诚实的证人。这样证据的可信性就随着证人与被告方之间存在的仇恨、友谊、联系或区别成比例增强或减弱。……在和平与安宁的政权统治下，完全没有必要夺取一个公民的生命。预防犯罪胜过惩罚犯罪。要使人们恢复道

---

〔86〕参见 W. Reddaway, Documents of Catherine the Great: The Corrspondence With Voltaire and the Instructions of 1767 215 – 309 (Eng. Tr. Of 1768)。

德，最为确定但同时也最难实现的策略是建立完善的教育体制。不应使刑罚看起来像是一人或多人暴力反对某个公民，刑罚应该公开实施，按照社会利益的需要迅速完成，并且尽可能宽缓；刑罚应该根据情节与犯罪相当，并且在法律中予以明确规定。所有这一切都不会使阿谀奉承者感到高兴。他们每天向世界上所有的君主灌输这样一个致命的信条，即人民只为君主而生。而我们认为并且宣言，我们是为人民而生，并以这一宣言为荣。[87]

叶卡捷琳娜二世任命652人为委员会成员，他们代表俄国每一省份的各个阶层。由于与土耳其交战，叶卡捷琳娜大帝的《圣谕》没能完全实施，但她从贝卡利亚学到的基本原则大部分在俄国得以实践。

1779年1月20日，经仰慕贝卡利亚的瑞典国王古斯塔夫三世提议，瑞典议会批准进行全面彻底的刑法改革。瑞典于1786年正式废除了酷刑，而实际停止酷刑则在更早几年以前。在普鲁士，菲特烈二世继位之初即废除了酷刑。他在位期间将大部分时间投入于起草一系列经过彻底修改的民事和刑事法律。1777年9月5日，菲特烈二世在致伏尔泰的信中写道："贝卡利亚身后无遗可拾。我们只需遵循他已明智地指出的原则。"[88]

---

〔87〕 参见 W. Reddaway, Documents of Catherine the Great: The Corrspondence With Voltaire and the Instructions of 1767 215 – 309 (Eng. Tr. Of 1768)。

〔88〕 M. Maestro, Cesare Beccaria and the Origins of Penal Reform 134 (1973)。

1786 年,菲特烈大帝逝世。但他的新法典于 1794 年生效实施,即《普鲁士邦法》,其中将死刑限定于极少数严重犯罪。在奥地利,玛丽亚·特蕾西亚起初反对贝卡利亚式的改革,因此这些改革在其 1769 年法典中并无体现。但是,受索南费尔斯影响,她还是于 1776 年废除了酷刑。玛丽亚·特蕾西亚的继任者约瑟夫二世皇帝于 1787 年开始为奥地利起草一部新的刑法典,该法典规定死刑仅限于叛逆罪。

由于法国坚定地向革命前进,体现贝卡利亚思想的一些改革得以实施。1780 年,国王路易十六废除了预审酷刑,1788 年废除了初审酷刑。在 1788 年 5 月 8 日发布的敕令中,路易十六还要求刑事定罪要有证实被告人罪过的书面理由;判处死刑必须经三位法官一致表决同意,而不是两人多数表决同意;使被宣告无罪的人有权要求赔偿其名誉损失。[89] 这些改革并没有阻止革命。仅仅两个月后,1788 年 7 月 8 日,三级会议召开,法国君主制的末日到来。

权力转到“公民”手中,他们向自己的代表递交请愿书,提出各种要求,其中包括获得法定平等、废除反道德和反宗教罪名、遏制法官自由裁量权、刑事诉讼中有辩护律师协助、陪审团审判公开、结束让被告人宣誓否认自己有罪的古老传统、取消对罪犯家属的刑罚等。1789

〔89〕 参见 A. Esmein, Historie De La Procedure Criminelle En France 400 – 403 (1913)。

年10月8~9日，制宪会议批准了1789年8月26日《人权宣言》中包含的原则。而《人权宣言》几乎逐字引用自贝卡利亚的《论犯罪与刑罚》:“法律仅有权禁止对社会有害的行为，法律应当只施加明显确有必要的刑罚，并且刑罚必须在罪行实施前颁布的法律中有所规定并依法适用，否则任何人不得受罚。”〔90〕1789年10月8~9日颁布的法律规定了审判公开并允许律师协助辩护。

1790年，法国废除了惩罚罪犯亲属以及允许没收被定罪罪犯全部财产的法律。1791年10月6日颁布的《刑法典》根据每项犯罪的严重程度规定了刑罚。1795年的《轻罪及刑罚法典》对前述《刑法典》进行了修改。1795年法典共计646条规定，其中许多条直接取自贝卡利亚的著作。

在1787年制宪会议上起草的《美利坚合众国宪法》同样包含贝卡利亚的思想原则。这部宪法受贝卡利亚影响的主要例证包括：第1条第9款规定“(国会)不得通过任何褫夺公民权法案或溯及既往的法律”;第1条第10款规定“各州均不得颁发捕押敌船特许证……不得通过任何褫夺公民权法案(或)溯及既往的法律”;第3条第2款规定“除弹劾案外，所有犯罪应由陪审团审判；审判应在犯罪实施的州内进行”;第3条第3款规定“国会有权宣告对叛国罪的处罚，但因叛国罪褫夺公民

〔90〕K.巴尔:《大陆刑法史》1968年版，第320页。

权不构成血统论，被褫夺公民权者的财产只能在其生存期间没收”。

亚历山大·汉密尔顿在1788年出版的《联邦党人文集》第78篇中评论：

法院的完全独立在限权宪法中尤为重要。所谓限权宪法，我认为系指对立法机关做出某些例外规定的宪法。例如，规定立法机关不得通过任何褫夺公民权法案或追溯既往的法律等。在实践中，此类限制只有通过法院才能得以维持，因而法院必须有权宣布违反宪法明文规定的立法无效。否则一切保留特定权利或特权的条款将形同虚设。[91]

但与贝卡利亚不同的是，汉密尔顿以及美国宪法的其他创制者认为司法机关的作用是解释法律，而并非仅是实施法律。因此，汉密尔顿在《联邦主义者文集》第78篇中继续写道：

解释法律是法院特有的正当职责。而宪法事实上是根本法，法官也应将其视为根本法。因此，对于宪法及立法机关制定的任何法律，应由法院确定其含义。如果两者间出现不可调和的分歧，以约束力及效力较大之法为准。换言之，宪法与法律相比，以宪法为准；人民的

〔91〕 汉密尔顿还在同一篇文章中写道：“如果司法权不与立法权和行政权相分离，就无自由可言。”并在相关的脚注中写道：“大名鼎鼎的孟德斯鸠谈到这三种权力时指出：‘上述三种权力中，以司法权为最弱。’”孟德斯鸠：《论法的精神》，第186页。

意志与其代表的意志相比,以人民的意志为准。

但是,汉密尔顿回到贝卡利亚的基本原则,对自己的观点加以限制:

这一结论决非假定司法权高于立法权,而只是假定人民的权力高于两者;如果立法机关通过立法所表明的意志与宪法所代表的人民意志相对立,则法官应受后者而非前者约束。他们应以根本法而不是非根本法来规范自己的裁决……

法院必须申明法律的含义;如果使法院执行意志而非执行判决,那么结果同样是法院的意志高于立法机关的意志。这种观点如果还能证明什么的话,那就是不应存在独立于立法机关之外的法官。

因此,如果认为法院是为限权宪法抵御立法机关越权的堡垒,则这一观点足以有力地证明司法官员应该永久任职,因为这一点最能促使法官具备独立精神,而法官要忠实执行如此艰巨的任务,则独立精神必不可少。[92]

1789 年提出、1791 年批准的《权利法案》,即美国宪法第一至十条修正案,包含更多体现贝卡利亚基本原理的例子。修正案第 6 条和第 8 条涵盖了贝卡利亚的立场:

修正案第六条:

在一切刑事诉讼中,被告人有权:在犯罪行为发生

---

〔92〕 因此,美国国会 1789 年 9 月 24 日通过了《司法法》(1 Stat. 73),允许联邦法官终身任职以及对立法的司法审查。

地的州和地区得到公正的陪审团迅速而公开的审判，该地区应已由法律事先确定；得知控告的性质和理由；同原告证人对质；以强制程序取得对其有利的证人；并获得律师协助为其辩护。

……

修正案第八条：

不得要求过多的保释金，不得处以过重的罚金，不得施加残酷和非常的惩罚。

贝卡利亚以外的其他18世纪理想主义者，尤其是孟德斯鸠，影响了新的美国联邦中各级政府法律制度的设计。例如，最初的13个州均遵循分权原则，使法院独立于立法和行政机关。[93]

最初的这些州也减少了可适用死刑的罪名。1794年5月25日，宾夕法尼亚州议会通过了《加强预防犯罪和废除特定案件死刑法》，从而使死刑在该州只对一级谋杀罪适用。[94] 1785年，托马斯·杰斐逊向弗吉尼亚州众议院提交了《死刑案件罪刑相当法案》。杰斐逊于1778年起草该法案，但到1785年第一次提交审议时仍未获通过。对此杰斐逊在其自传中这样解释：

---

〔93〕 参见B. Poore, The Federal and State Constitutions , Colonial Charters and Other Organic Laws of the United States 18 *et seq* (1878)。

〔94〕 罗伯特·J.特尔布尔写道：几个因素共同形成了建议的改革方法。其中不朽的贝卡利亚给予世界的珍贵的小礼物发挥了应有的重要影响；1776年宾夕法尼亚州制定新宪法时，立法机关受命尽早开始改革刑法，并创制血腥味不那么浓重，与各级犯罪行为更相称的刑罚。A Visit to the Philadelphia Prison 67 (1796).

贝卡利亚以及其他论述犯罪与刑罚的作者使理性社会相信,对犯罪处以死刑并不正确而且毫无效果,并且建议以在道路、运河及其他公共建设工程中服苦役作为适当的替代刑罚。尽管法律修订者已经接受上述观点,但我国大众观念尚未如此进步,因此,该法案在众议院以一票之差未获多数表决通过……

同时,随着时间推移,通过思考和宾夕法尼亚州的示范带动,大众观念日益成熟……1796年(弗吉尼亚)立法机关重新开始研究这一问题,并通过了修改该州刑罚的法律。[95]

杰斐逊赞同贝卡利亚的另一个观点,即在法律适度的司法系统中,执法者无须赦免被定罪的罪犯。他写道:"如果立法实现了应有的宽缓……赦免就荒唐可笑。贝卡利亚的原则是合理的。让立法者仁慈宽大,而执法者铁面无情。"[96]杰斐逊不赞成执法者享有广泛的自由裁量权。

1791年,贝卡利亚本人得到了一个实际起草法律的职位。1787年《奥地利法典》颁布时,约瑟夫二世皇帝决定不在奥地利治下的意大利伦巴第省实施该法典。该省的省会是米兰,系贝卡利亚居住的地方。1791年,约瑟夫决定成立一个委员会,由该委员会就《奥地利法

〔95〕 Padover, S. ed, The Complete Jefferson 67 (1943).

〔96〕 杰斐逊在评论一篇为《分类百科全书》撰写的题为《合众国》的文章时这样说。Padover, S. ed, The Complete Jefferson 61 (1943)。

典》中哪些内容可推广至伦巴第提出建议。他指名让贝卡利亚和保罗·尼西加入委员会。在委员会全部会议召开后，贝卡利亚又要求就1787年《奥地利法典》提交一份个人意见。1791年，贝卡利亚提交了这份题为《略论关于犯罪与刑罚法典中的政治犯罪问题》的意见。[97]一年后，即1792年，委员会分裂为两派，两派对刑罚的看法相互冲突，并各自就自己的看法提交了报告。贝卡利亚与委员会其他两位委员里西和加拉拉蒂－斯科蒂支持其中一份报告。[98]

在《略论关于犯罪与刑罚法典中的政治犯罪问题》中，贝卡利亚对严重犯罪（major crimes）与轻微犯罪（minor crimes）（意文为 delitti politici，政治犯罪的意思）加以区分，并指出前者使社会毁灭，而后者只对社会造成损害。因此，贝卡利亚建议，对严重犯罪进行惩罚的主要目的应在于对被定罪的犯人以及其他人形成威慑，而对轻微犯罪进行惩罚的主要目的应在于对犯罪的个人进行矫正。因此，他赞成对被判犯有严重犯罪的人处以艰苦条件下的长期监禁，而对犯轻罪的人处以不令其难堪的轻刑，所以贝卡利亚在《略论关于犯罪与刑罚法典中的政治犯罪问题》中反对《奥地利法典》，因为同样

---

〔97〕此评论题为“Brevi riflessioni intorno al codice generale sopra I delitti e le pene, per cio che riguarda I delitti politici”。参见 Beccaria, Opere 705－18 (2nd Romagnoli ed., 1804)。

〔98〕参见同上书，第735～741页。C. Cantu, Beccaria è Il Diritto Penale 357－74 (1961 ED.)。

的刑罚（如鞭刑和颈手枷）既适用于严重犯罪也适用于轻微犯罪，唯一的不同是刑罚的持续时间和强度。贝卡利亚认为，羞辱轻微罪犯的刑罚有可能使他们变成重罪犯。

在《论犯罪与刑罚中》，贝卡利亚坚持刑罚的依据只能是罪行的严重程度，与罪犯的社会地位无关。但与此不同的是，在《略论关于犯罪与刑罚法典中的政治犯罪问题》中，贝卡利亚似乎主张社会背景在对轻罪的刑罚中是应该加以考虑的因素。因为鞭刑会使一个有教养的人灰心丧气，并使其家人蒙受耻辱，所以这种刑罚会使社会地位较高的人比社会地位较低的人受到更大的伤害。贝卡利亚推论，由于米兰人并无暴力倾向，因而教育比惩罚更为可取，但是对轻微犯罪应处以监禁而不是鞭刑，尽管轻微罪犯应该与重罪犯分别关押。在最后的分析中，贝卡利亚认为《奥地利法典》对重复犯重罪的人过于宽大，但赞同法典中将初次被判犯重罪（如抢劫）的人视同轻微罪犯的做法。

贝卡利亚就《奥地利法典》如何对待性罪犯，如被判犯通奸罪和卖淫罪的人，提出了看法。他并不反对《奥地利法典》将通奸归类为轻罪，也不反对法典规定只有被害配偶请求并且该被害配偶无类似行为时，通奸罪名才成立。贝卡利亚反对的是《奥地利法典》将卖淫视为犯罪。他认为卖淫是“必要的恶行”，尤其在城市中更是如此。这或许能够解释贝卡利亚为何在《简要思考》中强调,由于面临非法怀孕的危险,通奸的妻子对丈夫造成的社会伤害超过通奸的丈夫与一个放荡的女人睡觉而对妻子造成的伤害。

委员会最终召开会议讨论新的伦巴第法典时,成员们对死刑是否明智、是否有价值这个问题产生了根本分歧。贝卡利亚继续坚持《论犯罪与刑罚》中的论点,认为死刑只适用于影响巨大,甚至足以使其能够从戒备森严的监狱中逃脱的犯人。贝卡利亚赞成以建造监狱代替死刑,并认为监狱更适宜建在大城市附近,那里稠密的人口每天可以看到监禁的情况。委员会部分成员不同意贝卡利亚坚决反对死刑的立场,他们所担心的似乎是,如果废除死刑,则罪大恶极的罪犯就会从别国跑到伦巴第进行破坏活动。这些委员投票赞成允许在完全确定罪犯确实有罪的重罪案件中判处死刑,以杜绝罪犯将来逃脱并杀伤无辜的可能性。委员会召开了几次会议,但没有形成任何实质性的一致意见。委员会在邻国法国开始大革命时解散。1794 年,贝卡利亚逝世,享年 56 岁。他是给人以启迪的立法者,他阐明的理想在启蒙运动时期爆发,将被刻在岩石上,永远流传,如同熔岩从爆发的活火山中流出,然后流向大海,冷却为火山岩。贝卡利亚做立法者的短暂机遇没有产生实际成果,也未能通过历史的检验。

H. G. 韦尔斯在描写伏尔泰和 18 世纪史学家爱德华·吉本时,也许同时谈到了包括贝卡利亚在内的所有

18世纪理想主义者：

他们所坚持的理想，是对一个礼貌而文雅的世界的理想，在这个世界中，人们——仅指高尚的人们——会为残忍、贪婪或狂热而感到羞耻，在这个世界中，担任终身职位的人广博而优雅，害怕遭到耻笑的心情有力地辅助法律维护生活礼仪与和谐。伏尔泰内心可能强烈地憎恶不公正，他代表遭受迫害或虐待的人进行的创作在其漫长而复杂的人生经历中闪耀着光辉……在充斥着大量圆滑的赦免和虚伪的牧师的政权空位期内，很难意识到基督徒的心中曾经燃烧着怎样的激情，人类心中仍然燃烧着怎样的政治和宗教激情。[99]

但贝卡利亚并不是18世纪理想主义者中唯一渴望改革刑事司法制度的人。贝卡利亚发现了对罪犯的起诉和刑罚中存在的缺陷，而其他人发现了犯罪预防中的缺陷。事实证明18世纪城市警务效果不佳，因此也出现了改革警务的要求。

---

〔99〕 H. G. 威尔士：《世界史纲》1961年版，第678页。

第三节 警务改革

1285 年,议会通过《温切斯特法令》,该法令将伦敦划分为 24 个区,每个区由 1 名市政议员管理,6 名守夜人保护。每晚日落 1 小时后开始宵禁,届时城门关闭,城中旅店也关门。伦敦受到了合理的保护,直至 18 世纪出现了新的危险。工业革命促使全英格兰商业迅速发展,而工业革命期间英格兰全国人口翻了一番,从 600 万人增加至 1200 万人。随着贸易的增长,城镇的规模也在扩大。大量人口为寻找工作向伦敦、伯明翰等城市迁徙。随着城市人口密度加大,住房开始紧缺,街头犯罪更加猖獗。实施街头犯罪的是住在伦敦市郊被称为"贫民窟"(Rookeries)的贫民区中,被某些史学家冠以"犯罪阶层"之称的罪犯。[100] 1663 年,伦敦市政会议通过立法,招募 1000 名守夜人或更夫,从日落到日出期间在伦敦市区轮班值夜,防止发生火灾。这些人经常醉醺醺地在黑暗的街道上曳脚而行,手持长棍和光线幽暗的

---

〔100〕 参见 J. Tobias, Urban Crime in Victorian England (1967, 1972)。

灯笼，定时高声报出时间和天气情况。为纪念在位期间创设了这项工作的国王查理二世，他们被称作“查理”。由于这些守夜人是喊话人，不习惯隐藏，因此街头的罪犯开始预先知道“查理们”的行踪，避开他们，肆无忌惮地继续从事不法行为。

而在伦敦市区以外“查理们”根本无权冒险进入的地区，犯罪更是日益活跃。如果说伦敦警务很差，那么伦敦市郊就没有警务可言。到 18 世纪末，伦敦市郊包括 152 个单独的教区，有 100 万人口居住。执法由包括贵族审判法庭庭长、高级执达官、自治市治安法官、自治市治安法官法庭、采邑刑事法庭以及微罪陪审团(annoyance jury)在内的封建权力机关体系负责。1662 年，与伦敦毗邻的一个叫作“威斯敏斯特”的地区(议会所在地)通过了自己的《改良法》，将“苏格兰场的警监们”确立为新的守夜人队伍。其他教区也纷纷效仿。尽管如此，声名狼藉的劫匪仍旧公然居住在紧邻市区边界的地区，照例袭击出入伦敦的旅行者。

1748 年，亨利·菲尔丁担任鲍街首席治安法官。三年后，他雄心勃勃地出版了一本标题为《近期劫匪增加之原因调查》的小册子。菲尔丁称希望以此“唤醒昏昏欲睡的国内权力机关”。菲尔丁认为，街头犯罪严重的主要原因是司法机关的冷漠和腐败。他还认为民众并不了解犯罪已经系统化到何种程度。为使公众更加了解他所发现的问题，菲尔丁 1752 年出版了半周刊《考文特花园》,这份刊物发行了整整一年。菲尔丁在其中印发了各种刑事案件的记录,并对已知的劫匪进行了描绘。[101] 1754 年,亨利·菲尔丁逝世,享年 47 岁。其弟弟约翰继承了兄长的事业。此后 25 年间,约翰·菲尔丁致力于完成先兄遗愿,出版了各种小册子,其中包括《伦敦周边 20 英里内防止抢劫计划》。在这本书中,约翰·菲尔丁建议大都市的居民每 20 人为一组联合起来,形成一个包含当地罪犯信息的中央数据库。菲尔丁还定期出版题为《每季通缉》和《每周通缉》的大幅印刷品,对已知的罪犯进行详细描述,并偶尔补充出版《特别通缉》。他把这些大幅印刷品(或传单)张贴在教堂、旅店等公共建筑物的门或墙上。1763 年,约翰·菲尔丁建立了一支由 8 人组成的骑警巡逻队,在夜间守卫通往伦敦的道路。但由于经费不足,这一努力仅维持了不到一年。1761 年,约翰·菲尔丁获爵士封号。列昂·拉兹诺维奇爵士指出,亨利·菲尔丁和约翰·菲尔丁爵士的重要贡献在于:

近 30 年间,他们作为公众思想的教育者,以坚定的决心努力向同时代的人证明那可能席卷(英格兰)的危险是多么严重,以及他们多么迫切地需要为更大规模的计划而放弃各自为政的解决措施。[102]

---

〔101〕 参见 T. Critchley, A History of Police in England and Wales 32 – 34 (1967)。

〔102〕 L. Radzinowicz, A History of English Criminal Law 14 (1956).

否则,便如同下述的无政府状态。

1780 年夏,伦敦陷入“戈登暴乱”的浪潮,大规模暴力行为持续长达一周时间。广泛蔓延的不满情绪致使暴徒行为更加狂暴。他们在伦敦四处纵火,直到英王乔治三世亲自命令军队干预才得以制止。守夜人们维持秩序不力。暴乱中毁于大火的财产也包括约翰·菲尔丁爵士在鲍街的成就,即刑事司法信息库。18 世纪 80 年代,美国革命正在进行,法国革命不可避免,英格兰局势也随之动荡。对于如何在街头重建法律,公民们意见各异。一些人赞成建立平民武装志愿组织。1783 年,威廉·皮特出任首相。他所领导的联合政党内部严重分裂。此时议会几乎未就任何问题达成一致意见。1785 年,皮特的内政部长向议会递交了一份由鲍街治安官起草的议案。该议案提议创立一个包括伦敦市区与郊区在内的“大都市区”,由国王任命 3 位委员组成委员会,由委员会为 9 个分区各任命一位警察总长,警察总长各自领导一支警察队伍。这些警察成为“治安行政官”,在分区步行或骑马巡逻。议案还提议剥夺治安官的警察权,使其仅作为司法官员继续存在。但治安官们为维护自己的权力提出抗议,使皮特政府妥协。该议案在议会被撤销,此后 40 年内伦敦注定不会再发生重大警务改革。

在这 44 年中,伦敦仅仅做了一些微不足道的警务改革。根据 1792 年《米德尔塞克斯司法法》,在首都地区除鲍街治安官办公室外又增设了7个治安官办公室。每个治安官办公室由3名治安官组成,每人年薪400英镑,聘用专职警察6人,每人周薪12先令。到1797年,由亨利·菲尔丁于1750年创建的非正式警察组织“鲍街管理员”已经成长为一支拥有70人的队伍。1798年,西印度商人出资创立了“水警机构”,由60名领取工资的警官组成,负责保护沿河码头商业。到1800年,在大都市区工作的专职警察有大约120人。

但是,在英格兰停步不前时,爱尔兰却迅速进步。1786年,爱尔兰几乎一字未改地通过了威廉·皮特的1785年议案。一个世纪后,F. W. 梅特兰指出,“也许从1786年爱尔兰议会通过《都柏林警察法》开始,新型警务的完整历史在爱尔兰上演了第一幕”[103]。在波士顿,从1634年开始由警察和守夜人负责警务活动。18岁以上的青年男子有义务应征履行警察或守夜人的职责。[104]各种民事和刑事令状自1692年起在波士顿由郡长执行。[105] 根据1801年颁布的法令,马萨诸塞州各城镇中

〔103〕 F. Maitland, Justice and Police 108 (1885).

〔104〕 R. Lane, Policing The City, Boston 1822 – 1885 9 – 10 (1967). 警察参加庭审每天收入2美元。同上书,第9页。守夜人没有报酬,他们要“在夜间注意阻止并镇压任何骚乱或破坏秩序的行为”。因此,守夜人可以“对任何人进行盘查,只要有理由怀疑此人怀有任何非法图谋,并可询问其个人情况……及去往何地;(并且)为镇压任何暴乱或骚动之目的,可进入任何有不良声誉的住宅。”同上书,第10页。守夜人还负责夜间社区防火和点燃街灯。同上书,第11页。

〔105〕 同上书,第7页。

只有波士顿因其“规模及人口特点”[106]依法要保留连续守夜制度。因此，到18世纪末，随着英格兰和美国的城镇发展为城市，公民们开始认识到他们的社区需要全职警务，但却不太清楚应该如何满足这一需求。

第四节　监狱改革

理想主义的监狱改革是根据贝卡利亚和卡尔·克里斯丁·弗里德里希·克劳泽的理论框架进行的。克劳泽的著作手稿《法哲学体系》撰写于19世纪20年代，经德国犯罪学家卡尔·罗德修订于1874年重新出版。直接受贝卡利亚的启发，亚历山大·麦克诺基和约翰·哈维兰开始建造19世纪初的主要刑罚机构。麦克诺基退休前担任皇家海军上校，有苏格兰血统。1837年，麦克诺基随北极探险家约翰·富兰克林来到塔斯马尼亚岛。当时富兰克林在位于该岛的范迪门领地出任副总督，这一地区是英格兰的监狱殖民地。与此同时，英格兰公布了莫尔斯沃思委员会报告，报告中赞扬了向澳大

[106] 同上书，第11页。

利亚流放罪犯的制度。尽管从英格兰流放到塔斯马尼亚岛的罪犯是由富兰克林负责管理,麦克诺基仍然严厉批评了罪犯流放制度,富兰克林因此将麦克诺基解职,不再让他担任自己的私人秘书。此后麦克诺基继续居住在塔斯马尼亚岛,其间发表大量著作阐述刑罚学思想,其中包括 1838 年发表的《关于罪犯管理的思考》以及随后一年发表的《关于罪犯管理的补充思考》〔107〕。大约同一时间,费城一位客户不多的年轻建筑师约翰·哈维兰在设计美国的监狱。1823~1836 年,他指导建造了宾夕法尼亚州东部感化院。感化院名叫"樱桃山",坐落在费城。随后,哈维兰在 19 世纪 30 年代末设计了纽约市 19 世纪的司法中心。这座建筑由于形似埃及金字塔而被称为"坟墓"。1840 年哈维兰设计了位于宾夕法尼亚州哈里斯堡的多芬县看守所,1846 年设计了位于宾夕法尼亚州雷丁的伯克斯县看守所,1849 年设计了位于宾夕法尼亚州兰开斯特的兰开斯特县看守所。1852 年,哈维兰突然逝世。

哈维兰在宾夕法尼亚州设计监狱的灵感来自贵格会的教义和贝卡利亚。早在 1682 年,威廉·佩恩为宾夕法尼亚制定了一部贵格会刑法典,规定改造罪犯高于惩罚罪犯。〔108〕 1821 年《宾夕法尼亚州东部法》批准在樱

---

〔107〕 Supplement to Thoughts on Convict Management (1839).

〔108〕 佩恩的法典在其死后被废除,但以独居监禁的方式鼓励犯人沉思仍为 18 世纪和 19 世纪宾夕法尼亚各监狱的基本原则。

桃山建造一座监狱以缓解沃尔纳特街看守所过度拥挤的问题，但该法明确规定“保持并维护犯人独居监禁原则”。[109] 亚历山大·麦克诺基的矫正思想，至少是其中的一部分，也本源于贵格会。1837 年，贵格会教徒詹姆斯·巴克豪斯和乔治·华盛顿·沃克与麦克诺基一起居住在范迪门领地，并对麦克诺基产生了深刻影响。[110] 到 1839 年，英格兰厌倦了麦克诺基对传统殖民地监狱的批评，任命他为诺福克岛监狱的监狱长，让他在那里对自己提议的监狱改革计划进行试验。麦克诺基在那里实施的制度要求犯人完成一定数量的任务，而不是服满一定时间的刑期，以此作为释放的先决条件。1844 年麦克诺基回到英格兰时，他已经拆除了诺福克岛的绞刑架，废除了犯人在看守面前必须卑躬屈膝的传统要求，允许犯人用餐时使用刀叉餐具，允许犯人靠努力取得不穿囚服而穿其他服装的权利，并为犯人建造了教堂和学校。麦克诺基的改革鼓励罪犯通过被称为“积分制”的行动来证明自己的自我完善。这被认为是今天所谓不定期刑的前身。

麦克诺基在其 1846 年的著作《犯罪与刑罚》中为“积分制”设定了下列基本原则：

---

〔109〕 T. McElwee, A Concise History of the Eastern Penitentiary 144 (1835)。

〔110〕 参见 A. Maconochie, General Views Regarding the Social System of Convict Management (1839)。

(1)判决不应判处一段时间的监禁,而应判处完成一定数量的劳动;简言之,应该废除规定服刑时间的判决,代之以规定工作任务的判决。

(2)犯人在能够获得释放前必须完成的劳动数量应该以其必须通过改善行为、节俭生活和养成劳动习惯而获得的分数表示。

(3)犯人在监狱中应挣取自己所获得的任何物品,否则从其分数中扣除。

(4)满足纪律规定条件的犯人应与其他犯人组成6~7人的小组共同工作,每名组员的行为和劳动均应由全组负责。

(5)在服刑最后阶段,犯人仍须挣取每日单位分数,但同时应从其劳动中给予其个人所有的利益,并对其放宽纪律要求,以使其为获释回归社会做好准备。

1849年,麦克诺基担任伯明翰市监狱主管,但人们认为他对一些不服管教犯人的惩戒手段过于宽和,因此仅仅任职两年就在一片指责声中遭到免职。1860年,麦克诺基逝世。但其追随者沃尔特·克罗夫顿爵士担任了爱尔兰监狱系统管理委员会负责人,他的思想成为19世纪中叶伊诺克·瓦因斯和西奥多·德怀特领导下的纽约监狱协会大多数理念的基础。[111]

19世纪末宾夕法尼亚监狱制度的一位坚决拥护者

〔111〕 参见 Z. Brockway, Fifty Years of Prison Service (1912: reprinted 1969)。

是卡尔·罗德,甚至该制度在美国已经过时后,他仍然拥护。尽管克劳泽已经要求对犯人进行教育,认为刑罚无非是一种对识字不多的人进行教育的权利,罗德在其著作《天赋人权或法哲学基础》1846 年版及 1863 年版中均对克劳泽的著作《法哲学体系》加以扩展。[112] 除克劳泽外,对罗德产生影响的还有弗朗西斯·利贝尔、尼古拉斯·海因里希·尤利乌斯以及亚历山大·德·托克维尔。他们都曾参观费城监狱系统并随后撰写论著,而罗德阅读了这些著述。[113] 最终,罗德推崇通过提高每名罪犯的"道德抵抗力"来"治愈犯罪欲望"的刑罚制度。因此,罗德认为罪犯欠上帝和社会一笔道德债,必须还清这笔债以弥补其罪行。在罗德的影响下,德意志各邦纷纷按照樱桃山监狱的模式建造独居监禁式监狱。首先是普鲁士于 1832 年建造的因斯特堡监狱,随后莫贝特监狱于 1849 年在柏林建造。

1857 年于法兰克福召开的第三届慈善、矫正和博爱专题大会上,罗德认为,唯一可以接受的刑罚目的是改造,而不是传统的刑罚三要素(赎罪、威慑和改造)。[114]

---

〔112〕 另见 K. Roeder, Die Herrschenden Grundlehren Von Verbrechen Und in Ihren Inneren Widerspüchen (1867)。

〔113〕 参见 F. Lieber, *On Penitentiary System in the United States*, in F. Lieber, Miscellaneous Writings (1881); N. Julius, Das Amerikanische Besserungssyte (1833); and G. de Beaumont and A. de Toqueville, Du Système Pénitentiaire Aux Etats – Unis (1845)。

〔114〕 参见 Congres International De Bienfaisance De Francfort – Sur – Le – Mein, Session De 1857 372 – 377, 396 – 399, 401 – 413 (1858)。

同时,罗德主张,完全的独居监禁对改造是必要的,并且除对12岁以下儿童或身患绝症的成年罪犯外不得减免。罗德把儿童作为例外符合其认为14岁以下罪犯应与成年犯分别关押的观点。[115] 与费城的樱桃山(宾夕法尼亚州东部)监狱完全对应的欧洲监狱也许是1848年在巴登建成,1851年投入使用的贝鲁沙尔监狱。1871年《德意志刑法典》要求每名犯人服刑的前三年必须实行独居监禁,这是卡尔·罗德影响的又一个例证,也是纯粹理想主义的实例,并未从实用角度考虑到犯人要劳动并支付其食宿费用就不能过久地处于独居监禁状态。

[115] 参见 K. Roeder, Strafvollzug Im Geist Des Rechts 118 – 120 (1863)。

第四章　机械革命后的功利主义

CHAPTER FOUR UTILITARIANISM AFTER THE MECHANICAL REVOLUTION

在18世纪理想主义的鼓舞下,公众普遍期望发生全面社会变革,尤其渴望出现用以替代酷刑和死刑惩罚犯罪行为的刑罚。但是,1794年贝卡利亚去世时,基本上还没有能够在重罪案件中替代死刑的可行性刑罚,因为此前一直使用的地牢只是为了方便审讯和处决而建的短期看守所,并非为长期监禁大批犯人而设计。但是,贝卡利亚逝世后20年之内,已经有可能建造容纳数百名罪犯的堡垒式监狱。这些罪犯的工业劳动可以生产商品供市场销售,从而弥补迅速增长的犯人监禁成本。

发生这一重大变化的原因是蒸汽机在短时间内满足了多种用途。这段时间后来被称为机械革命。我们目前所知的监狱系统之所以能够出现,蒸汽机的贡献大于其他任何理念或发明。随着蒸汽机的推广应用,功利主义运动首先在英格兰发展,进而扩展到欧洲大陆,最后到达美国。功利主义运动对刑事司法制度的广泛影响在很大程度上是由蒸汽机的推广应用引发的。例如,大量证据表明,有了蒸汽机,建造大型监狱工厂的技术才有可能出现。有了这项技术,通过艰苦的劳动改造罪犯的目标才可能确定。即便是贝卡利亚也未曾预料到,犯人会成为从事生产的劳动力。直到较为晚近时,我们才开始提出这样一个重要问题:历史上我们是为了关押罪犯而建造了监狱,还是因为需要健全的人充当廉价劳动力并填满闲置的监舍才给人定罪。

第一节　蒸汽机与工业革命:对矫正实务的影响

启蒙运动引发了对科学和哲学的探索。18 世纪大部分时间里,人们在有效利用蒸汽能的道路上不断前进。法国科学家丹尼斯·帕潘和英国科学家托马斯·萨弗里 1712 年以前就在实验室中设计出以蒸汽作为能量的发动机模型。但实际可用的蒸汽机要用轧制铁皮制造,而轧制铁皮的制作工艺直到 1728 年才开发成功。托马斯·纽科门发明了一种“大气机”,通过蒸汽冷凝产生真空,并利用大气压对真空的作用力驱动活塞使气缸运转。1769 年,詹姆斯·瓦特对纽科门的大气机进行了改装并申请了专利。改装后的机器有独立的泵外冷凝装置,这被视为一大进步。1781 年,瓦特为一种更为复杂的蒸汽机申请了第二项专利。这种蒸汽机采用双重运动系统。蒸汽首先进入活塞一侧,然后进入另一侧,不驱动活塞时从两侧排入冷凝装置,从而形成循环运动。在这一点上,瓦特的蒸汽机满足了一项至关重要的需求,即为抽水泵提供动力,在冬季从康沃尔的煤矿中抽出多余的水,从而提高了煤的产量,满足了炼焦的需求。焦炭产生的热量足以使铁熔解并最终形成更硬、更轻但更坚固的物质。人们把这种物质称为钢。

1783 年,英国工厂开始生产轧制铁锭和铁条。要建造我们目前所知的监狱,这是必不可少的物品。尽管贝塞麦转炉炼钢法在 1856 年才得以完善,而炼钢平炉直到 1864 年才出现,但 19 世纪初已有一些可用的钢材。由于钢比铁更轻、更坚固,就可以用于建造六至十层高的多层监舍,可以沿着被称为“巷道”的狭窄通道到达。这正是堡垒式监狱的特点。这种堡垒式监狱以 1819 年在纽约州奥本市建造的监狱为蓝本。

到 1785 年,英格兰诺丁汉一家棉纺厂采用瓦特的蒸汽机作动力,引发了后来被称为工业革命的运动。蒸汽取代水力成为工厂机器的能源,各种工业在日益成长的城市中迅速涌现。1804 年,理查德·特里维西克采用瓦特的蒸汽机为铁路机车提供动力。这种火车头经乔治·斯蒂芬森重新设计,于 1814 年取得商业成功。1807 年,罗伯特·富尔顿的蒸汽船“克莱蒙特号”在哈德逊河上起航。1825 年,在英格兰斯托克顿和达灵顿之间开通了首条铁路线,将运输时间压缩到原先的十分之一。此后 10 年内,火车在整个欧洲大陆和美国东部进入常规运营,全部以煤作燃料,依靠蒸汽提供动力。蒸汽船和蒸汽机车可以更为迅速地把煤和铁矿石从矿山运往工厂,这样就使工业革命全面展开,并开创了现代技术时代。

19 世纪上半叶,堡垒式监狱在美国东部迅速发展。在建造高大的监狱围墙时,蒸汽提供了能源。同时,蒸汽也为监狱工厂提供了能源,使原材料在工厂中转变为制成品,这对于早期监狱实现自给自足至关重要。毫无疑问,如果没有蒸汽机,那么早期监狱,尤其是美国的早期监狱,将无法实现自给自足,不能证明其实用性,经不起公众认可的检验,也就不会引起世界各地纷纷效仿。

19 世纪 40 年代,蒸汽机车将越来越多的罪犯从人口稠密、犯罪率高的新兴城市运往坐落在乡村地区的监狱。在那里,就业不足的居民踊跃应征并承担看守工作。罪犯劳动以及监狱工厂的概念在美国与工业革命相伴而行,对工业革命在乡村地区取得成功的贡献不可谓不大。仅仅20年间,在人口稀少的农田区域试建的监狱促进周边地区新兴城镇加速发展。如同一百多年前村庄在欧洲城堡周围发展一样,城镇在美国监狱周围迅速涌现。与在欧洲相同,在美国城镇超过了最初使其发源和成长的城堡围墙,扩展到更为广阔的地域,成为日益扩张的城市。

第二节 杰里米·边沁的观点及影响

1672年,理查德·坎伯兰的著作《对自然法则的哲学研究》出版,功利主义由此成为一门新的哲学,并在1739年大卫·休谟撰写的《人性论》中得到充分体现。因此,功利主义甚至领先于法国百科全书派的理想主义达半个多世纪,尽管早期功利主义与理想主义相互交叉。最初的功利主义哲学家并未广泛关注刑法,对犯罪学更是关注甚少。这种情况自1776年起因杰里米·边沁而改变。这一年边沁开始了漫长的写作生涯,直至1832年去世为止。

边沁早期的灵感主要来自爱尔维修1758年出版的著作《论精神》。这部著作设立了新的道德体系，指出人类的所有行为都以个人利益为动机，即使是严格的道德行为也不例外。爱尔维修主张，应以是否有益于社会来判断某种行为是否道德，通过教育和法律奖励、惩罚来调和利己主义与社会利益的关系。边沁阅读了《论精神》以及其他功利主义著作，包括巴林顿1766年出版的《论成文法》以及约瑟夫·普里斯特利1768年出版的《论政府》。1776年，边沁开始写作《法理学批判大纲》，他后来认为这是自己最得意的一部著作。该书于1780年成稿，但直到1789年才出版，这也许是边沁羞怯的性格所致。正是这种羞怯使他对法庭上法官的责难怀有无法克制的恐惧，并因此放弃与父亲一起从事律师职业。边沁一生中大部分时间是这样度过的：制订写作计划，然后放置一旁，又开始其他工作，很久以后才回来完成先前的工作。

边沁于1776年完成第一部主要作品《政府片论》，时年28岁，比1764年贝卡利亚写作《论犯罪与刑罚》时大两岁。边沁与贝卡利亚同样在有生之年声名显赫，广受尊敬。所不同的是，贝卡利亚的声誉主要源于在非常年轻时撰写的一部著作，而边沁则是在漫长的一生中逐渐获得声望，这一生中他经历了世界变革，并撰写了多部著作。边沁比贝卡利亚晚出生十年，于1832年逝世，享年84岁，比贝卡利亚长寿28岁。边沁的法学和犯罪学观点中有许多产生于机械革命期间或以后，而机械革命开始于1794年贝卡利亚逝世前后。边沁的职业生涯一半以上在19世纪的前30年中度过，而贝卡利亚则没有活到19世纪。

第三节 边沁的影响范围：警察、法院和矫正

边沁对刑事司法系统的三个领域都产生了影响：在警察领域表现为，影响了伦敦大都市警察制度的发展；在法院领域表现为，向詹姆斯·麦迪逊总统建议在美国实施《潘诺明法典》；在矫正领域表现为，以著名的圆形建筑设计作为监狱模型，其中一些特点在新英格兰、纽约和宾夕法尼亚的早期监狱中有所体现。边沁的法律模型仅有一部分体现在美国几个州的法律中，但在澳大利亚、加拿大、法国、德国、希腊、葡萄牙、西班牙以及南美洲许多国家得到更多采纳。边沁的监狱工业合同劳动制获得了广泛认可。美国的21个州、准州及哥伦比亚特区1886年仍在使用的监狱和看守所中，至少有一

部分采用了这项制度。[116] 在杰里米·边沁的各种观点中贯穿始终的是其“最大幸福原则”的观点。边沁认为，快乐等同于幸福，而一个社会应该以尽量实现绝大部分人的最大幸福为道德目标。亨利·梅因爵士在19世纪中叶撰写的著作中指出，到当时为止几乎所有的法律形式都可以追溯到边沁的影响。[117]

警察制度。19世纪初期，英格兰和美国的警察组织结构均发生变革，这在很大程度上是由于功利主义。1795～1800年，杰里米·边沁与帕特里克·科洪合作，共同拟订了伦敦都市警察制度改革计划。[118] 1795年，科洪出版了《论大都市警察》一书，这是对各地警务实践进行的首次系统调查。关于伦敦，科洪写道：

守夜人注定要守卫居住在近8000条街道、弄堂、短街、小巷的约162,000所住宅中的居民，受70多个不同的托管人领导，同时受到为数约两倍于此的地方议会立

〔116〕 这些州包括：康涅狄格州、伊利诺伊州、印第安纳州、艾奥瓦州、堪萨斯州、马里兰州、马萨诸塞州、密歇根州、明尼苏达州、新罕布什尔州、纽约州、俄亥俄州、俄勒冈州、宾夕法尼亚州、罗得岛州、南卡罗来纳州、得克萨斯州、佛蒙特州、弗吉尼亚州、华盛顿州和威斯康星州。U. S. Commissioner of Labor, Second Annual Report, Convict Laboor, 8－12, table 1 (1887). 达科他州也采用了这一制度。同上书。

〔117〕 梅因写道：“一个国家或一项职业在追求进步时有明确的目标，对这一点的重要性无论怎样高度评价也不为过。过去三十年中边沁在英格兰产生了巨大影响，秘诀即在于成功地为该国设立了这样一个目标。他为我们提出了明确的改革规则……边沁使社会利益凌驾于所有其他目标之上，从而兴起了长期以来一直在寻找出路的一股潮流。”H. 梅因：《古代法》1861年版，第78～79页。

〔118〕 J. Bowring, The Works of Jeremy Bentham 329 (1843).

法规制。这些立法将行动权授予总监、保护人、总督、托管人、教区委员会等各种头衔的人，但他们只负责自己治下的选区、教区、村庄、特辖区或管辖区。

在《论大都市警察》1800 年第六版序中，科洪宣称：

“可以将英格兰警察视为一门新的科学，其中不仅包括带来刑罚而且专属于治安官的司法权，也包括犯罪的预防与侦查，以及其他与使公民社会舒适有序的内在规范相关的职能。”[119]

科洪的建议是在伦敦大都市区内的每块地域建立领取工资的地方专职警察力量，对五位警察专员组成的委员会负责。科洪的计划与 1785 年首相威廉・皮特政府向议会提交未成的计划十分相似。在拟订这项计划时，科洪遵循了亨利・菲尔丁和约翰・菲尔丁爵士先前提出的三点意见：(1)中央警察委员会应该组织一个情报机构，收集有关犯罪和罪犯的信息；(2)应该对已知的罪犯和犯罪团伙保留记录；(3)应该颁发警务公报，以便于侦查犯罪，并通过公布“鞭刑、颈手枷、囚船、流放及公开处决”等刑罚加强社会道德教育。[120] 在 1800 年发表的另一篇专论《论泰晤士河商业与警察》中，科洪估计有 1 万名窃贼、卖淫者和其他罪犯，每年从沿河各码头窃取

[119] P. Colquhoun, A Treatise on the Police of the Metropolis 213 (5th, ed. 1797).

[120] T. Critchley, A History of Police in England and Wales 39 - 40 (1967).

50万英镑以上。边沁与科洪合作起草了一项议会法案。这项议案经细微改动后成为1800年《泰晤士河警察法》。

《泰晤士河警察法》在内容和起草方式上都体现了许多功利主义原则。法案的目标是"为整体做仅在局部实施则永远无法奏效的事",[121]这是不折不扣的功利主义目标。对法案目标还有更为详尽的阐述：

建立与泰晤士河上的全部财产密切相关的警察机关,扩大民间力量,将预防计划推广到所有危险地点,并根据经验全面改进,从而提供统一保护……这样即可获得遍布整个泰晤士河流域,强大而富有活力的警察力量。通过这种措施,就可以派人看管伦敦港口随时受到威胁的巨额财产,而不会无人可派。[122]

因此,有证据显示,该法案希望有警官专门负责在确定为目标的犯罪区域巡逻,以尽可能在犯罪发生前加以预防。为进一步加强法案的预防计划,建议对"码头工人"进行登记并发放执照。当时"码头工人"用来称呼为来自英格兰殖民地的船只卸货的装卸工。法案更进一步授权泰晤士河警察局逮捕可疑人员,这是我们"拦截与搜身"法律的前身;同时授权在怀疑船只装有违禁品的情况下进行无证搜查及扣押,这是我们在警察行动

[121] L. Radzinowicz, A History of English Criminal Law 380 (1956), quoting from 78 J. Ct. Com. Coun. 189 - 90 (February 21, 1799).

[122] 同上书。"巨额财产"主要包括从印度、远东和新世界抵达伦敦的船舶卸载的原材料。

有正当理由时进行现场搜查可以谅解这一规则的前身。法案要求船主在不卸货时将船舱上锁,否则处以罚金。为提高泰晤士河警察局的行动能力,法案规定将上述罚金以及对码头上捉到的窃贼及其他罪犯科处的罚金的一半拨给泰晤士河警察局。直到20世纪80年代美国才开始将一起案件侦查所得的收入用作另一起案件侦查的资金,这种做法通常在反毒品斗争中使用。所获罚金的另一半由为对罪犯定罪做出贡献的人分享。

《泰晤士河警察法》的起草方式也是功利主义的,这从边沁在起草时所采取的谨慎方法中可见。为不使法案遭到议会否决,杰里米·边沁忍住诱惑,不在法案中包括过多内容,很久以后,边沁以其特有的不谦虚解释道:

泰晤士河畔需要这样一个法案。科洪发现了事实。我冒险提供法律。我起草了这项法案,尽量大胆排除了惯常使用的赘言。在程序条款中,为使法律能够执行并行之有效,我最大胆地冒险,比前人走得更远。应我谦卑的请求,一位饱学的绅士……接受了该法案……法案只字未改即成为法律。[123]

但是,《泰晤士河警察法》也不乏批评者,其中一些人对该法中的"预防性立法范例"提出质疑,认为"完全

---

[123] 同上书,第387~388页。转引自J. Bentham, Works 335。拉兹诺维奇指出,1800年7月11日通过的法案其实与边沁和科洪1799年2月起草的法案在细节上有所不同。同上书,第388页。

不符合……英格兰政府的精神”。[124]

议会自1800年通过《泰晤士河警察法》后即定期对该法进行修订。到1829年共修订6次，每次修订均使英格兰警察的权力进一步扩大。在伦敦大都市区的其他地方，警务工作也在扩展。到1811年理查德·福特担任鲍街首席治安官时，一支由60人组成的骑警巡逻队在伦敦20英里内的主要公路上巡逻，从而实现了约翰·菲尔丁爵士半个世纪前提出的另一个计划。到1821年，步行巡逻队成立，并成为鲍街骑警巡逻队的培训部。1822年，为控制白天街上发生的抢劫，鲍街巡逻队成立了日间分队，巡逻队员从此穿上蓝色衣裤、深红马甲，头戴黑帽，脚蹬威灵顿靴，成为英格兰第一批身着制服的警察。因为穿深红色马甲，巡逻队员得到了“知更鸟”的绰号。到1828年，在伦敦大都市区巡逻的领取薪水的警察达到450人。

1822～1830年，杰里米·边沁撰写了最后一部重要著作，即《宪法典》。边沁在这部著作中强调需要建立发挥预防作用并受政府集中控制的警察队伍。[125] 1928年，英国内政大臣罗伯特·皮尔召集大都市警察特别委员会会议。边沁的同事和好友爱德温·查德威克向委

---

〔124〕 *Powers of Justice of Peace*, 5 New Edinburgh Rev. 315－36（1823）。

〔125〕 边沁建议设立“预防部长”一职，行使以下职能：“设计、补充、指导、代理、监管、补偿、应用、变革、取消、统计、记录、发布、提供官方信息、提出改进建议。”J. 边沁：《宪法典》1830年第9卷，第213、439～441页。

员会作证，强调了关于集中和预防性警察的功利主义观点。1829年4月，皮尔向国会提交了大都市及周边警察改良法案。法案得到英国首相威灵顿公爵支持，在国会通过，成为《大都市警察法》，于1829年7月19日生效。根据该法，在以伦敦市中心为圆心，半径7英里的范围内建立了统一的大都市警区。新的警察署总部设在一座名为“苏格兰场”的古堡中，而警察署自身也以“苏格兰场”之名著称。陆军上校查尔斯·罗恩担任大都市警察局首任总警司。警察局分为17个分局，各有警官165人。分局由一位警司统领，其下有警监4人，领导16名警长。警长各管理警员9人。总警司向内政大臣罗伯特·皮尔报告工作。人们以罗伯特·皮尔的名字亲切地将警员称作“博比”。皮尔坚持功利主义原则，宣布新成立的大都市警察局以高效为首要目标，而“实现高效警察工作的首要前提”是“机构设计与责任的统一”。[126]“博比”远远超过前辈守夜人“查理”，更出色地实现了这一目标，并从他们为之服务的人那里赢得了尊重。

边沁认为，警务工作包括八项主要职能：

1. 预防犯罪

2. 预防灾难

3. 预防地方流行病

4. 协助慈善事业

---

〔126〕 同注120，第50页。引自21 Parldeb.，N. S. 872 - 77 (April 15. 1829)。

5. 促进内部沟通

6. 监督公众娱乐活动

7. 收集情报信息

8. 收集保存公共普查数据〔127〕

另外,边沁还建议创立保险基金,用于资助警务活动以及在犯罪人不明或无偿付能力时补偿被害人。〔128〕功利主义者非常关注对犯罪嫌疑人的识别。边沁建议,所有英国国民均应使用姓氏和名字,他希望每个人在所有法律文书上使用姓名全称,同时标明出生日期和出生地。作为针对惯犯的最终预防措施,边沁倡议效仿当时英国水手的习惯,在每个人的手腕上纹刺自己的姓和名。〔129〕

爱德温·查德威克(后获封爵士)在边沁的功利主义思想中加入了自己的内容。1828 年查德威克在特别委员会发表的证言文字记录被委员会在提交报告前遗失,于是查德威克个人发表了自己的思想,并在原先的证言基础上增加了后来产生的观点。查德威克最为大胆的建议是取消大陪审团,因为他担心犯罪嫌疑人会在易受欺骗的大陪审团陪审员面前作伪证,从而逃避起诉。〔130〕他主

---

〔127〕 L. Radzinowicz, A History of English Criminal Law 434 (1956)。

〔128〕 同上书。引自 J. Bentham, Principles of Penal Law 580。

〔129〕 同上书。引自 J. Bentham, Principles of Penal Law 557 - 558。一百年以后,德国纳粹实施了这些建议。

〔130〕 同上书,第 463 ~ 464 页。约五十年后,美国最高法院判决各州不承担大陪审团公诉引发刑事起诉的联邦宪法义务,这暗示其遵守了这项建议。Hurtdov v. California, 110 U.S. 516 (1884).

张任何人对某项犯罪知情不报同样构成犯罪，这一主张使英格兰感到震惊。[131] 查德威克呼吁，伦敦警察公报内容应有所扩大，包含警方所知一切犯罪的相关信息，而不仅涉及最严重的犯罪。并且公报要在次日清晨发给所有“博比”人手一份，并发给当铺老板和旅店老板。[132]

有历史学家注意到，大都市警察将罪犯赶出了伦敦，这就必然需要在伦敦周边城镇建立警察机关，这一需要通过1835年《市政当局法》成为现实。随后，罪犯退至更为偏远的乡村地区，从而迫使议会于1839年通过《郡警察法》。[133] 那一年，伯明翰发生暴动。引发暴动的是宪章运动，这场理想主义运动旨在改善工人及工人家属的生活方式。[134] 当时伯明翰没有自己的警察，因此伦敦借100名“博比”给伯明翰镇压暴动。尽管“地方自治政府”反对，国会还是通过立法，授权为伯明翰、博尔顿和曼彻斯特建立中央警察机关。到1839年8月27日，中央集权的警察获得并行使了在英国各大城市街道巡逻的权力。

---

〔131〕 查德威克希望恢复英格兰一项古老的罪名，即包庇隐瞒重罪犯。同上书，第465页，注4。

〔132〕 查德威克认为，利用精确的每日犯罪活动图表，警察管理者可以将街头的警官重新部署到犯罪高发地区。

〔133〕 至少有一位历史学家，即克里奇利，主张“这一具有吸引力的理论与事实毫无关系”。同注5，第58页。

〔134〕 宪章运动承诺英国工人“人人住上好房子，房前屋后随主人喜好建有花园，人人穿上保暖体面的好衣服”，同上书，第76页。转引自 G Harvey’s London Democrat (April 27, 1839)。

宪章派掀起更多起义以后，国会于 1842 年通过了《教区治安官法》。此后多年，英格兰一直保持市郡双重警察系统，市属和郡属警察为管辖权限彼此争斗。这种双重系统传到了美国并延续下来。1854 年，爱德温 · 查德威克爵士再次向特别委员会作证。这是第二届特别委员会，由内政大臣巴麦尊勋爵召集。此后不久，巴麦尊勋爵成为英国首相，但其继任内政大臣乔治 · 格雷爵士在查德威克推动下于 1854～1856 年三次尝试通过立法加强中央对警察的控制。格雷前两次努力失败后，第三次努力获得了成功，1856 年《郡市警察法》延用了 100 年。根据该法规定，全英格兰建立了 226 个警察局，有些警察局小到只有一名警员。城市警察获得对全郡的管辖权，而郡警察则获准在城市内执行公务。

第四节　立法和刑罚

对于杰里米 · 边沁以及大多数功利主义者而言，立法的根本目的应该是以直接和间接手段阻止犯罪。例如，边沁主张，通过尽可能使人无法获得犯罪所需的知识或消除犯罪人实施犯罪的动力或欲望，立法可以发挥

间接预防犯罪作用。[135] 边沁认为,通过尽力实现以下目标,立法可以间接影响犯罪:

1. 改变危险欲望的发展方向,并引导爱好向符合公共利益的娱乐发展

2. 做好安排,在满足特定欲望时不造成损害或尽可能少造成损害

3. 避免造成激励犯罪

4. 随着诱惑增加而相应加重责任

5. 削弱对诱惑的感受力

6. 强化人们头脑中对刑罚的印象

7. 使犯罪事实更容易为人所知

8. 通过使多人对预防犯罪获得利益而预防犯罪

9. 使识别和发现个人的手段更易于实施

10. 增加逃脱的难度

11. 减少起诉和刑罚的不确定性

12. 为预防主要犯罪而禁止从属性犯罪[136]

边沁认为,"培养荣誉感、运用宗教力量以及指导和教育的力量"[137]可以通过间接手段辅助立法减少犯罪。

边沁认为,只要刑罚与犯罪相适应,立法就可以直接阻止犯罪。科尔曼·菲利普森认为,边沁觉得做到以

---

[135] 参见C. Phillipson, Three Criminal Law Reformers: Beccaria, Bentham, Romilly 218 (1923)。

[136] J. Bentham, Treatise, Principles of Criminal Code, IV, in J. Bowring, ed., *supra*, n. 3 at 533.

[137] 同上。

下几点刑罚就能够发挥作用：

1. 使刑罚的恶果……超过犯罪带来的利益……

2. 确定性越低的刑罚越应当更严厉，而越具有确定性的刑罚严厉程度应当越低……

3. 两种犯罪相互牵连时，较严重的犯罪应该受到较重的惩罚，从而使犯罪人在犯了较轻罪行之后不再犯较重的罪行……对不同的犯罪处以同样的刑罚，往往会引发更严重的犯罪

4. 犯罪越严重，就越有理由大胆施以重罚，以期预防这种犯罪……刑罚的实施是取得不确定收益所需的确定成本。对轻罪用重罚是为有可能避免小恶而付出巨大代价

5. 不应对实施同样犯罪的所有犯罪人处以同样的刑罚。应该考虑到他们不同的感受能力。名义上相同的刑罚实际上并不相同[138]

边沁提出，“对相同的犯罪应该根据犯罪人的年龄、性别、等级、财富以及其他多种情况调整所处刑罚”。理由如下：如果是人身伤害，同样的罚金刑对富人微不足道，对穷人则压力巨大。同一种刑罚会给某一特定等级的人留下耻辱的烙印，而对另一较低等级的犯罪人则丝毫不会留下任何污点。同样是监禁刑，对商人意味着破产，对衰弱的老人意味着死亡，对妇女意味着永久的耻

[138] 同注135，第204～205页。

辱,而对处于其他环境的人则几乎毫无影响。[139]

但是,边沁警告人们:“刑罚与犯罪相适应原则不应贯彻得过于绝对而使法律变得微妙、复杂、抽象。”[140]他要求“短暂”和“简单”,以便使公众对刑罚更加“印象深刻”,从而尽量加强刑罚的威慑作用。

为使刑罚与犯罪相适应,边沁建议刑罚应具备12种基本属性:

1. 可变性,即易于根据每项具体犯罪的严重程度进行调整

2. 均等性,指根据每个犯罪人的“感受力”进行调整后,刑罚应该对情况类似的犯罪人产生相同的效果

3. 相称性,犯罪越严重,所受的刑罚也越严厉

4. 特色性,刑罚应该与所惩处的犯罪相类似,从而使犯罪人和旁观的大众目睹并记住两者间的关系

5. 示范性,使公众能够理解什么是刑罚

6. 节俭性,以刑罚不低于犯罪的严重程度为限

7. 可宽恕性,一旦发现犯罪人是无辜的,其所受刑罚不至于无法补救

8. 有利于改造,但对不同类型的在押犯应根据其特点和习惯分别关押

9. 致残的有效性,因为断肢刑过于频繁地使用造成不需处以死刑的犯罪人死亡

---

[139] 同注136,第6章。

[140] 同上。

10. 可补偿性,使犯罪人能够就造成的伤害对被害人进行补偿

11. 大众性,使刑罚不对公众的良心造成冲击,因而不会因公众抗议而释放有罪之人

12. 表达的简单性,以便使普通公民理解刑罚并受到威慑〔141〕

边沁提出,为实现刑罚的目的,对不同的犯罪应该处以不同的刑罚。他归纳了以下11种刑罚:

1. 极刑或死刑。边沁认为死刑由于不受欢迎(对谋杀除外)而效果不佳,尽管他勉强承认死刑可以适用于针对国家暴动的首领。

2. 痛苦性刑罚,包括禁食和鞭刑。边沁认为这类刑罚适用时不能减轻,因而仅适用于严重犯罪。

3. 不可消除的刑罚,如截肢或烙印。边沁认为应该废除这类刑罚,但如果保留,也应仅限于惩处危险罪犯或罕见的犯罪,如伪造货币罪。(边沁建议在伪造货币者面部烙上一枚硬币的印记。)

4. 羞辱性刑罚,如颈首枷。边沁断言这是各类刑罚中最不公正的一类,因为犯罪人无法保护自己,其命运掌握在反复无常的旁观者手中,他们有权用石头砸死犯罪人。

5. 赎罪性刑罚,包括社会谴责,但不包括丧失名誉

〔141〕 同上书,第7章。

地位。边沁赞成对违反公共道德的犯罪人使用这类刑罚。

6. 慢性刑罚，包括监禁、流放和驱逐到海外。对于监禁，边沁大力推动。对于流放，他也赞成。但是对于驱逐到海外，他严厉批评，因为许多人在驱逐途中便染病死于船上。

7. 单纯限制性刑罚，如吊销职业执照。

8. 单纯强制性刑罚，如要求缓刑犯人定期会见缓刑官。

9. 财产性刑罚，如对犯罪人处以罚金。边沁强调，财产刑要与犯罪人的经济来源相适应，否则就毫无价值。

10. 准财产性刑罚，如剥夺犯罪人享受的服务。

11. 特征性刑罚，例如要求犯人穿带条纹的囚衣，以揭示其身份。[142]

边沁大力推崇能够适合改造犯罪人的监禁刑。

功利主义者关心的是犯罪人受到应得的惩罚，并且刑罚要与犯罪相适应。边沁明确指出了可以衡量犯罪严重程度的两种“恶”：第一级的恶，衡量依据是对被害人造成的实际损害，如个人名誉受损、身体上的痛苦或财产价值减少；第二级的恶，衡量依据是犯罪引起的公众恐慌程度，同时考虑犯罪人实施犯罪时的心理状态、

---

〔142〕 同注117，第207页。边沁提出中肯的建议：“找出……犯罪的动机，通常就可以了解支配犯罪人的情感，从而能够以犯罪人的自身罪过为手段对其施以惩罚。”

犯罪人在多大程度上利用公众信任获得犯罪机会、犯罪过程中对被害人造成的损害以及被害人在犯罪后的情况等因素。[143] 边沁还将犯罪被害人进行了分类，例如单纯个人被害人，只影响受损害的个人；反射性被害人，只影响犯罪人自身；半公众性被害人，影响社会中的某一部分；以及公众性被害人，几乎影响整个社会。[144]

杰里米·边沁写到：

痛苦与快乐，自然将人类置于这两个至高无上的主宰统治之下……它们控制着我们所做所想的一切：我们为摆脱受支配地位所能做的任何努力都只能证明和确认这样的事实。[145]

他假定一个人实施每项行为都会估计该行为可能带来快乐而非痛苦，并据此设计出一种道德计算法，用于预测任何一个人是否会实施某项犯罪。边沁认为，对比快乐和痛苦时可以考虑诸多因素，其中快乐的实例包括技能、仁慈和虔诚，痛苦的实例包括欲望、失望和饥渴。[146] 由此进行逻辑推理，边沁及其追随者得出这样的结论：要阻止或预防犯罪，就必须使可能成为罪犯的人坚信，犯罪带来的痛苦多于快乐。

边沁倾向以监禁作为多种犯罪适当的刑罚，但反对

---

[143] 同注135，第196～197页。

[144] 同上书，第196页。

[145] 杰里米·边沁：《政府片论及道德与立法原则导论》，W. 哈里森主编1967年版，第21页。

[146] 同上书，第152页。

当时将犯人单独隔离，使他们无所事事的典型监狱模式。边沁认为监禁不是为了使犯人悔过，而是为了使其工作。[147] 与往常一样，边沁头脑中有一套复杂的监禁制度，其中包括详尽的监狱自身的建筑构造，这种监狱被称为圆形监狱。科尔曼·菲利普森写道，这种监狱有3个基本特点：

第一，圆形或多边形建筑结构，监舍位于每层的周边，从位于中央的监控室可以看到所有监舍；

第二，合同管理，承包人从犯人的劳动中获取利润，从而将承包人的利益与义务相关联；

第三，管理者的责任和严格监管。管理者有义务确保交由其管理的犯人生命和监管安全。[148]

边沁坚持，圆形监狱应建在大城市附近，以便使每个人看到并记住犯罪没有好处，从而起到警戒作用。边沁这样描绘预期的效果：

"建筑的外观、独特的形状、周边的围墙或壕沟、门前站岗的看守，都会使人们想到丧失自由和刑罚……允许公众把自由人的劳动与犯人的劳动……无罪之人所享有的与罪犯被剥夺的加以对比……同时犯人实际所受的刑罚不如表面看来那样严厉。"[149]

---

[147] 同注136，第498～503页。

[148] 同注135，第212页。

[149] 同注117，第498～503页。另见J. Bentham, Panópticon or Inspection House (1791)。

因此,圆形监狱能够威慑监狱外的公众,又不伤害监狱内的犯人。边沁设想"主管"或监狱长会使所有犯人严格遵守纪律,教会他们获释后可以在自由世界中运用的技能,并对犯人的劳动给予即时奖励。边沁认为劳动是"摆脱厌烦的唯一方法"。[150] 他希望犯人劳动能得到公平的市场价值,并主张应将其存入银行,直到释放时才发给犯人,从而使犯人能够在社会上重新开始生活。[151] 边沁将圆形监狱视为流放的仁慈替代措施,使犯人不会被装在船舶货舱中面临疾病和饥饿。这种观点至少在边沁在世时正确无误,即使在他过世后不再正确。由于国会就费用问题提出反对,英国从未建造过圆形监狱。法国在里昂建造了一座经改良的圆形监狱,叫作鲁安尼监狱,由著名建筑师皮埃尔·加布里埃尔·布吉奈设计。美国建造了三座改良型圆形监狱,其中一座保留至今。[152] 很大程度上由于边沁的影响以及功利主义运动在美国的普及,纽约州于1819年在奥本建造了

---

〔150〕 同注135,第212页。

〔151〕 同注136,第498~503页。边沁写道:"在这个享有特权的收容所中,(犯人)有不同程度的自由,可以选择自己的工作,获得劳动的全部利润,但要缴纳少量固定的费用,并在缴纳一定数额的保证金后有权往返于监狱和工作场所;他们不穿囚服,不戴任何羞辱性徽章。"

〔152〕 这三座美国监狱是:1800年建成的弗吉尼亚州里奇蒙监狱,由托马斯·杰斐逊研究,皮埃尔·加布里埃尔·布吉奈的鲁安尼监狱设计后提出建议,建筑师拉特罗布根据建议设计;1821年在宾夕法尼亚州匹兹堡建成的西部州立感化院,由威廉·斯特立克兰设计;以及1916~1925年建造,至今仍在使用的伊利诺伊州斯泰特维尔监狱。参见 H. Barnes and N. Teeters, New Horizions In Criminology 335, n. 16 (3rd ed. 1959)。

一座监狱。这座监狱由建筑师约翰·克雷设计,监狱中的犯人要从事艰苦劳动。公民向监狱长支付25美分即可参观监狱,观看犯人劳动。[153] 奥本监狱的犯人劳动项目之一是扩建设施以容纳更多犯人。到1825年,奥本监狱满员,纽约州又仿照奥本监狱在奥辛宁建造了第二座监狱,命名为辛辛监狱。伊拉姆·林兹先在奥本监狱,后在辛辛监狱任监狱长。他坚持实行边沁提倡的严格控制制度,禁止犯人彼此交谈,用六股金属线制成的"九尾鞭"抽打顽固不化的犯人。[154]

强迫犯人劳动的奥本制胜过了几乎同时在费城出现的一种与其相左的美国制度。当时掌控宾夕法尼亚州东部政治的贵格会于1829年在费城开办了宾夕法尼亚州东部感化院,这座监狱由建筑师约翰·哈维兰设计,其坐落的地点原先曾经是一片樱桃园,因而被称为"樱桃山"。监狱的运作模式与边沁模式和奥本模式形成鲜明对照。犯人不是被迫劳动,而是被迫不做任何事,独自坐在单人监舍中忏悔自己的罪行。没有一个犯人能看到其他犯人,他们出入监舍时被蒙上双眼,由别人引领。犯人在单独的监舍中做些零星杂务,但没有报酬。因此,贵格会模式或称宾夕法尼亚模式,无法通过

---

[153] 参见 W. Lewis, From Newgate to Dannemora 124 (1965), Citing Herre, "A History of Auburn Prison from the Beginning to about 1867"(Ed. D. dissertation ,Pennsylvania State University, 1950)。

[154] M. Wilson, The Crime of Punishment 224 (1931). 另见 L. LAWES, Cell 202 (1935)。L. LAWES 曾是辛辛监狱的改革型监狱长。

效率检验也就不足为奇。[155] 奥本监狱模式得以保留而费城贵格会模式失败，反映了功利主义在美国早期矫正背景下相对于纯粹理想主义所取得的成功。随着居民在新的领土上定居，新的州加入联邦，美国人口在整个19世纪向西迁移，有更多的监狱建立起来，这些监狱几乎全部仿照奥本模式，并且反映了对边沁和功利主义者非常重要的清教徒劳动道德。

在费城监狱制度和奥本监狱制度不断对抗时，出现了两位刑罚学家爱德华·利文斯顿和查尔斯·卢卡斯，他们基本上更赞成后者。爱德华·利文斯顿被威廉·泰莱克[156]称为最伟大的刑罚学家。他的兄长罗伯特·利文斯顿曾经和托马斯·杰斐逊一同参与起草美国独立宣言。查尔斯·卢卡斯自1830年起至1865年退休为止担任法国监狱总监，之前曾于1828～1830年出版了三卷本著作《欧洲和美国的监狱制度》[157]，并因此获得法兰西道德与政治科学研究院授予的蒙蒂翁奖。而在更早的1826年，日内瓦的塞伦伯爵和巴黎基督教道德学会分别举办的向优胜者授奖的关于死刑、死刑有效性及合法性的公开比赛上，卢卡斯主张废除死刑，一人

---

[155] 参见 N. Teeters and J. Shearer, The Prison at Philadelphia: Cherry Hill (1957)。这推翻了法国参观者古斯塔夫·德·博蒙和亚历山大·德·托克维尔的预言，即“不把罪犯相互隔离就不可能存在有益的制度”。On The Penitentiary System in the United States, Etc. 21 (1833).

[156] W. Tallack, Penological and Preventive Principles 117 (1889).

[157] 这部著作出版时题为：C. Lucas, Du Système Pénitentiaire En Europe Et Aux Etats – Unis。

获得了这两个奖项。利文斯顿同样主张废除死刑。他早期的手稿完成后不久即遭焚毁,但后来主要凭记忆重新写出,收录在其作品集中。

看似有些自相矛盾的是,在其整个职业生涯中,查尔斯·卢卡斯几乎一直致力于从刑罚中废除流放而代之以监禁;[158]但他又与弗雷德里克·奥古斯特·德梅共同创建了两个"农业"隔离区,将16岁以下的青少年罪犯驱逐到那里。[159] 德梅和卢卡斯比较了德梅管理的杂居制隔离区和卢卡斯管理的奥本制隔离区所取得的效果。从1837年开始,卢卡斯提出了如下量刑制度,包括最高刑期和最低刑期:

5年以下

5~10年

10~15年

15~20年

20~25年[160]

卢卡斯建议授予"惩戒委员会"自由裁量权,根据每名犯人的"道德改善"评估其服刑期间的进步,以此决定实际服刑时间的长短。因此,卢卡斯写道:"狱中经验控

---

[158] 卢卡斯写道:"社会必须承受犯罪行为,而不是武断地将其丢到未知的土地。"参见 C. Lucas, Du Système PéNal Et Du Système Répressif En Général, De La Peine De Mort Ed Particular 336 (1872)。

[159] 两个隔离区分别为:梅特雷,由德梅于1839年建立,遵循杂居制(改良的樱桃山制度);瓦尔迪沃,由卢卡斯于1843年建立,遵循奥本制。

[160] 犯人服刑两年后可以归入低一等的量刑等级,并且此后其量刑等级逐年递减。

制可以纠正错误,例如不当延长羁押不再危险的人,或者把仍然危险的人放回社会。”[161]为对初入监的犯人公平分类,卢卡斯提出“道德检测”的概念,建议以此区分偶犯身上的“社交型犯罪”(social criminality)和卢卡斯认为是犯人在羁押期间习得的“学者型犯罪”(scholarly or erudite criminality)。卢卡斯建议对矫正官进行专业培训,与边沁希望对警官所进行的培训相同。[162]

因此,查尔斯·卢卡斯认为,把犯人当作人来对其进行改造,这对于刑罚至关重要:

……犯罪的反常程度因犯罪人的心理不同而不同……改造的快慢也根据上述反常程度而有所不同;因此,刑罚的刑期应与犯罪人的反常程度相适应,而不应与其违法行为本身相适应,因为两个犯了同样罪行的犯罪人所需的监禁矫正时间长短不同。但如果刑罚只与犯罪行为本身相适应,那么我们每天都可能拘禁已经得到改造的人,而释放还没有改过自新的人。因此,镇压性司法应该着眼于犯罪人,而不是犯罪行为。[163]

卢卡斯呼吁刑罚要与犯罪人相适应而不是与犯罪行为相适应,因此其理论显然包含功利主义原则。监狱的空间不应当浪费。犯人生活受到干扰的时间不应超过改造犯人所需的时间。

---

[161] 同注158,第308页。

[162] 同注157,第308页。

[163] 同上书,第281~282页。

爱德华·利文斯顿也关注对罪犯的量刑与改造相适应的问题,尤其是改造包括掌握职业技能时。利文斯顿认为掌握职业技能至少需要两年监禁。[164] 利文斯顿建议,提前释放或假释应由五人组成的审查委员会决定。利文斯顿建议各县为没有学习或不能学习工作技能的犯人设立矫正所,雇用他们在监禁期间为政府工作。这样,工厂式拘留所制度在美国各地普遍形成。[165] 利文斯顿受委托为路易斯安那州起草一部综合性法典,其中不仅包括刑事法典,还包括量刑和矫正管理规范。[166] 路易斯安那州没有通过利文斯顿起草的法典,正如伦巴第没有通过贝卡利亚的法典,英国议会没有通过边沁的法典一样。利文斯顿离开路易斯安那州,为安德鲁·杰克逊总统担任国务卿及驻法公使。

历史上很短一段时间内,监狱才实现了预期的效率,这是在监狱新建成,其仍是健康的居住场所,并且监狱工厂生产的产品能与自由企业制造的产品相媲美时。但是,这种情形没有长期持续下去。因为狱墙之内空间有限,而且监狱工业与自由企业不同,能够制造的产品受到限制。工业革命初期,工厂大多与监狱相似。50 年内情况发生了变化,自由企业以几何级数扩展,而监狱

---

[164] 参见 E. Livingston, 2 The Complete Works of Edward Livingston on Criminal Jurisprudence 577 –584 (1873; reprinted 1968)。

[165] 同上书,第 541 ~543 页。

[166] 参见 E. Smith, *Edward Livingston and His Criminal Code*, 39 J. Soc. Sci. 27 (1901)。

则仅以算术级数扩展,甚至根本没有扩展。各州不愿经常对监狱劳动设施进行再投资,使其能与狱外工业竞争。在监狱之外,劳资双方联合对抗监狱劳动的竞争,工会工人影响日益加强,使工业化州一度繁荣发展的监狱工业在这些州逐渐衰微。而且,最初的监狱建造于19世纪初,几十年以后开始变得陈旧,疾病泛滥,如同古代城堡毁于瘟疫一样。大批犯人在传染病中死去。[167] 到19世纪末,监禁对犯人健康造成的危害已经不亚于几代以前边沁指出的把犯人流放海外的船只。监狱由于跟不上前进的步伐而不再高效。

---

〔167〕 参见 B. McKelvey, American Prisons(1972)。

第五章　科学兴起后的实证主义

CHAPTER FIVE
POSITVISM AFTER THE
RISE OF SCIENCE

大多数历史学家一致认为，除有机化学外，现代科学到 17 世纪末已经完全兴起。[168] 到 17 世纪末，哥白尼、伽利略、开普勒和牛顿已经探索到肉眼可见的各种自然力之间的相互联系，而培根、笛卡尔、莱布尼茨和洛克已经阐明了现代科学所依据的各种方法与假说。但是，科学方法又过了一个世纪才牢牢扎根于一门独立的哲学学派，而这项功劳通常记在奥古斯特·孔德名下。1826 年，孔德准备讲演，讲授的内容成为后来出版的六卷本《实证哲学教程》的核心内容。这部著作于 1830 ~ 1842 年相继出版。孔德借鉴法国作家圣西门和经济学

〔168〕 这种说法假定犯罪学并非一门科学。如果像许多犯罪学家（尤其是实证主义犯罪学家）所主张的，犯罪学是一门科学，那么到 17 世纪末，除有机化学和犯罪学外，现代科学已完全兴起。

家安·罗伯特·雅克·杜尔哥先前的著作,阐述了《实证哲学教程》中重要的“三阶段法则”。孔德声称,文明的历史通过三个层次或阶段发展,即神学阶段、形而上学阶段和实证阶段。孔德认为,在最原始的阶段,即神学阶段,人类把善恶和变化的根源归结于上帝或鬼神。孔德指出,在过渡性的第二阶段,即形而上学阶段,诸如“观念”“力量”等抽象名词取代了超自然力,成为对因果关系的普遍解释。孔德的结论是,只有达到最高的第三阶段,即实证阶段,人类才能抛弃神学和形而上学的解释,科学地描述因果关系。[169] 到那时,人们不再问事情“为什么”发生,而是问“怎样”发生,并且运用简单的数学公式寻求这个问题的答案。

第一节 早期实证主义者

实证主义对犯罪学的各种影响先于孔德时代,早在1586年就显而易见。这一年让·巴普蒂斯特·德拉波特出版了《人相学》,他在这部著作中断言,可以通过特

---

〔169〕 参见 H. Martieau, tr., The Positive Philosophy (1855) and The Positive Philosophy of Auguste Comte (1893)。

有体征识别小偷,这些特征包括耳鼻小、眉毛浓密、目光游移不定、视觉敏锐、双唇厚大并且总是张开、手指细长。据说索尔斯坦·塞林曾经把德拉波特称为"第一位犯罪学家"。[170] 人相学在18世纪成为人们认可的研究学科。1775年,约翰·卡斯帕尔·拉瓦特尔出版了四卷本的人相学著作《人相散论》。拉瓦特尔试图在人的面部"构成"(如下巴、耳朵、眼睛、鼻子)与行为倾向之间找到联系。[171]

1858年7月1日,查尔斯·达尔文和阿尔弗莱德·拉塞尔·华莱士在伦敦林奈学会联合发表了一篇论文,随后达尔文于1859年发表了《物种起源》。[172] 达尔文建立的学说认为,随着各物种间以及各物种内适者生存而实现了自然选择,自然选择又导致进化的发生。达尔文这一论断震惊了世界,因为《圣经》断言上帝分别创造了每一等级的生物。[173] 1871年,达尔文出版了《人类的由来》[174],让人印象深刻,人类的祖先是较低等的动物,它们在人类与最原始的生命形式之间形成了连续的链条。达尔文激怒了坚信上帝按自己的形象创造了人的

---

〔170〕 参见S. Schafer, Theories in Criminology 113 (1969)。

〔171〕 据记载,18世纪和19世纪初有20人以上在犯罪学领域进行了经验主义研究。参见H. Ellis, The Criminal (2nd ed., 1900)。

〔172〕 《论依据自然选择即在生存斗争中保存优良族的物种起源》。1852年赫伯特·斯宾塞已经发表了《进化的假说》,详细阐明了卡尔·恩斯特·冯·贝尔于1828年和1837年发表的《动物发生史》中的内容。

〔173〕 《创世纪》,第1章第9节。

〔174〕 《人类的由来及性选择》。

宗教首领。[175] 生物科学中的实证主义因达尔文而成熟，而实证主义犯罪学也在不久以后形成。在《人类的由来》中，达尔文一针见血地指出："家族中偶尔毫无理由地出现人类最恶劣的性格倾向，这也许是倒退回到了一种野蛮状态，而我们脱离这种野蛮状态并不是年代十分久远的事。"[176] 五年以后，即 1876 年，切萨雷 · C. 龙勃罗梭出版了《犯罪人论》，他在这部著作中提出，犯罪人"天生""返祖"，即在生物学意义上倒退回到早期或低等生命形式。

一、切萨雷 · C. 龙勃罗梭

意大利军队精神病医师 C. 龙勃罗梭着手对犯罪行为的原因进行系统研究。C. 龙勃罗梭设想犯罪行为是由犯罪人体内独有而其他人体内不存在的特质造成。C. 龙勃罗梭精确测量了约 3000 名意大利士兵的各种身体器官（特别是大脑、颅骨、骨骼和内脏），然后将每名士兵的测量结果与能观察到的行为特征相比较。C. 龙勃罗梭采用类似的方法取得了约 6000 名犯人的活体测量

---

〔175〕《创世纪》，第 1 章第 26 节。另见 G. Ray, *Six Days or Forever : Tennessee vs. John Thomas Scope' s* (Boshton: Beacon Press, 1958) 中关于斯科普斯猴子审判案的说明。

〔176〕同注 174，第 137 页。第二年，即 1872 年，达尔文出版了《人类与动物的情感表达》。

数据，并对近 400 名死亡的犯人进行了尸检。[177] 1870 年，C. 龙勃罗梭 35 岁时对一个名叫维莱拉的人进行了尸检。此人据说是有名的大盗。C. 龙勃罗梭在维莱拉的颅骨内发现了一处明显的凹陷，称其为枕骨中窝。他注意到维莱拉的大脑中位于枕骨中窝附近的小脑蚯部肥大（过度发育），而人们普遍认为这是低等灵长类动物的特征。C. 龙勃罗梭根据这一证据论断，维莱拉的颅骨具有低于人类等级的动物所具有的特征，维莱拉是提前降生的，并且 C. 龙勃罗梭的确通过维莱拉发现了返祖现象。

几年后，切萨雷・C. 龙勃罗梭为其女吉娜・龙勃罗梭・费雷罗 1911 年的一部著作撰写序言，在序言中讲述了解剖维莱拉的头骨对他具有怎样的意义：

这不仅仅是一个想法，而是一个意想不到的真相。见到这个颅骨时，如同霞光似火的天空照亮了广阔的平原，我仿佛突然明白了犯罪人的本质这个问题——犯罪人是发生返祖现象的人，他们身上再现了原始人和低等动物的凶残本能。这就从解剖学上解释了犯罪人巨大的颌骨、高大的颧骨、突出的眉弓骨、孤立的手掌纹线、极大的眼眶，见于犯罪人、野蛮人和类人猿的把手形或

---

〔177〕 C. 龙勃罗梭对 383 名死亡的犯人进行了尸检并写道："研究这 383 个颅骨显示的结果，我们发现最常见的损害有：眉弓骨非常突出，58.2%；智齿发育畸形，44.6%；颅容量缩小，32.5%；骨缝骨性联接，28.9%；前额后塌，28%；骨肥厚，28.9%；斜头畸形，23.1%；缝间骨，22%；骨缝简单，18.4%；枕骨突显著，16.6%；枕骨中窝，16%；符号性骨缝，13.6%；枕骨平塌，13.2%；斜坡骨赘，10.1%；印加骨，即顶枕间骨，10.5%。"

固着的耳朵、迟钝的疼痛感、极其敏锐地视觉、纹身、极端懒惰、喜爱纵酒狂欢、为了自己而作恶的不可遏制的欲望，以及不仅要消灭被害人的生命，还要肢解被害人的尸体、裂其肉饮其血的欲望。[178]

C. 龙勃罗梭在 1906 年发表的著名演讲中论断："看到这些奇特的异常形态，犯罪人产生的自然属性这个问题似乎就解决了；一定是原始人和低等动物的特征在我们这个时代再现了。"[179]

C. 龙勃罗梭投入大部分精力进行人相学研究，他发现："许多犯罪人耳朵突出，头发浓密，胡须稀疏，额窦和颚部巨大，下巴宽阔突出，颧骨宽大，经常打手势，事实上类似于蒙古人种，有时类似于黑人。"[180] 随着 C. 龙勃罗梭研究的进展，他的"异常形态"列表内容大量增加，记述发现所需的篇幅也大幅度增加。《犯罪人论》由第一版的 252 页增加到第五版的三卷 1900 多页。[181] 但是，在这些"异常形态"中，C. 龙勃罗梭似乎特别痴迷纹身。他坚持认为，纹身"事实上是原始人和仍然生活在

〔178〕 C. Lombroso, Introduction to G. Ferrero, Criminal Man According to the Classification of Cesare Lombroso xv (1911).

〔179〕 1906 年 4 月意大利都灵第六届国际犯罪人类学大会开幕词。C. 龙勃罗梭继续讲道："许多事实似乎证实了这一假设。其中最重要的是犯罪人的心理、文身和讲话的频繁程度；激情，尤其是复仇的激情，更飘忽不定，也更为激烈；缺乏与勇气相类似的远见，并且时而勇敢时而懦弱，时而懒惰时而冲动地想要玩耍活动。"同上书，另参见 M. 帕米利：同注 177，第 14 页。

〔180〕 C. 龙勃罗梭：《犯罪人论》1895 年版，第 222 页，译本出自 C. 龙勃罗梭：《犯罪及其原因和矫治》1918 年版，M. 帕米利的 C. 龙勃罗梭简介，第 18 页。

〔181〕 同第一章注 12。

野蛮状态中的人的一个基本特征”。[182] 从犯罪人明显喜欢纹身这一点，C. 龙勃罗梭推断犯罪人对疼痛的感觉比普通人迟钝。[183] C. 龙勃罗梭进一步放大这一推断，认为犯罪人的感觉能力普遍低于正常人。[184] C. 龙勃罗梭最后主张，犯罪人似乎对被害人的痛苦漠不关心，从这一点显然可以看出，犯罪人在表现出缺乏身体感觉的同时，也表现出缺乏道德感觉。[185]

在总结其解剖学观察，并将在监狱中活着的犯人身上观察到的“异常状态”与犯人尸检中识别出的“异常状态”相对比时，C. 龙勃罗梭声称：

简言之，尽管对活着的犯罪人研究不够精确并且缺乏连续性，但仍然证实了头小畸形、不对称、斜眼或突颚以及额窦的出现频率之高……这显示出精神病人、野蛮

---

〔182〕 同注 180，第 295 页；M. 帕米利的 C. 龙勃罗梭简介，第 19 页。

〔183〕 C. 龙勃罗梭推测：“犯罪人特别喜好纹身这种持续时间长而且充满危险的痛苦手术，他们身上有大量伤痕，这让我怀疑他们比大多数人身体感觉更为麻木，如同有些精神病人，尤其是狂暴的精神病人。”同上书，第 310 页；M. 帕米利的 C. 龙勃罗梭简介，第 20 页。

〔184〕 C. 龙勃罗梭进一步扩大推论：“从所有这些事实可以推断，几乎所有不同类型的感觉、触觉、嗅觉以及味觉，在犯罪人体内都是迟钝的……而犯罪人与精神病人以及癔病患者同样对金属、磁体和气氛异常敏感。犯罪人相当有力地恢复了野蛮人的身体感觉麻木。这些野蛮人在青春发育期能够面对白种人绝对无法忍受的折磨。”同上书，第 346 页；M. 帕米利的 C. 龙勃罗梭简介，第 20 页。

〔185〕 C. 龙勃罗梭进一步扩大推论：“一般情况下，犯罪人的道德感觉与身体感觉同样麻木。情感的声音并非在他体内彻底沉默……但是可以肯定，最能使正常人心跳剧烈的激情，在他体内却非常微弱。这些人内心首先丧失的是对他人遭受痛苦的同情，而这只是因为他们本身对痛苦感觉麻木。”同上书，第 356 页；M. 帕米利的 C. 龙勃罗梭简介，第 20 页。

人与犯罪人之间新的相似点。突出的颚骨、浓密而卷曲的黑发、稀疏的胡须、斜眼、小头骨、发达的颌骨和颧骨、后塌的前额、大耳朵……都是尸检观察到的特征以外的新特征。这些特征使欧洲的犯罪人更加接近澳大利亚人种和蒙古人种；同时，斜视、颅骨不对称以及严重组织畸形、骨瘤、脑膜炎损伤、肝损伤和心脏损伤，这些也向我们表明，犯罪人在出生前就由于发育受阻或不同器官患病，尤其是像精神病人那样患神经中枢疾病，而出现畸形，并由于畸形而成为真正的慢性病患者。[186]

但是，在研究过程中，C. 龙勃罗梭开始将天生犯罪人与至少三种其他类型的犯罪人相区别，分别为激情犯罪人、精神病犯罪人和偶发性犯罪人。偶发性犯罪人又分为四小类，即伪犯罪人、倾向性犯罪人、习惯性犯罪人和癫痫型犯罪人。

(1)天生犯罪人。C. 龙勃罗梭认为，天生犯罪人代表人类学意义上一个独特的人群，但他又觉得这个人种类似于其他两个人群，即“道德低能者”和癫痫患者。C. 龙勃罗梭主张，所有的先天犯罪人都既是“道德低能者”又是癫痫患者，但同时也告诫说，并非所有“道德低能者”和所有癫痫患者都是天生犯罪人。[187] 显然 C. 龙勃罗梭认为，道德低能和癫痫均源于遗传或创伤，因此在使用“天生”一词时总有些前后矛盾。C. 龙勃罗梭在

---

[186] 同上书，第 262 页；M. 帕米利的 C. 龙勃罗梭简介，第 19 页。
[187] 同注 180；M. 帕米利的 C. 龙勃罗梭简介，第 22 ~ 23 页。

描述研究对象的特征时交换使用“道德低能”与“道德精神失常”这两个词语，并解释道：

“有人合理地对这种混用提出异议，认为我能够研究的真正道德精神失常的个案数量太过有限。的确如此。但无论如何，这十分自然，正因为道德低能人是天生犯罪人，因此在精神病院中不如在监狱中出现得频繁，也因此不易形成对比。但是，在癫痫症中存在重要得多也全面得多、可以进行大范围研究的结合点，将道德低能者与天生犯罪人联系在一起，使他们处于同一自然族系的基础之上。”[188]

然而，C. 龙勃罗梭远未止步于此，他断言：

因此，犯罪状态是由病理原因引发的返祖现象，而这种病理原因的基本表现是癫痫症。其他原因（如歇斯底里、酒精中毒、瘫痪、精神失常、精神衰弱等）也可以引发犯罪状态，这一点千真万确，但是癫痫症是犯罪状态最广泛的基础，决定着犯罪状态的发生频率和严重程度。[189]

在 C. 龙勃罗梭的“犯罪人”理论发展过程中可以清楚地看到这样两个阶段。在早期研究中，C. 龙勃罗梭只是把返祖人视为野蛮人，认为他们是真正“天生”比人类低劣的灵长类动物。而在随后一阶段，C. 龙勃罗梭开始

---

〔188〕 C. 龙勃罗梭：《犯罪人论》1895 年版，第 49 ~ 50 页，译本出自 C. 龙勃罗梭：《犯罪及其原因和矫治》1918 年版，M. 帕米利的 C. 龙勃罗梭简介，第 23 页。

〔189〕 同上书，第 120 页；M. 帕米利的 C. 龙勃罗梭简介，第 23 页。

觉得“犯罪人”是既返祖(生物学意义上的倒退)又退化的人。C. 龙勃罗梭承认:“本卷第一部分的研究极好地契合了第二部分和第三部分中展开的研究,使我们看到犯罪人既是野蛮人,同时也是病人。”[190] C. 龙勃罗梭正是在第二阶段,在意识到退化可能是犯罪的一个原因之后,才在“天生犯罪人”以外又提出了其他的犯罪人类型。

(2)激情犯罪人。C. 龙勃罗梭在“天生犯罪人”以外首先确定的犯罪人类型就是“激情犯罪人”。这类犯罪人的犯罪行为残忍、鲁莽而且突然。C. 龙勃罗梭据此将他们分为一类。C. 龙勃罗梭认为,激情犯罪人更有可能是女性,通常是年轻人,几乎没有颅骨畸形,相貌大体良好。因此 C. 龙勃罗梭设想这类犯罪人有改造的可能,但也有自杀的危险,也许都是由于他们强烈的悔罪倾向。C. 龙勃罗梭认为,所有的激情犯罪人都受到暴力倾向的刺激,但这种暴力可能是由愤怒或政治热情激发的。[191] C. 龙勃罗梭解释道:

刺激这些犯罪人的激情,并不是在肌体中逐渐产生的激情,如贪婪和野心,而是出乎意料突然爆发的激

---

〔190〕 同上书,第 135 页;M. 帕米利的 C. 龙勃罗梭简介,第 24 页。

〔191〕 C. 龙勃罗梭论道:“我们观察到,几乎所有的政治激情犯罪人都与普通激情犯罪人同样异常敏感,是真正的感觉过敏,但是政治激情犯罪人才智极高,具有强烈的利他主义精神,因此使他们沉醉于其中的目标比普通激情犯罪人的目标高出许多:驱使他们的从来不是财富、虚荣、女子的微笑(尽管他们体内并不缺少性冲动,例如加里波第、马志尼和加富尔),而是伟大的爱国主义理想、宗教理想或科学理想。”

情,如愤怒、精神恋爱或子女之爱、名誉受损,通常是慷慨而壮烈的激情。而另一方面,支配普通犯罪人的则是最不光彩、最野蛮的激情,如复仇、贪婪、肉欲和醉酒。[192]

C. 龙勃罗梭甚至在激情犯罪人中也发现了癫痫和"冲动性精神病"的迹象。

(3)精神病犯罪人。C. 龙勃罗梭认为,"精神病犯罪人"与"天生犯罪人"有很多共同的生理退化特征,尤其是"耳朵突出、额窦、颌骨及颧骨巨大、相貌凶恶或斜视、薄上唇"。[193] C. 龙勃罗梭认可的精神病犯罪人有:盗窃癖者、嗜酒癖(习惯性酗酒)者、杀人狂、女色情狂、恋童癖(对儿童有性欲望的成年人)以及"歇斯底里犯罪人"和"犯罪狂人"。

(4)偶发性犯罪人。C. 龙勃罗梭提出有别于"天生犯罪人"的第三种,也是最后一种犯罪人类型,是他所谓的"偶发性犯罪人"。但是"偶发性犯罪人"又可再分为四小类,C. 龙勃罗梭把第一小类称为伪犯罪人。顾名思义,C. 龙勃罗梭主张根本不应该认为这类人是犯罪人,他们只是由于法律的缺陷才被称为犯罪人。他表示,伪犯罪人所实施的犯罪,如出于自卫的攻击或为养家糊口而偷窃,是"司法上的犯罪,而不是实际的犯罪,因为是法律的缺陷,而不是人的缺陷,造成了这样的犯罪:这种

[192] 同上书,第165~166页;M. 帕米利的C. 龙勃罗梭简介,第24页。
[193] 同上书,第254页。

犯罪不会在将来造成恐惧,也不会扰乱公众的道德观念”。[194]

C. 龙勃罗梭将偶发性犯罪人中的第二小类称为倾向性犯罪人。在一段时间内受到犯某种罪的诱惑,最终由于软弱而屈服,这是典型的倾向性犯罪人。C. 龙勃罗梭列举了倾向性犯罪人的实例,包括受托人,如接受他人金钱信托的银行业者或律师,总有机会进行诈骗活动的商人,以及与邪恶的丈夫结合而日益堕落的妻子。C. 龙勃罗梭解释道:

有些人构成了介于天生犯罪人与诚实的人之间的一个等级,或者更恰当的说法是,这些人是天生犯罪人的一个变种,他们的确具有特殊的器质性倾向,但这种倾向并不强烈,因此他们只是略有退化;正因如此,我将他们称为倾向性犯罪人。但是,在倾向性犯罪人中,偶然的机会对实施犯罪与否具有决定性的重要意义,而对天生犯罪人而言则并非如此。偶然的机会对天生犯罪人是可以省略的条件,天生犯罪人经常没有偶然的机会也会犯罪,例如在残忍的身体伤害案中就是如此。[195]

C. 龙勃罗梭断定,向天生犯罪人模仿恶行的诱惑使倾向性犯罪人更易于做恶。[196]

---

〔194〕 同上书,第 484 页。C. 龙勃罗梭承认,由于不能确定如何为“偶发性犯罪人”分类并再分小类,他推迟出版了 1895 年版《犯罪人论》。同上书,第 463 页。

〔195〕 同上书,第 512 页;M. 帕米利的 C. 龙勃罗梭简介,第 27 页。

〔196〕 同上书,第 485 页。

C. 龙勃罗梭把四类偶发性犯罪人中的第三类称为习惯性犯罪人。这类犯罪人并非受一种环境影响，而是受渗透于早年生活中的一系列环境影响，从而逐渐形成了犯罪的生活方式。C. 龙勃罗梭举出的实例有那不勒斯黑手党组织卡莫拉、西西里黑手党以及西班牙黑手党等有组织犯罪家族的成员。C. 龙勃罗梭论道：

这些人中绝大部分出生时正常，没有特别的犯罪素质倾向。他们早年没有从父母、学校等教育中获得引起（或者更恰当地说，是促进）这种生理犯罪性（我们已经看到这种犯罪性很可能出现在早年）向正常而诚实的生活转化的力量，因此他们在作恶的原始倾向中越陷越深。[197]

C. 龙勃罗梭认为，习惯性犯罪人开始犯罪生涯是由于条件作用，而不是由于遗传。

C. 龙勃罗梭将第四类，也是最后一类偶发性犯罪人，称为癫痫型犯罪人，即患有潜伏性癫痫，随时可能显现症状的人。但是，这种动态的犯罪性可能在癫痫型犯罪人的一生中始终处于潜伏状态。这样，C. 龙勃罗梭就不得不承认，并非所有的犯罪人都是真正的返祖人，而这似乎是他最初持有的见解。C. 龙勃罗梭在 1895 年版《犯罪人论》中写道：

在这一版中我已经证实，除了真正属于返祖现象的

[197] 同上书，第 534 页；M. 帕米利的 C. 龙勃罗梭简介，第 27 页。

特征,还存在完全由疾病引起的获得性特征。例如,野蛮人身上并不存在面部不对称、斜视、耳朵不对称、色觉障碍、单侧麻痹、无法控制的冲动、为作恶而作恶的需要等。还有这种在犯罪人的行话中显而易见、与对某种宗教的笃信交替出现而在癫痫病人身上如此常见的邪恶快感,也是野蛮人身上所没有的。也许还要加上脑膜炎和大脑软化,这当然不是返祖现象引起的。[198]

因此,在研究生涯结束之际,C. 龙勃罗梭认为退化与返祖都会引起犯罪性。他甚至承认,完全正常的人也可能变成激情犯罪人,或者在特殊情况下成为伪犯罪人。

C. 龙勃罗梭的最后一部重要著作题为《犯罪及其原因和矫治》,出版于 1911 年,而 C. 龙勃罗梭已于两年前去世,享年 74 岁。这部遗著在写作时考虑的是北美读者。在著作的前半部分,C. 龙勃罗梭通篇讨论犯罪病原学,即犯罪原因,几乎囊括了所有能够想到的诱因。C. 龙勃罗梭 1876 年曾将生理返祖视为犯罪行为的唯一原因,此时却又回到了原地。C. 龙勃罗梭 1911 年著作目录中列举的犯罪原因有:

Ⅰ气象及气候影响 – 月份 – 高温

1. 气象及气候影响

[198] 同注释 180,第 11 ~ 12 页;M. 帕米利的 C. 龙勃罗梭简介,第 28 页。

2. 极端气温

3. 温和气温的影响

4. 犯罪与季节

5. 季节

6. 高温年份

7. 犯罪日历

8. 过度炎热

9. 其他气象影响

10. 炎热国度的犯罪与暴乱

Ⅱ山脉构造对犯罪的影响－地质学－引发甲状腺肿、疟疾等的土壤

11. 地质学

12. 山岳形态学

13. 疟疾

14. 甲状腺肿地区

15. 死亡率的影响

Ⅲ种族的影响－善良的野蛮人－犯罪中心－闪米特种族－意大利和法国的希腊人－头部标记－头发的颜色－犹太人－吉普赛人

16. 种族的影响

17. 犯罪中心

18. 欧洲

19. 奥地利

20. 意大利

21. 法国的种族
22. 长头与圆头
23. 浅色头发与深色头发
24. 犹太人
25. 吉普赛人
Ⅳ文明－野蛮－人口聚集－拥挤－新型犯罪
26. 文明与野蛮
27. 人口过剩
28. 拥挤
29. 新型犯罪
Ⅴ人口密度－移民迁入与迁出－出生率
30. 人口密度
31. 移民迁入与迁出
32. 出生率与移民迁入
33. 城市与乡村
Ⅵ生存(饥馑、面包价格)
34. 生存
35. 暴动
Ⅶ酗酒
36. 酗酒与食品供给
37. 酒精的有害作用
38. 贫困
39. 酗酒与犯罪统计数据
40. 生理影响

41. 特定犯罪状态
42. 市民国家的酗酒与犯罪的相克
43. 政治动荡
44. 酗酒与进化
45. 烟草
46. 印度大麻制剂
47. 吗啡
48. 馊玉米
Ⅷ教育对犯罪的影响
49. 文盲与犯罪
50. 教育的普及 - 教育普及的益处
51. 文盲与受过教育的人的特定犯罪性
52. 监狱中的教育
53. 教育的风险
Ⅸ经济条件的影响 - 财富
54. 财富的影响
55. 税收
56. 遗产继承税
57. 就业不足
58. 工作日
59. 储蓄银行
60. 法国的储蓄
61. 农业与制造业
62. 作为犯罪原因的财富

82. 特定犯罪
83. 卖淫
84. 文明
85. 累犯
ⅩⅤ公民地位－职业－失业
86. 公民地位
87. 职业
88. 士兵
89. 精神病患者
90. 厌恶工作
ⅩⅥ监狱－报纸－模仿－首领－其他原因
91. 监狱
92. 耸人听闻
93. 模仿
ⅩⅦ犯罪人结伙及其原因
94. 犯罪人结伙
95. 宗教－道德－政治
96. 野蛮状态
97. 不良政府
98. 武器
99. 无所事事
100. 贫困
101. 杂居文明
102. 战争与叛乱

103. 首领
104. 监狱
105. 种族影响
106. 遗传
107. 其他原因

XⅧ政治犯罪的原因

108. 山岳形态学
109. 汇聚点
110. 密度
111. 健康 – 基因
112. 种族
113. 种族间通婚
114. 不良政府
115. 单一阶级独占主导地位 – 牧师
116. 党派与政见
117. 模仿
118. 偶像
119. 历史传统
120. 政治改革不当
121. 宗教
122. 经济影响
123. 税收与货币变动
124. 经济危机
125. 穷人罢工

126. 环境变化

127. 偶然因素

128. 战争

C. 龙勃罗梭在1911年出版的著作中论断:"每项犯罪都源于多种原因,这些原因往往相互交织,彼此混淆,我们必须按照思考和发言的需要,逐一对其进行研究。在与人类有关的现象中,这种原因的多样性是一般定律,我们几乎永远无法为这样的现象指定某一个与其他原因毫不相干的原因。"[199]

C. 龙勃罗梭1911年出版的著作开篇声称:"最易于引发叛乱或犯罪倾向的影响是相对适度的高温。"[200]为解释这一点,C. 龙勃罗梭提出,高温刺激人体的神经中枢,非常类似于酒精的作用,但不会引起冷漠。他以最后这部著作中特有的循环理论进行详细阐述:

历史记载中没有热带民族不受到征服。炎热导致生产过剩,生产过剩首先引起财产分配不均,继而导致严重的政治社会权利分配不均。[201]

另外,C. 龙勃罗梭还发现,无论在北半球还是南半球,政治叛乱和暴力犯罪都在夏季最为多发,其次

---

[199] C. 龙勃罗梭:《犯罪及其原因和矫治》,H. 霍顿译,1911年版,第1页。

[200] 同上书,第3页。

[201] 同上书,第2页。

是春季。[202] C. 龙勃罗梭暮年时承认环境对犯罪影响很大，同时也承认人与人之间的互动也对犯罪产生某些影响。C. 龙勃罗梭思路的转变似乎主要源于与其女婿的交往。C. 龙勃罗梭在最后一部著作中以赞扬的语气引用了费雷罗的观点：

古列尔莫·费雷罗认为，人类迄今为止创造的文明有两类：一类以暴力为特征，另一类以欺诈为特征。它们以为生存而开展斗争的方式相区别。在原始文明中，生存斗争纯粹以武力方式展开，财富和权力以牺牲外国人或弱小的同胞为代价，使用兵器取得。两个民族间的商业竞争以兵器和舰队开展……司法争端通过决斗裁决。另一方面，在以欺诈为特征的文明中，生存的斗争以狡诈和欺骗展开，赌斗输赢为司法诡辩所取代；政治权力不再靠剑刃，而是靠金钱取得；金钱是用诡计和故弄玄虚的操纵从别人口袋中榨取的，例如股票交易所的交易。[203]

C. 龙勃罗梭承认，费雷罗的两类文明并非绝对彼此相异，两类文明的特征可以在同一个社会中发现。

---

[202] 同上书，第 6～7 页。C. 龙勃罗梭将整个 19 世纪欧洲发生的叛乱制成图表，发现其中大多数开始于夏季。同上书，第 6 页。20 世纪大多数战争也开始于夏季。第一次世界大战始于 1914 年 8 月。纳粹德国入侵波兰是在 1939 年 9 月 1 日。朝鲜入侵韩国是在 1950 年 6 月 25 日。北越在北部湾袭击两艘美国驱逐舰是在 1964 年 8 月 2 日。即使有人所持的立场是这些入侵行为之一或全部是挑衅引起的，气候的重要性仍然不变。

[203] 同上书，第 44～45 页。转引自 G. Ferrero, "Violenti e Frodolenti in Romagna," in Il Mondo Criminale Italiano (1894)。

C. 龙勃罗梭推论,“由于病理学在社会范畴与在自然范畴同样遵循生理学的发展方向”,因此:

在我们这个时代,犯罪状态自我表现为两种形式:一种是返祖犯罪状态,是具有病态体质的人所表现出来的,返回到暴力生存斗争手段的犯罪状态。这些暴力生存斗争手段,如杀人、抢劫和强奸,现在为文明所镇压。另一种形式是‘进化’犯罪状态,犯罪意图同样邪恶,但使用的手段更加文明,采用诡计与欺骗代替暴力。[204]

在最后一部著作的大部分篇幅中,C. 龙勃罗梭似乎已经得出结论,认为某些民族比其他民族更为“进化”。他举出的实例有,无论移居哪个国家都是放债者、伪造者和走私者的犹太人,以及无论移居哪个国家都是骗子和小偷的吉普赛人。[205]

从 1876 年初次出版《犯罪人论》到 1909 年逝世,切萨雷 · C. 龙勃罗梭的理论在其漫长的职业生涯中发生了彻底改变。他创立了犯罪学上的“意大利学派”,并且一直是实证主义犯罪学的第一代言人。即使进入 20 世纪,似乎所有表象都显示他根本不再是实证主义者以

[204] 同上书,第 45 页。引用 Sighele, Delinquenza Settaria (1898)作为背景介绍。

[205] 同上书,第 36 ~ 42 页。C. 龙勃罗梭本人有犹太血统。至于吉普赛人,C. 龙勃罗梭评论:“值得注意的是,这样一个人种,道德如此低下,对文化和知识发展如此无能,永远不能持续开展任何一项工业,诗歌仅仅是最差的抒情诗,却在匈牙利创造了令人惊叹的音乐艺术。再次证明了犯罪人体内与返祖现象结合在一起的天才。”参见 C. 龙勃罗梭:“Atavism and Evolution,” Contemporary Review (July 1895)。

后,情况仍然如此。两位法学家,即拉法埃莱·加罗法洛和恩里科·菲利,作为意大利学派的主要代表对精神病学家C. 龙勃罗梭理论形成补充。拉法埃莱·加罗法洛男爵,与前人贝卡利亚同样为意大利贵族,比C. 龙勃罗梭年少17岁,生于1852年,接受教育后成为治安法官。菲利曾任职于多所地区上诉法院,后受任命进入意大利王国参议院。恩里科·菲利比加罗法洛年少4岁,师从于C. 龙勃罗梭,并成为C. 龙勃罗梭最杰出的弟子,后从事刑法教学与实务。1890年,菲利接替"古典"犯罪学家弗朗西斯科·卡拉拉,成为比萨大学首席犯罪学教授。但三年后比萨大学由于菲利的社会主义观点而将其解雇。菲利曾当选为意大利议会下议院代表,并担任社会主义报纸《前进报》的创刊编辑。菲利逝世于1929年,加罗法洛逝世于1934年,两人都健康地活到了两次世界大战之间的艰难时期。但看似荒谬的是,由于贝尼托·墨索里尼实施独裁统治时期他们居住在意大利,菲利和加罗法洛都受到了迎合法西斯主义的批评,尤其是加罗法洛。[206] 实证主义犯罪学因此被不公正地与法西斯主义和种族灭绝联系在一起。

加罗法洛和菲利都没有像C. 龙勃罗梭那样表现出针对犯罪行为原因的关注,这也许是因为两人是法学家,而C. 龙勃罗梭是精神病学家。而另一方面,C. 龙勃

[206] 参见G. 沃尔德:《理论犯罪学》1958年版,第39页。

罗梭则充分关注法院刑事诉讼程序以及被定罪关押的犯人的处遇。加罗法洛和菲利有大量刑事诉讼程序策略和刑罚学策略以 C. 龙勃罗梭的犯罪原因理论为基础，但 C. 龙勃罗梭关于刑事诉讼程序和刑罚学的许多观点却以加罗法洛和菲利在这方面提出的观点为基础。C. 龙勃罗梭直到晚年对加罗法洛和菲利提出的观念相当熟悉以后，才开始认真思考这些主题。

二、拉法埃莱·加罗法洛

加罗法洛的主要著作始于一本题为《论刑罚的实证标准》的小册子。这本小册子于 1880 年加罗法洛 28 岁时出版，后来发展为加罗法洛的著作《犯罪学》，先后于 1885 年在那不勒斯、1891 年在都灵出版。这部著作经过重大修订，于 1905 年译为法文出版，1914 年译为英文出版。加罗法洛还撰写了其他多部著作，特别是《手段不能的犯罪未遂》（1882 年）[207]、《真正的审判和量刑方式》（1882 年）[208]、《对犯罪被害人的赔偿》（1887 年）[209]以及《打击犯罪斗争中的国际团结》（1909 年）[210]。加罗法洛是社会防卫概念的先驱，他认为刑罚的主要目的是能够阻止犯罪人重新犯罪，从而保护社会，而不是改

---

〔207〕 意大利语原文标题为“Il tentativo criminoso con mezzi inidonei”。

〔208〕 意大利语原文标题为“Cio che dovrebbe essere un giudizio penale”。

〔209〕 意大利语原文标题为“Riparazione alle vittime del delitto”。

〔210〕 法语原文标题为“De la solidarite des nations dans la lutte contre la criminalite”。加罗法洛的另一部主要著作是 *La Superstition socialiste*（The Socialist and Superstition；1895）。

造犯罪人,让他变好。加罗法洛的一段最著名的言论是:“我们努力……的方向不是权衡施加给犯罪人多少份量的伤害,而是确定何种限制措施最适合犯罪人的特性(:)”

“‘什么!’某些人可能会惊叫,‘你在刑罚中不区分偷了20法郎的人和偷了20生丁的人吗?’

我的回答是,我不知道,因为这个问题不能抽象地决定。要决定的重要问题是,两个小偷哪一个更具有犯罪天性并因而对社会更加危险?很可能是偷了20法郎的人,但也相当有可能是偷了20生丁的人。

我们的目标不是根据被盗物品的价值确定犯罪造成多大量的痛苦,而是指定恰到好处的镇压手段,即指定能够避免危险的障碍。那么问题就只能以一种方式提出。‘我们采用什么措施来确定犯罪人持续堕落的程度以及犯罪人仍然具有社会性的程度?’”[211]

加罗法洛随后提出了法院要回答这个问题所应该考虑的标准。为对特定犯罪人确定最佳限制方式,加罗法洛建议法官考虑犯罪的“客观”情节(例如,犯罪人是应该“归入小偷中出于本能的一类,出于无所事事的一类,受得不到重视而堕落的童年影响的一类,受不良伙伴影响的一类,还是只由于家庭环境中有坏榜样的一类”),同时也要考虑犯罪人从前的历史(例如,犯罪人的

---

〔211〕 R. 加罗法洛:《犯罪学》,R. 米勒译,1914年版,第299~300页。

“家庭和社会关系……年龄……接受的教育、职业以及一般人生目标”)。[212] 加罗法洛提出,应该进行量刑前调查,使量刑的法官了解犯罪人的“道德异常”,从而能够预计犯罪人能否很好地“适应”所选择的“镇压”手段。加罗法洛强调,最初的量刑裁决要确定是否有必要为社会安全而淘汰犯罪人,如果有必要,那么还要确定是永久淘汰还是只是暂时淘汰,以及采用何种手段达到淘汰目的。

加罗法洛认为,要达到“淘汰”犯罪人的目的可以采用多种方式,例如(1)死刑,(2)放逐(流放)海外,以及(3)监禁。[213] 永久淘汰包括死刑和流放或终身监禁,但也有另外一种不太严厉的选择,即将犯罪人永远驱逐出其所从事的职业或行业,条件是犯罪人离开该职业或行业则无法再次实施特定的犯罪,例如贪污。加罗法洛同意,如果有可能并且不会带来重新犯罪的风险,则采取无须淘汰犯罪人的镇压手段更为可取。他将这种镇压手段的一种形式称为“强制赔偿”,让犯罪人既赔偿犯罪被害人,又向国家支付罚金。[214]

加罗法洛提出四类犯罪人,每一类应该受到不同的刑罚。这四类犯罪人是:(1)极端犯罪人,(2)冲动性犯

---

〔212〕 同上书,第300页。

〔213〕 同上书,第220~221页。

〔214〕 同上书,第227~228页。加罗法洛“修改”了赫伯特·斯宾塞的赔偿与释放理论,形成自己的“强制赔偿”计划。参见H. Spencer, “Prison Ethics,” Essays Scientific, Political, and Speculative (1873)。

罪人,(3)专业犯罪人,以及(4)地方性犯罪人。

加罗法洛所说的极端犯罪人是指“毫无道德感,既能犯谋杀罪,也能犯盗窃罪的人”,这些人“目光过于短浅、过于凶残或者感觉过于迟钝,意识不到监狱的耻辱,也感觉不到失去自由带来的道德上而不是身体上的痛苦”。[215] 加罗法洛推断,对这类犯罪人,死刑是唯一适当的刑罚。“但是死刑的影响必须迅速而确定,如果极少适用,死刑就会开始对这类犯罪人失去作用。”[216]

加罗法洛认为,第二类犯罪人,即冲动性犯罪人,即使精神失常也能从监禁中获益。加罗法洛认为这类犯罪人包括由于“性情暴躁、神经官能症或酒精刺激作用”而犯罪的人,但同时强调,“为产生必要的效果,必须以严重而且立即来临的损害相威胁”。[217] 加罗法洛对此详加阐述:

如果每个人都确信用手打人意味着立即失去这只手,那么许多似乎无法抑制的冲动将不再无法抑制;也许形容这一举动的词将从我们现行的词汇中消失。

中世纪的残暴刑罚不比今天的刑罚更为有效的说法并不恰当……当时的刑罚更不确定。有多种方法可以逃避刑罚,如豁免、庇护权、对大贵族的保护等。并且

[215] 同上书,第191页。
[216] 同上。
[217] 同上。

还必须考虑到当时工作不正规的警察系统以及低下的司法管理。[218]

因此,加罗法洛反对杰里米·边沁以及功利主义者关于"效果"的论点(见第四章),但同时含蓄地赞扬了功利主义推动警务工作取得的进展。

加罗法洛将第三类犯罪人称为专业犯罪人。他主张法律无法阻止这些人犯罪,因为这类犯罪人相当精确地计算他们被察觉和逮捕的风险:"他们大胆地面对这种危险,因为与其他各种行业一样,这一行也必须冒些风险——还有许多更冒险的行业,其中也不乏能工巧匠。但是就像其他地方一样,这里也是风险越小,回报越肯定,参加的人就越多。"[219]加罗法洛警告说,显然必须通过长期监禁或流放海外"淘汰"这类犯罪人。另一方面,加罗法洛觉得法律能够防止地方性犯罪人实施犯罪,因此对这类犯罪人而言,严厉的刑罚可能达不到预期目标。加罗法洛举出实例,1854 年科西嘉岛颁布枪支控制(缴械)法,结果当地谋杀率大幅度下降,直到 14 年后(1868 年)该法被废除,此后谋杀率再次上升。[220]

根据刑罚应该"迅速而确定"的信条,加罗法洛反对

---

[218] 同上书,第 191 ~ 192 页。

[219] 同上书,第 192 页。

[220] 同上书,第 192 ~ 193 页。转引自 Bournet, La Criminalite En Corse (1887)。

允许被定罪的犯罪人在就有罪判决或量刑向上级法院提起上诉期间保持自由的传统。事实上,他似乎也反对上诉权本身,至少曾如此暗示:

根据意大利诉讼程序,几乎所有受轻罪指控的人都享有暂时自由的权利,因此不仅在司法调查过程中,而且在最高法院再审程序结束前,他们都一直不受逮捕。并且被定罪的犯人很少不向最高法院提起诉讼。这一特征显然剥夺了刑事诉讼的大部分威慑力……判决所处的监禁刑期实在太短,而即使刑期如此之短,赦免权还动辄予以减刑。结果似乎是半免刑。[221]

意大利的最高法院当时行使国家刑事终审法院的职能。该法院受理的上诉类似于今天需要美利坚合众国最高法院受理的上诉。

加罗法洛也并不尊重陪审团。他认为陪审团反映了公众的偏见与无知。加罗法洛更赞同法官审判,他的论述理所当然地体现了他多年的法官生涯:

无论针对被告人的证据如何确凿,证据性质如何不容置疑,在律师娴熟的运用技巧能够突然在陪审员头脑中造成的印象面前,都会失去所有的效力。每个人,尤其是所有法律专业人士,都承认,(陪审团)审判的结果完全取决于运气。

〔221〕 同上书,第 193 ~ 195 页。加罗法洛按“1889 年以来只有一所刑事最高法院。法院位于罗马,对整个王国有管辖权。与法国相同,这所刑事最高法院只复核法律问题”。同上书注 3。

陪审团做出的错误判决主要是由于陪审团无知这个现实。这种无知要么是由于不能抓住大量法律术语的含义,对向他们提出的众多问题不能正确评价其真正意义与联系,要么是由于缺乏必要的才能或经验,在犯罪事实不是一目了然的案件中无法进行审查证据和权衡双方论点的关键性工作。陪审员有时为了向政府示威而做出无罪判决……"简言之,无论是由于神经敏感还是艺术感强,我看不出意大利人在受命充当法官时如何能不受情绪影响,除非经过特别训练,为履行这样的职责作好了准备。"

的确,常任法官并非总是远离腐败,他们也会感到恐惧或受到其他影响。但是常任法官要维护名声,要保持荣誉地位,他们出于谨慎和需要而勇敢坚强,因为最轻微的怀疑迹象也足以达到毁灭性的效果。因此,这个原因导致的丑闻永远不常见,性质也不像陪审团使我们每天看到的丑闻那样令人震惊。[222]

加罗法洛喜欢引用印度一位英国法官的话:改革陪审团的唯一途径就是取消陪审团。[223]

与贝卡利亚相同,加罗法洛反对政府首脑对被定罪

---

〔222〕 同上书,第 356 ~ 360 页。转引自 Turiello, Governo E Governati (1882)。

〔223〕 同上书,第 361 页。转引自阿拉哈巴德高级法院首席大法官,载(伦敦)《泰晤士报》1903 年 11 月 4 日版。

的犯罪人大赦、豁免或特赦的特权。[224] 他赞成在下列情况下，当司法利益需要时采取一种审前预防性拘禁：

(1)被告人有可能被判处重刑，足以使其意图逃跑或藏匿，因为上述刑罚对被告人而言在两害之中更重。

(2)在“袭击”(coups)和“伤害”(blessures)案件中，被害人尚未从所受伤害的影响中完全恢复。

(3)受伤害者可能诉诸流血手段报复攻击者。

(4)被告人为累犯、习惯性犯罪人或者无明显生活来源或无固定住所。

(5)被告人是盗窃或诈骗现行犯。

(6)最后，在所有被告人可能恐吓被害人或证人，唆使被害人或证人作伪证，或者以任何方式妨碍或阻挠司法调查的案件中。[225]

为对其考虑到的“现行刑事司法程序缺陷”加以补救，加罗法洛提出，以一定的“原则”为基础制定国际刑法典，将实体法和程序法均包括在内。

加罗法洛最重要的思想之一是提出了他所谓的“理性刑罚制度”[226]，根据这一制度施加的刑罚要与犯罪人

---

[224] 加罗法洛解释道：“我们无法想象，政府有什么权利赦免对整个社会造成的伤害，引起伤害的是社会有机体的自然法所禁止的行为，而这个政府存在的目的正是为了保护这一社会有机体。其他不合理的特权在制度进步前就已经垮台，赦免权如何能够幸免，这令人费解。”同上书，第368～369页。他继续论述：“大赦，也就是把整整一类犯普通罪的人全部赦免，论古怪这件事无以伦比。”同上书，第369页。

[225] 同上书，第346～347页。

[226] 同上书，第4章。

未来可能对社会形成的危险相适应。加罗法洛由此确立了刑罚要实现社会防卫的实证主义观念，既反对基督教道德责任的思想，又反对贝卡利亚认为刑罚实施应该与犯罪严重程度相适应的论点。加罗法洛希望以犯罪人的可怕性为标准衡量其所受的刑罚。加罗法洛问道："面对毫无自由意志，不能控制自己，不能抗拒自身邪恶冲动的人，难道我们没有必要说，对社会的保护需要加强而不是减弱吗？"[227] 他的答案是：

是这样：如果施加的损害是维护社会所必需的，那就让抽象的正义尽其所能触及这样的犯罪吧。全世界在不断上演类似的不公正。人们因为精神缺陷和身体缺陷，因为生活中自己无力改变的不幸状况而遭受苦难。记忆力或注意力有缺陷的儿童在学校永远得不到好成绩。无论如何苦修，他还是会一直处于班级底层。……我们必须称之为不公正吗？法律因为父亲负债而迫使子女陷入贫困，这样的法律不是本身就不公正吗？[228]

加罗法洛以这样的方式解释了"犯罪人应受的刑罚不是由可疑的心理状态决定，而是由所有构成其人格亦即其心理结构、本能和性格因素决定"。[229]

---

[227] 同上书，第 273 页。
[228] 同上书，第 305 页。
[229] 同上书，第 307 页。

三、恩里科·菲利

1877 年,恩里科·菲利发表了 476 页的学位论文《自由意志的否定与可归罪理论》[230],时年 21 岁。菲利将一份论文副本送与 C. 龙勃罗梭,而 C. 龙勃罗梭却声称这篇论文"实证得不够"。[231] 此后菲利到法国继续从事研究,在那里收集统计数据并学习德语,之后在都灵大学获得讲师职位,随 C. 龙勃罗梭研究犯罪学。这期间 C. 龙勃罗梭和菲利成为至交,并且像索尔斯坦·塞林指出的,他们彼此影响着对方。[232] 1881 年,菲利出版了《刑法和刑事诉讼新视野》[233],但三年后他将这部著作的第二版更名为《犯罪社会学》[234]。同样在 1884 年,菲利还出版了《论杀人与自杀》[235]。在这部著作中,菲利首次将犯罪人分为 4 种类型,即天生犯罪人、精神病犯罪人、偶发性犯罪人和激情犯罪人,承袭了 C. 龙勃罗梭的观点。在《犯罪社会学》中,菲利在精神病犯罪人中增加了半疯,即精神半失常者这一小类,并且增加了第

---

[230] 意大利语原文标题为"La negazione del libero arbitrio e la teoria dell' imputabilita"。

[231] 同注 170,第 129 页。

[232] 塞林写道:"菲利的思想体系很大一部分来自于 C. 龙勃罗梭的激励,而同时菲利也成为合成 C. 龙勃罗梭的观点与社会学观点的催化剂,对 C. 龙勃罗梭的思想影响不可谓不深刻。"T. Sellin, Enrico Ferri, in H. Mannheim, ed., Pioneers in Criminolgy 286 (1960).

[233] 意大利语原文标题为"I Nouvi Orizzonti Del Diritto E Della Procedura Penale"。

[234] 意大利语原文标题为"La Sociologia Criminale"。

[235] 意大利语原文标题为"L' omicidio-Suicidio"。

五类犯罪人，即习惯性犯罪人。[236]

菲利告诫说，他对犯罪人的分类不是对犯罪原因的解释。早在1881年发表《1824年至1878年间法国犯罪研究》[237]时，菲利就认为犯罪行为的主要原因是3个不同的因素：人类学因素，包括犯罪人的年龄、种族以及性别，加上各种生理和精神异常情况；地球环境因素，包括气候和气温、特定地理区域的土壤肥沃程度以及气象条件；社会因素，包括犯罪人所受的教育、犯罪人的职业、宗教信仰和社会经济地位，以及某一地区的人口密度、工业状况和政府类型。[238] 查尔斯·埃尔伍德在菲利的《犯罪社会学》1917年美国版序言中说：

总之，菲利觉得犯罪是世界上几乎所有力量的产物，尽管这些力量在不同的犯罪和不同的犯罪人中显示出各不相同的比例。C. 龙勃罗梭会首先肯定人类学因素的重要意义。他认为这个要素的重要性在天生犯罪人身上尤为明显。社会学派的作者会肯定对社会经济因素的关注，而这些因素尤其见于偶发性犯罪人和习惯性犯罪人。而统计学家如凯特勒则会肯定气候等地球环境因素，这些因素尤其见于激情犯罪人。[239]

---

〔236〕 E. 菲利：《犯罪社会学》，J. 凯利、J. 莱尔译，1917年版，第138～146页。

〔237〕 意大利语原标题为“Studi Sulla Criminalita in Francia Dal 1824 Al 1878”。

〔238〕 同注236，第31页。

〔239〕 同上。

与C.龙勃罗梭相同，菲利著作的篇幅也随着再版次数增加而扩大。《犯罪社会学》1884年意大利文第一版为160页，到1900年意大利文第五版则有1000页。[240]

菲利在《犯罪社会学》中对犯罪学最为重要的一项贡献是提出“犯罪饱和法则”。菲利本人对这项法则描述如下：

无论是自然犯罪还是法定犯罪，犯罪总量都在增长，每年或多或少有所变化，这些变化容易长期积累形成一系列真正的犯罪浪潮。从这一点我们可以看到，每年的犯罪水平取决于不同的自然环境和社会环境，以及个人的天性和偶然冲动，这符合一种类似于化学定律的法则，这种法则我称之为“犯罪饱和法则”。如同一定温度下，一定量的水能溶解的化学物质量固定，一个原子不能多，一个原子不能少；在有一定个人条件和自然条件的某些社会环境中，能实施的不法行为（犯罪）数量固定，不能多也不能少。[241]

但是，在某些时段内，例如（菲利认为）在美国大选期间以及在其他地区经济政治危机或饥馑时期，菲利发现了“犯罪超饱和”或犯罪“浪潮”。[242] 另外，菲利还证实了他所谓的全欧洲“周期性犯罪变化”以及“周期性犯

---

[240] 同上书，第23页，威廉·W.史密瑟编者序。

[241] 同上书，第209页。

[242] 同上书，第211～212页。

罪增长”。他认为这样的周期性犯罪增长波动间隔大约为五年。[243] 菲利认为犯罪遵循一种“跷跷板”模式：

我们注意到，在各国犯罪中有一个近似恒定的规律，即每年的财产犯罪变动与人身犯罪变动相互交替，其中一类犯罪增加时，另一类就减少。这是因为，对减少财产犯罪企图最有效也是最易变的一般因素（食物丰富和气候温和），会导致暴力犯罪和性犯罪数量增加；由于针对财产的攻击数量远远超过人身犯罪，这类犯罪对确定年度犯罪水平具有更大的作用。[244]

但是，菲利承认，尽管存在周期性震荡，但在大多数国家犯罪率都呈上升趋势。他将这一事实的原因，至少是部分原因，归结于出生率以及移民增多的模式。[245] 菲利指出，例如美国，1850 年公布的比率为每 1647 名居民中有一名犯罪人，但是到 1860 年，这一比率上升为每 1342 名居民中有一名犯罪人；1870 年，每 1171 名居民中有一名犯罪人；1880 年，每 855 名居民中有一名犯罪人；1890 年，每 757 名居民中有一名犯罪人。[246] 菲利还指出，19 世纪欧洲各国由于人口增长，犯罪率也同样有所上升。他解释道：“这种人口增长是犯罪增长的自然原因和内在原因。人口增长使一个地区尤其是城市中

---

[243] 同上书，第 195 ~ 198 页。

[244] 同上书，第 197 页。转引自 Ferri, *Das Verbrechen in seiner Abhangigkeit von dem jahrlichen Temperaturwechsel*（1882）。

[245] 同上书，第 206 ~ 208 页。

[246] 同上书，第 205 ~ 206 页。

心人口密度提高,增加了交往、事物和人的数量,从而引起犯罪增长。"[247]显然,在这方面恩里科·菲利开始承认,社会生态系统对犯罪行为有重大影响。这一观点似乎并不相容于意大利实证犯罪学家最初的著作,包括菲利本人最初的著作在内。

在《犯罪社会学》第三部分中,菲利总结了"实证主义刑事责任理论"。他否认人具有"自由意志",而犯罪人滥用自由意志一直被贝卡利亚认为是适用刑罚的正当理由。菲利解释:

公众情感、传统哲学和古典犯罪科学在证明因犯罪而惩罚人的权利是正当权利时,惯用的论述可以简化为:人有自由选择或道德自由,能够决定是为善还是作恶。因此,如果人选择作恶,就对自己的选择负有责任,就应该为此受到惩罚。……实证派犯罪学不接受这种观点……实证主义生理—心理学已经完全打破了自由选择或道德自由的信条,并在这个过程中证明,我们应该承认观察结果。即使接受了个人责任的准则,在将这一准则应用于每个具体案件时,也会遇到无法克服的理论困难和实际困难,并且有可能出现大量例外情况。[248]

菲利认为,人的思想可以分为几项功能,如记忆力、

---

[247] 同上书,第206页。1861～1894年,由于移民迁出,爱尔兰人口减少20%,但该国犯罪率并没有减少。菲利将其解释为由于"该国政治社会动荡"。同上书,第207页。

[248] 同上书,第289页。

智力以及“意志”，这种想法是不确切的，这是因为：

如果要从实证主义心理学中找到不那么荒诞，也不那么天真的心理状态的概念，我们就会发现，这些所谓的状态不过是综合体，是不对应任何实体的心理活动。……记忆力和智力不过是对我们自身拥有，或从祖先处继承的所有具体思想的主观抽象和一般概括。并不存在记忆力，只有彼此独立的记忆行为，如同并不存在智力，只有彼此独立的思想，等等。同样，意志不过是我们所有意志行为的抽象综合体。因此，意志并不作为不时发出意志上的指令的自主体而存在……每项人类活动中的上述生理—心理过程所引起的意志上的深思熟虑并不是行动的原因，而只是对正在实施的行动的意识。也并非出于意志上指令，而只是出于自然力和生理—心理力量间的相互转化过程。[249]

因此，菲利论断，“故意”行为与“非故意”行为的区别仅仅在于那种意识是否存在，与“道德自由”或“自由选择”毫无关系。[250]

菲利指出，法的发展经历了 4 个“进化阶段”，在这 4 个阶段中出现了各种证明刑罚合理的理由。这 4 个阶段是：原始阶段，在这一阶段中，受侵害的被害人立即实施报复行为；宗教阶段，在这一阶段中，刑罚被视为神的

---

〔249〕 同上书，第 295 页。

〔250〕 同上书，第 296 页。菲利继续论述，“自由意志”由“统计数据”证明并不成立；同上书，第 297 页；并且“为科学所否定”；同上书，第 298 页。

报复;伦理阶段,在这一阶段中,刑罚是为了使犯罪人忏悔罪过;司法阶段,在这一阶段中,人们认为犯罪人运用“自由意志”而违反了法律。[251] 菲利希望开始第五阶段,在这一阶段中,刑罚不再是以相应的惩罚报复道德过错……而是以保护社会为目标的一系列预防性和镇压性措施。[252] 菲利将这样的第五阶段称为社会阶段。

菲利设计的刑罚不以犯罪人的道德责任为基础。他呼吁“刑罚机构完全取消所有责任标准或道德过错标准”,并倡议“代之以更为明确的标准,这个标准不会单纯由于宗教信仰、哲学信仰或思想习惯不同而引起争议”。[253] 他建议可以通过自然惩罚、生物学惩罚和社会惩罚实现这一点:

人类或动物即使是无意识、无心或者被迫违反了自然法则,也会遭遇自然本身不可抗拒的反作用或惩罚。探出窗外太远,即使出于最道德或最仁慈的意图,也会跌落。这是自然惩罚。任何人吃得太多,就会消化不良,生病受苦……这是生物学惩罚。路人心不在焉,无意伤害而挤撞了他人,引起后者的言语或行动反应(这是社会惩罚)。[254]

---

[251] 同上书,第 317 页。
[252] 同上书,第 318 页。
[253] 同上书,第 339 页。
[254] 同上书,第 343 页。

菲利明确提出了从公众舆论到经济赔偿到暴力的各种社会惩罚,他认为这些社会惩罚可以和"社会选择"关联适用:

社会是活的自然有机体。所有动物群体的生存都依靠趋向个体福利的持续同化与异化过程,这是生存的首要条件。人类社会也是如此,如果没有不停运行的自然同化(出生)或人工同化(迁入移民)以及平等的自然异化(死亡)或必要的人工异化(将反社会,因传染病、精神病和犯罪不能同化的个体迁出或隔离),社会就无法存在,也无法繁荣。因此,打击犯罪,维护社会的功能成为社会选择的一种形式,而在人类进化中,社会选择在过去和现在都占很大比例。[255]

因此,菲利主张,"无论如何,必须像在普通疾病和精神病诊所中那样,在保护性犯罪诊所中建立一个场所,为社会排除最不适应生活的人"。[256] 根据这一前提,菲利论断:

首先刑事司法即使丧失了任何其他特征,也不会丧失社会防卫功能这项特征。刑事司法必须视犯罪为个人异常的结果,为社会病症,必然要求以隔离传染要素、对细菌滋生的环境灭菌消毒这样的方式清除反社会的个人。[257]

---

〔255〕 同上书,第349~350页。

〔256〕 同上书,第350页。

〔257〕 同上书,第350~351页。

于是，菲利论证，道德过错“不可能成为社会防卫的基础”，必须以“社会责任”取而代之。[258] 菲利论述道：

已经证实……无论个人道德责任如何，社会自卫本能都不可否认。因此犯罪科学及其相应机构的唯一基础是社会责任。可以将人的行为归因于行为人，所以行为人要对这些行为负责，因为他生活在社会中。[259]

显然，“实证主义刑事责任理论”体现了严格责任，即某人可以因为任何违反法律的行为而受到惩罚，无论当时思想状态如何。

菲利赞成以不定期监禁作为惩罚犯罪的刑罚。[260] 他论称，尽管肉刑在很多情况下可以“产生良好的效果”，但是违背人道原则，并且“太容易被滥用”。[261] 在《犯罪社会学》第一版中，菲利写道：“隔离的时间长短不应由法官决定，恰恰相反，这应该属于（矫正）机构的决定范围，由矫正机构根据对犯人的精神人类学研究结论，决定对他终身监禁还是临时监禁。”[262] 另外，菲利坚持认为，犯罪人应该以三种形式进行赔偿：

---

[258] 同上书，第 351～356 页。

[259] 同上书，第 361～362 页。

[260] 同上书，第 502 页。

[261] 同上书，第 506 页。

[262] E. 菲利：《犯罪社会学》1881 年版，第 45 页。（J. 凯利、J. 莱尔译，同注 236，第 506 页注 3。）

Ⅰ作为犯罪人对被害人应尽的义务；

Ⅱ作为对犯轻罪的偶发性犯罪人所处监禁刑的替代措施；

Ⅲ作为符合被害人的直接利益，同时也符合间接但同样现实的社会防护利益的一项国家职能。[263]

这样，菲利显然希望犯罪人对被害人个人进行经济赔偿，同时接受国家罚金性质的刑罚，这与拉法埃莱·加罗法洛以及其他实证主义犯罪学家的见解一致。

菲利警告，监狱不应该是"舒适的地方"，在监狱中"劳动的义务应该是普遍而绝对的义务"。[264] 菲利似乎考虑到犯人试图与市场上的自由劳动者竞争时会遇到困难。他建议让犯人在与自由劳动者直接竞争最少的行业中从事劳动，并且建议向犯人全额支付报酬，但要扣除食宿服装费用和对被害人的赔偿。[265] 这样菲利就同意了边沁的观点，即认为监狱应该使犯人有机会劳动并获得所提供服务的市场价值。另外，菲利认为监狱还应该作为"治疗犯罪人的医院"发挥作用[266]，并且认为精神病犯罪人应该收容在精神病院中。[267]

菲利在理论上并不反对死刑，但他觉得死刑在实践

---

[263] 同注释236，第509页。

[264] 同上书，第519页。

[265] 同上书，第520页。

[266] 同上书，第518页。

[267] 同上书，第522～527页。

中已经是徒有其表，因为被处决的人非常之少。请思考他的观点：

我深信死刑是由大自然在宇宙中的各个角落和宇宙生命的各个阶段中规定的。在我看来死刑似乎并不绝对与人权相抵触，因为如果他人的死亡是绝对必要的，那么死刑也就是完全正当的，正如同自卫一样，无论是个人自卫还是社会自卫……另外，进化的普遍规律表明，每一生物物种的进步都是由于不适应生存竞争的个体死亡而进行的不断选择带来的，而这种选择在人类中，甚至某种程度上在动物中，可以出于对生命法则的尊重，在与自然运行相同的条件下以人为的方式实施。因此，社会应该在自身内部实施人为选择，毁灭妨碍其生存的分子——反社会、不能同化以及有害的人——这不仅符合正义法则，也符合自然法则……

另一方面，死刑的效用和防卫效果是有问题的。一个人实施犯罪时，可能由于突如其来的激情而失去自制能力，什么也没有考虑，也可能是有预谋的行动。如果是后一种情况，那么决定其行为的不是假设他在死刑和终身监禁之间进行的比较，而是不受惩罚的希望……统计数据表明，应处死刑的犯罪数量变化与判处和执行死刑的数量无关……

归根结底，死刑简单得如同单音节，只是一种图省事的万能药，当然无法解决像危险犯罪这样的复杂问题……（死刑）必须严肃地予以适用，需要有勇气把犯罪人处死……所有刑罚的威慑作用，对天生犯罪人完全没有意义，死刑也不例外，而人们对死刑概念的习以为常进一步削弱了刑罚的威慑作用……每年执行10～12次死刑不会解决犯罪问题。另外，数量少而又拖延的死刑执行，一方面使善良的人萌生同情心，引起其对法律的憎恶；另一方面又唤醒了大众的残忍本能，显示出死刑的所有缺点，却没有表现出任何一项优点……

按照逻辑，我们必须……每年执行死刑500次以上……目前存在的死刑只是个稻草人——而犯罪人就像鸟儿，他们一开始相信那是真的，但不久就在绞刑架的阴影下起舞。[268]

贝尼托·墨索里尼要求恩里科·菲利为意大利起草一部新的刑法典，1921年菲利提交了《菲利草案》。意大利下议院否决了这项草案，主要是由于草案过于生硬地背离了意大利文化中根深蒂固的贝卡利亚古典传统。但是，《菲利草案》使该草案作者的法理学和刑罚学理论与意大利实证派犯罪学整合在一起。由于这个原因，这项草案在知识上很重要。有人会说，从1922年《菲利草案》遭否决开始，意大利实证派犯罪学除了对最坚定的支持者外，不再具有深刻影响。

---

[268] 同上书，第528～532页。

第二节　意大利犯罪学派的衰落

对于为什么意大利犯罪学派早在1922年最终瓦解之前一代人的时间,几乎从20世纪初就开始衰落,可以找到适当的理由。1866年,(格雷戈尔·)约翰·孟德尔发表了有关植物杂交的两条遗传"定律"[269],这两条定律到19世纪末再次流行。以孟德尔的"定律"为基础,科学家们专门用樱草进行了杂交实验。1900年,卡尔·科伦斯、雨果·德弗里斯和埃里希·切尔马克三位遗传学家分别发表了各自的杂交实验结果。第二年,即1901年,德弗里斯出版了《突变理论》第一卷,

---

〔269〕 孟德尔的第一条定律是"分离定律",他设想每株植物的每个性状都由两个遗传因子决定(基因),分别遗传自两个亲本。"纯种"具有两个基因相同的基因对(显性:AA,隐性:aa),而杂种具有的基因对中两个基因不同(Aa)。配子(卵子或精子)形成杂种时,基因对中的基因分离为数量相等的两类(A和a)。孟德尔的第二个"定律"是"配子纯度定律"。他指出,杂种按照"分离定律"发生受精后,卵子和精子的重新随机组合产生AA、Aa和aa基因对的比率为1:2:1。由于显性的作用,第二种基因对即Aa基因对与第一种即AA基因对相似,所以显性与隐性的比率为3:1。因此,所有隐性植物(aa)和1/3的显性植物(AA)相同,都成为纯种,但是有2/3的显性植物(AA)再次分离。因此孟德尔的"第二定律"是:一对不同的基因,其中任何一个也不会因与杂种中的其他基因结合而发生改变;隐性基因自然被显性基因所"掩盖"。

第二卷问世于1903年。根据德弗里斯的自然主义突变理论,任何生物(植物或动物)都是各种断断续续变化的独立特征的嵌合体。[270] 因此,在发生杂种繁殖时,新的生命变种和亚种通过突变产生。双亲将优良性状和不良性状一同遗传给后代,包括先天性缺陷和疾病。在这一方面,可以认为任何生物都以这样或那样的方式"返祖",尽管有些生物的确比别的生物更加"返祖"。

孟德尔发表其定律3年后,也就是达尔文的《物种起源》问世10年后,英国人类学家弗朗西斯·高尔顿于1869年出版了《遗传的天才》。高尔顿在这部著作中将达尔文的自然进化理论应用于人的智力发展。1883年,高尔顿出版了《人类才能及其发展的研究》,在这部著作中创造了"优生学"一词来形容自己的理论,即通过有计划的繁育来控制遗传缺陷。1908年,高尔顿在伦敦创立了优生学(教育)协会,并因此获封爵士。弗朗西斯·高尔顿爵士的学生卡尔·皮尔逊采用各种统计学新方法研究家族成员间的相似之处。1901年,查尔斯·巴克曼·格林对英格兰监狱的3000多名犯人进行了精确测

---

[270] H. DeVries, The Mutation Theory (J. Farmmer and A. Darbishire, trs., 1901 -3). 在达尔文与德弗里斯之间,至少有35位学者发表了犯罪人类学的研究成果,其中包括 H. Wey, Criminal Anthopology, Proc. Nat'l. Pris. Assoc. 274 - 91 (1890) 和 A. Drahms, The Criminal: His Personnel and Environment (1900)。参见 A. Fink, The Causes of Crime: Biological Theories in the United States, 1800 -1915 99 -150 (1938)。

量,并与自己认为代表普通非犯罪人群体的对照组进行比较。对照组包括剑桥大学和牛津大学的学生、英国士兵和医院的病人。卡尔·皮尔逊为格林提供协助,他们一起使用了当时先进的统计技术。

一、查尔斯·巴克曼·格林

1913 年,格林出版了名作《英国罪犯:统计学研究》。在这部著作中,格林开始反对 C. 龙勃罗梭认为可以通过生理特征识别犯罪人的理论,同时证明自己的理论,即可以通过测量家族成员监禁史以统计学方式确定犯罪人对象。表 1 再现了格林为支持其论点而构建的表格。[271] 格林认为近亲属被处以监禁会引起本人犯罪(父子、兄弟之间),这是一种环境论观点,虽然属于环境论的早期形式。格林写道,他的数据"迫使"他假定"可能存在一种所有人体内都具有的特征,由于没有更好的术语,我们把这种特征称为'犯罪易感体质'(diathesis)……一种体质上的倾向",这种特征无论是心理上、道德上还是生理上的,其影响都足以强有力地决定携带者的"监禁命运"。[272] 但是,在格林研究了 37 个生理特征和 6 个心理特征之后,他的对比结果既支持环境论犯罪原因学说,也支持遗传论犯罪原因学说。

---

[271] C. Goring, The English Convict: A Statistical Study 365 (table 177). 格林着重论断:"没有生理犯罪人类型这种东西。"同上书,第 173 页。

[272] 同上书,第 26 页。

表1　格林的家族相似性及犯罪形式

特征	近似相关性	
	父子相似	兄弟相似
一般生理特征	0.60	0.45
遗传缺陷、精神失常以及精神疾病	0.60	0.45
以监禁衡量的一般犯罪	0.60	0.45
涉及财产损害的犯罪	0.45	0.46
性犯罪	0.45	0.23
盗窃及入室盗窃犯罪	0.60	0.55
人身暴力犯罪	0.50	0.46
诈骗犯罪	0.15	0.17

但是，格林的观点中包括否定C.龙勃罗梭理论的内容，认为C.龙勃罗梭的实证犯罪学是“不言自明的混乱组成的体系，类似的内容只在占星术、炼金术等中世纪迷信中才能找到”。[273] 不过，格林批评的主要是C.龙勃罗梭的方法，而不是其理论本身。对于C.龙勃罗梭的理论，格林承认，“我应当承认这是犯罪学的基础，但也应当谴责C.龙勃罗梭这个科学的叛徒……如果无视科学方法的规则是犯了严重罪行，那么就没有比C.龙勃罗梭罪行更大的科学罪人了”。[274] 格林拒绝接受C.龙勃罗梭的生物决定论，认为这一理论没有经过令人

[273] 同上书，第16页。

[274] 同上书，第12页。但是，格林将C.龙勃罗梭形容为“天才，工作不知疲倦，具有坚强的人格，在欧洲各国吸引了许多门徒和共同工作的人”。

满意的证明，但随后却坚持认为犯罪行为是以“智力缺陷”的形式进行遗传的。他主张，通过对表现出诸如“低能、癫痫、精神失常以及缺陷性社会本能”[275]等特征的家庭限制生育，就可以在优生学上控制这种“智力缺陷”。

格林对犯罪学的主要贡献是，他采用生物计量方法研究犯人的行为特征。正如统计学家卡尔·皮尔逊在为《英国罪犯：统计学研究》撰写的序言中指出的那样，格林避免对前辈犯罪学家如C. 龙勃罗梭抱有偏见和感情用事，主要是因为他没有创立自己的理论。皮尔逊承认，格林收集事实，“然后以现代统计学——数学方法加以分析……这样的材料在刑事著作中前所未有”。[276]当然，在这个意义上，皮尔逊是正确的，而且格林对犯罪学的未来影响长远。皮尔逊6年后在格林著作删节版的序言中进一步预言：

格林的著作的主要功绩之一，是其著作一出版就迫使想从科学角度提出质疑的人必须收集更好的材料，并且实际采用格林的程序方法。他们可能成功，也可能失败。尽管这看似奇怪，但与以下这个基本事实相比，格林自相矛盾的结论变得微不足道。格林的方法已经深深地影响了这一领域，并坚定开辟了科学的犯罪学家在

[275] 参见 E. Driver, *Charles Buckman Goring*, in H. Mannheim, ed., Pioneers in Criminology 440 (1962)。

[276] 同注171，第5、11页。

未来必须遵循这些方法的路径。[277]

但是,在格林批评 C. 龙勃罗梭的同时,他自己也受到别人的质疑。[278] 哈佛大学人类学家欧内斯特·艾伯特·胡顿变成格林的主要批评者,开始报复格林对 C. 龙勃罗梭的批评,因为胡顿认为格林"对 C. 龙勃罗梭及其所有理论怀有偏见"。[279]

二、欧内斯特·艾伯特·胡顿

1927 年,为了一劳永逸地证明 C. 龙勃罗梭的理论正确,胡顿启动了一项庞大的工程。这项工程得到许多哈佛学生的大量资助与协助。胡顿以 13,873 名犯罪人为样本,并从一般男性人口中抽取 3203 人作为对照样本。两组样本均从 10 个州中抽取。[280] 胡顿研究了他所谓的白种"老美国人"和在外国出生或父母在外国出生的其他男性白人以及"黑人"和他称为"准黑人"的人。[281] 胡顿从每个研究对象身上取得了约 107 个生理特征测量数据,其中包括 C. 龙勃罗梭研究过的大部分生理特征,如耳朵突出、眼褶、前额、嘴唇、上颚角度以及

[277] 同上书,第 19 页,1919 年修订版。

[278] 尤其参见 E. Sutherland and D. Cressey, Criminology 120 (10th ed., 1978)。

[279] E. Hooton, Crime and the Man 16 (1939).

[280] 这 10 个州包括:亚利桑那州、科罗拉多州、肯塔基州、马萨诸塞州、密苏里州、新墨西哥州、北卡罗来纳州、田纳西州、得克萨斯州和威斯康星州。

[281] 胡顿所谓的"老美国人"是指"忘记了欧洲出身"的人。同注 279,第 40 页。与黑人相对比,胡顿所谓的"准黑人"是指既有高加索血统又有黑人血统,并且"生理特征类似于教育、职业和社会地位优越的欧洲人,但不愿承认这一点,也不为此感到高兴"的人。同上书,第 291 页。

文身。[282] 最终，胡顿于1939年以两种不同的形式发表了自己进行了12年"哈佛研究"的成果。一种形式是面向学术界的三卷本著作《美国犯罪人：人类学研究》，另一种形式是单卷本著作《犯罪与人类》，胡顿在这部书中压缩了上一部长篇著作的内容，"来概括（调查）结果……使理解力强、意志坚定、对人类行为感兴趣但对统计数据没有兴趣的读者能够接受"。[283] 也就是说，胡顿以非专业读者为压缩版著作的目标，希望像贝卡利亚、C. 龙勃罗梭以及胡顿之前和以后的许多其他犯罪学家一样，获得广泛声誉。他的希望落空了。

如果格林认为C. 龙勃罗梭的研究缺乏科学方法，那么毫无疑问，胡顿的调查会令他更为震惊。胡顿的对照组构成人员被斯蒂芬·谢弗称为"非犯罪人公民大集聚"，[284] 其中包括马萨诸塞州预备役军官、马萨诸塞州综合医院的门诊病人、哈佛大学的学生、田纳西州纳什维尔的消防员以及一家公共浴室的顾客。对照组中大多数人有一个共同点——他们都不合作！罗伯特·金·默顿和M. F. 阿什利·蒙塔古评价，胡顿的对照组比美国犯罪人更像类人猿。[285] 谢弗认为"胡顿的研究

---

[282] E. Hooton, The American Criminal: An Anthopological Study 301 – 6 (1939).

[283] 同注279，第7页。

[284] 同注170，第187页。

[285] R. Merton and A. Ashley – Montagu, *Crime and Anthropologist*, Am. Anthropologist 384 – 408 (1940).

成果在科学上引起的回应是极为强烈的反对意见”。[286] 这还是非常保守的说法。胡顿最大的问题似乎在于，犯人样本和非犯人样本来自不同的职业背景，在不同的州由不同的实地调查人进行测量，而胡顿没有考虑到犯人样本以及非犯人样本中存在差异。[287] 胡顿最大的错误也许是，他根据所收集的有限证据做出了不谦虚的结论。胡顿称，生理低劣是遗传的，而犯人“几乎所有的身体测量数据”与公民相比都显示出生理低劣的迹象。[288] 但是，他的公民对照组不足以代表普遍人口，不允许得出这样的普遍化结论。另外，胡顿论断谋杀他人的强盗身材瘦高，而伪造或实施欺诈和谋杀的人身材高大；强奸犯往往身材短粗，而“瘦小的人”最有可能犯盗窃和入室盗窃。[289]

但是，正如乔治·B. 沃尔德所指出的，胡顿根据他进行研究时犯人因此服刑的犯罪给犯人定型，而忽略了至少有一部分犯人先前可能已经由于非常不同的犯罪而受过监禁刑罚。[290] 另外，胡顿论断普通犯人比普通公民轻 11 磅，但做出结论时没有为两组的饮食制定统一

〔286〕 同注 170，第 187 页。

〔287〕 胡顿著作的不同评论者从各个角度对胡顿提出了质疑。参见萨瑟兰的评论 in J. Crim. L. & Crim. 911 – 14 (1939)。但是，有人为胡顿辩护，参见 W. Tucker, *Is There Evidence of a Physical Basis for Criminal Behavior?* J. Crim. L. & Crim. 427 – 37 (1940)。

〔288〕 同注 182，第 229 页。

〔289〕 同注 179，第 376 ~ 378 页。

〔290〕 同注 206，第 63 页(1979 年第 2 版)。

标准。[291] 埃德温·H.萨瑟兰说胡顿“必须因使用了严密的统计程序和周到的分析而受到称赞。他的研究成果规模宏大，但不幸的是对解释犯罪行为贡献甚微”。[292] 胡顿对不可信的数据进行了严格的分析。在这个意义上，胡顿犯错误的方式类似于今天的调查者完全依靠计算机输出数据，却不问输入数据的来源或数据收集方法。

胡顿的著作，尤其是《犯罪与人类》中的一个奇特之处是，他绘制了一套图画，用作自己论文和著作的插图。

胡顿这样解释放入这些图画的决定：

我原本打算用图表和图示为讲稿和书作插图，但是我认定普通的图表和图示与表格沉闷得不相上下。因此我决定用讨厌的小人像对这些图表加以修饰，或者说是破坏。开始时我的想法如此单纯，而逐渐我又重新陷入少年时代的恶习——画拙劣的图画。这个习惯我已经有1/4个世纪没有染指了。[293]

毫无疑问，这些图画看起来反映出贯穿胡顿思想的人类学比较。在这个意义上，看一看胡顿的图画，也许是我们对真正的实证主义者眼中的“犯罪人”所能做的

---

[291] 同上书，第64页。

[292] 参见 Cohen, Lindesmith, and Schuessler, Sutherland Papers 278 (1956)。

[293] 同上书，第8页。他称赞埃尔默·赖辛“专业地绘制并且令人敬佩地完成了”那些头颅！同上书。

最后一瞥。

胡顿直率地警告，与投入力量改造犯罪人相比，他更赞成把犯罪人流放到偏远地区：

我在12年中用大部分时间研究犯罪人，这并非出于改造犯罪人的人道主义热情，也不是因为对重罪犯羁押期间的处遇有任何兴趣。这样的动机值得赞誉，从事犯罪学工作的人，他们的努力通常都是无私的，有时也有成效。祝他们成功！对所有认为一般人类生物学家和家庭医生作用相同，都是抚慰或治疗单个病人的人，我希望他们都能够醒悟……任何一个科学的犯罪学家或刑罚学家，无论怎样乐观……都不会对改造已经变得顽固的全部成年犯罪人抱有任何特别的希望。犯罪预防的核心在于对未成年人的矫治，而对未成年人的矫治真正实现科学化时，应当开始得更早，并且将家族遗传考虑在内。

但是，我并未游手好闲，如此长时间地研究犯罪人而提不出一些可能使我们的刑罚制度得以改进的观点。……我认为首要的措施是，应该把初次犯罪的犯罪人与累犯完全隔离，并且仔细研究他们的体质禀赋和社会潜力，对在任何一方面似乎还可以改造的，应该精心对其进行再教育，并教会他们一些职业技能，或使他们在监狱服刑时有机会提高自己在社会生活中已经选择或从事的任何合法职业所需的技能……

美国政府，或者有可能是各州政府，应该征用相当广阔的一片土地——某些州内自然资源优越、面积相当大的一片疆域——在那里建立保护区，供获假释的犯罪人永久居住。这样的保护区要有封闭的边界，并且受联邦官员或其他官员监督。我要允许这些从前的犯罪人近乎完全自治。起初会需要政府援助，用于建设以及建立工业，但是可以募集外界资金进入。每名获得假释的犯罪人都有机会在这片受保护的地区之内做一番事业。保护区居民可以保持自己的政府形式，从自己的成员中选举官员。应该允许获假释的已婚男子将妻子和家人带入并安顿在保护区。尽管最佳优生学的见解要求这些犯罪人不得生育后代，但是基因选择与重组的过程似乎有可能从这类有部分犯罪性的血统中造就大批能力很强的有用公民，甚至有一些人会能力出众。如果允许这样的地域中的居民自治，他们最终会将自己的事务治理得非常好，因为更有才能的人会升至首脑职位。这样一个社会有能力自己制定有效的措施来维护公共秩序和预防犯罪，我对这一点尤其乐观，因为罪犯自己的利益受损时，他们就不会宽容犯罪。从监狱迁到这样的保护区中的移民应该永远留在那里。我更倾向于认为，经过一代或两代以后，这些刑罚保护区中有一些会发展成为繁荣进步的地区，以至于那里的居民不愿再从监狱接收新的移民。如果在这样的社会中允许自然选择发挥作用，那么这个社会也许能够实现自我救赎。但是，相当重要的一条是要保证外界的政治家、犯罪学家和社会工作者不得入内。”[294]

胡顿赞成对“不可救药、毫无理由允许其生育的体质低劣者”[295]终身监禁。

胡顿的政治观以一种有趣的方式与其犯罪学相互联系：

我认为人类的堕落不仅是犯罪的终极原因，而且也最终导致战争灾难、极权国家压迫人民以及使世界不得安宁、文明摇摇欲坠的社会动荡。尽管人类有值得自豪的聪明才智，成功地操纵着环境，建立了复杂的文明，拥有值得夸耀的科学，却对控制人的行为，对阻止整个国家爆发的大规模残暴行为完全无能为力，这是生物进化实践中最具讽刺意义的笑话。

令人难以置信的事实是，人类试图用以治愈自身疾患的手段是胡乱修补思想、用药物麻醉肉体、扰乱制度、试行各种政府、杀死或奴役同类以及各种宗教中激动的鞭打……

只要我们愿意建立人类基因科学并付诸实践，就能生育更优良的人种，无情地消灭低劣人种，从而引导和控制人类进化的进程。如果我们的人种中大部分能够实现良好的人体组织逐步进化，人类行为问题将减少到最低程度，可教育性也会有所提高。我们就可以根除犯

[294] 同上书，第390～392页。

[295] 同上书，第392页。

罪，忘却战争。[296]

胡顿发表“哈佛研究”8 年以前，即 1931 年，弗朗兹·亚历山大和雨果·斯托布已经深刻地指出：“C. 龙勃罗梭及其学派试图在普通人与犯罪人之间划出清晰的界线，这是出于科学家自我陶醉的愿望，即希望把自己以及普通人同类与犯罪人相分离，仿佛后者属于不同的物种。”[297] 但是，尽管实证主义犯罪学思想在 20 世纪最后 3 个 25 年中渐趋式微，但是寻找“犯罪人”的努力似乎仍在无所畏惧地继续向前。最近的一个重要例证是，有人正在努力将染色体紊乱（如某些男性多一条 Y 染色体，称为“XYY”综合征[298]）与超常暴力倾向相联系，进而与异常频繁地涉足犯罪行为相联系。[299]

对 XYY 综合征的关注始于 20 世纪 60 年代初。到 1965 年，受关注的程度达到顶峰。在这一年，帕特里夏·A. 雅各布斯和两位同事在苏格兰卡斯泰尔斯的一

[296] 同上书，第 393 ~ 397 页。

[297] F. Alexander and H. Staub, The Criminal, The Judge and the Public: A Psychological Analysis 33 (1931，原版名为 Der Verbrecher Und Seine Richter)。

[298] 正常女性有两条 X 染色体，一条遗传自其母，另一条遗传自其父。正常男性有一条 X 染色体、一条 Y 染色体，X 染色体遗传自其母，Y 染色体遗传自其父。有些男性有一条多余的 X 染色体和/或一条多余的 Y 染色体。“XXY”类型，即男性体内多一条 X 染色体，被称为克兰费尔特氏综合征，以低能和女性化为特征。XYY 综合症可能导致身材过于高大、易感染面部粉刺，或暴力倾向。

[299] 参见 N. Maclean, *et al.*, *A Survey of Sex Chromosome Anomalies among 4,515 Mental Defectives*, 1 Lancet 293 (1962); A. Sandburg, *et al.*, *XYY Genotype*, 286 N. E. J. Med. 585 (1963); W. Price, *et al.*, *Criminal Behavior and the XYY Male*, 213, Nature 815 (1967)。

家医院对 197 名犯人进行了染色体分类排列，发现有 12 人显示染色体异常，其中 7 人显然患有 XYY 综合征。[300] 研究结果随后发表，之后不久，受到谋杀等暴力犯罪指控的各类被告人提出染色体异常作为辩护理由。1968 年在巴黎的审判中，丹尼尔·于贡的 XYY 综合征没有使他获得谋杀罪的无罪判决，而第二年，劳伦斯·E. 哈内尔在澳大利亚以精神失常的理由赢得了谋杀罪的无罪判决。[301] XYY 问题在美国的刑事指控中似乎还没有成功地成为辩护理由。[302] 尽管雅各布斯的研究表明多一条 Y 染色体的情况在所研究的监狱犯人中占 3.5%，但是更为晚近的研究已经揭示出这一现象在男性人口中的发生率远远低于这一比率，并且表明多一条 Y 染色体的男性大多不实施暴力犯罪。例如，萨宾和米勒分析了最近的研究[303]并得出结论：

与流行的报告和大众媒体造成的料想恰恰相反，迄

---

[300] P. Jacobs, M. Brunton, and M. Melville, *Aggressive Behavior, Mental Subnormality, and the XYY Male*, 208 Nature 1351 (1965).

[301] 哈内尔还出示了精神缺陷、脑电图读数异常和颞页癫痫的证据，这些证据可能加强了他的辩护理由。丹尼尔·于贡获得减轻判决。参见 Y. Rennie, The Search for Crimal Man 24 (1978)。

[302] 参见 Note, *The XYY Snydrome: A Challenge to Our System of Criminal Responsibility*, 16 N. Y. L. Forum 232 (1970)。

[303] 参见 W. Price and P. Whatmore, *Behavior Disorders and Pattern of Crime Among XYY Males Identified at a Maximum Security Hospital*, 1 Brit. Med. J. 533 (1967); H. Hunter, *YY Chromosomes and Klinefelter's Syndrome*, 1 Lancet 984 (1966); R. Fox, *The XYY Offenders: A Modern Myth?* 62 J. Crim. L., Crim. 199(1970)。

今为止进行的研究在很大程度上达成共识,并且无可置疑地表明XYY型男性并不如预料的那样好斗。如果有什么区别的话,那就是XYY男性群体似乎不如相参照的XY群体好斗。[304]

就目前已知的情况,研究XYY综合征最突出的困难在于,不可能确定一般人口中有多少男性多一条Y染色体[305],而这些人又有多平和。

为染色体异常与犯罪行为之间的联系(如果有任何联系的话)寻求解释的努力仍然令人捉摸不定,与C.龙勃罗梭寻找"犯罪人"的努力近乎异曲同工。随着时间的推移,科学探索产生了新的知识,但有时所获得的知识与探索过程中付出的代价并不相称。对有些假说,无论予以证实或否定,似乎都无法达到令人满意的可信程度。1985年,哈佛大学政治科学家詹姆斯·Q.威尔逊和哈佛心理学家理查德·J.赫恩斯坦发表了一项重要研究成果,主张生物影响可预测犯罪行为。[306] 在《犯罪与人性》中,威尔逊和赫恩斯坦似乎已经开始着手为欧内斯特·胡顿恢复名誉,如同20世纪30年代胡顿试图为切萨雷·C.龙勃罗梭恢复名誉一样。威尔逊和赫恩

---

[304] T. Sarbin and J. Miller, *Demonism Revised: The XYY Chromosomal Anomaly*, 5 Issues in Crim. 199 (1970).

[305] 通常可以用小血样对人进行染色体分类排列,但是要为男性人口中的一大部分提取血样,这是一项令人厌烦的工作,并且伴随着挥之不去的伦理问题。

[306] 威尔逊和赫恩斯坦暗示他们希望使犯罪学摆脱社会学的"方法论偏见",这是实用主义者纳入犯罪学的原则。

斯坦的著作在套封上声称要提供"犯罪起因于个人选择的突破性理论"。两位作者在书中比在封面上出言谨慎,但似乎仍然对过去50年中盛行的将犯罪行为与社会经验相联系的实用主义原则(见第七章)提出了挑战。例如,他们出示文献证明,同卵双胞胎犯罪记录完全相同的可能性是异卵双胞胎的两倍。寻找"犯罪人"的努力永远不会结束。

第六章　自然主义与个体生理或心理功能障碍

CHAPTER SIX
NATURALISM AND DYSFUNCTION OF THE INDIVIDUAL'S BODY OR MIND

在基督时代以前的古代世界,有四位思想家设想宇宙是一个充满运动着的原子的空间,这些原子形成了生物的躯体和心灵,并以这样的设想为基础建立了一门哲学。这四位思想家是留基伯(公元前 450 年)、德谟克利特(公元前 460 ~ 公元前 360 年)、伊壁鸠鲁(公元前 341 ~ 公元前 270 年)和卢克莱修(公元前 98 ~ 公元前 54 年)。他们的哲学被称为唯物主义,这门哲学提出这样的观点:一切现象均可还原为由能量使其运动、消耗时间和占据空间的物质。随着 17 世纪及以后现代科学的兴起,形成古典唯物主义的原始解释更为精深,并产生了一门较新的哲学,通常称为自然主义。自然主义与实证主义同样得益于采用科学方法进行试验所获得的知识。许多实证主义者过分专注于确定可以解释一切现象本源的单一数学方程式，而自然主义者则承认万事万物的多元性是自然和谐的一部分。实证主义者认为，一旦知晓某一个等式，就能揭开一切生物与行为的奥秘，而自然主义者反对这种观点。

第一节 自然主义与唯物主义：早期理论

具有自然主义色彩的一个医学思想流派可以追溯到古希腊毕达哥拉斯（公元前580～公元前810年）、其弟子阿勒马昂（公元前550～公元前500年，又译为阿尔克迈恩）、阿格利根特城的恩培多克勒（公元前490～公元前430年）和希波克拉底（公元前460～公元前377年）时代。他们都生活在基督时代以前。[307] 希波克拉底被称为“医学之父”。毕达哥拉斯和阿勒马昂认为思想的过程源于大脑，认定精神疾病是大脑功能障碍。[308] 恩培多克勒以体温，如冷热、干湿等，以及“体液”，包括

[307] 参见 B. Inglis, A History of Medicine (1965), and C. Singer and E. Ashworth, A Short History of Medicne (1962)。

[308] 参见 W. Overholser, *An Historical Sketch of Psychiatry*, 10 J. Clin. Psychopathology (1949)。

血液、黏液、黑胆汁和黄胆汁，来解释人格。[309] 古希腊医生将精神病称为“歇斯底里”，治疗的方法是给予病人味道或气味不佳的物质，[310] 以期将痛苦“驱”出身体。这些观点在整个中世纪一直在欧洲普遍流行。19 世纪初，法国精神病学家、萨比里埃疗养院主任医师让·E. D. 埃斯基罗尔宣称，“（白痴）体内的一切都显示出组织缺陷或发育不良”。[311] 这种发育模式早于实证主义对单一遗传性紊乱的研究，并且在实证主义的普遍声望终结以后半个多世纪之内仍然受到精神病学家和心理学家尊崇。

欧内斯特·内格尔教授论断，自然主义的核心论点似乎有两个：

第一个论点是有组织的物在自然运行秩序中实在而偶然的首要地位。这是假定事件的发生、性质和过程以及不同的人所特有的行为均取决于位于时空中的实体组织，实体组织的内在结构与外在关系决定并限制着一切事物的发生、存在与消失。自然主义不主张只有物质才能存在，因为经验中体会到的很多东西，如行为方式、意义关系、梦、快乐、计划、渴望等，并非物质实体或物质实体的组织。自然主义坚持的一项关于自然的真

[309] 参见 M. Prince, The Dissociation of A Personality: A Bibliographical Study in Abnormal Psychology (1906) and the Unconscious (1914)。

[310] 参见 N. D. C. Lewis, A Short History of Psychiatric Achivement 35 (1941)。

[311] 同上书，第 91 页。

理是,尽管行为方式或物质体系的作用是自然不可或缺的一部分,但方式和作用本身并非实现其自身或实现任何其他事物的介质。在自然主义所坚持的自然进程观念中,没有脱离实体而作用的力,没有无形而引导事件过程的精神,也没有形体腐朽后其所表现的人格仍然存在这种情况。

自然主义的第二个重要论点是,事物、事物的性质及其作用具有明显的多重性和多样性,是不可缩减的宇宙特性,而并非掩盖某些更为一致的"终极现实"或超经验物质的欺骗性表象,而事件发生的连续次序,或者事物存在于其中的繁多的依存关系,是偶然的联系,而不是逻辑必然联系的某种固定统一模式的体现。[312]

他指出,"任何在逻辑上不可能的关于事物发展的观念,自然主义并不完全拒绝接受;自然主义并不排除根据逻辑法则替代其自身的思想"。

1864年,埃德蒙·德·龚古尔和茹尔·德·龚古尔发表了小说《翟半尼·拉赛特》,剖析了一个女仆一生多方面的变迁。自然主义哲学自此出现在法国文学中。自然主义文学在爱弥尔·左拉身上达到颠峰,从1867年的小说《黛莱丝·拉甘》开始,一直延续到20部系列小说《鲁贡·玛卡家族》(1871~1893年),这20部小说

〔312〕 E. Nagel, "Naturalism Reconsidered," 28 Proceedings of the American Philosophical Association 7-10 (1954-55); reprinted in E. Nagel, Logic Without Metaphyscs (1956). (Emphasis in the original.)

描绘了酒鬼、娼妓以及其他堕落的人在道德和肉体上的堕落。左拉对社会堕落进行了典型的自然主义解释，既将其归因于遗传缺陷，又归因于环境缺陷。自然主义还出现在其他作家如西奥多·德莱塞、詹姆斯·托马斯·法雷尔和杰克·伦敦的文学作品、莫里斯·拉斐尔·科恩的法律哲学著作以及乔治·桑塔亚那的宗教哲学著作中。

弗里德里希·冯·谢林的自然哲学影响了西格蒙德·弗洛伊德早期的思想，并因而影响了现代心理学。冯·谢林认为，支配自然的是行为、万物和力量，它们的组合永远处于矛盾中，以至于出现如同善与恶的两极分化，而精神的理性力量反映着这种无意识的混乱。自然哲学预见了仍然隐藏于人类智力以外，因此亦隐藏于科学理论与经验观察以外的力量的作用。关于精神如何发挥作用的理论大多无法用实验加以检验，弗洛伊德承认这样的局限性，但仍然继续创立了更多的理论。1895年，他与约瑟夫·布洛伊尔合著的《歇斯底里研究》与其职业生涯早期发表的著作如《梦的解析》(1900 年)和《日常生活的精神病理学》(1904 年)相同，都影响了自然主义犯罪学。但是，大多数变态心理学的概念在弗洛伊德之前就已经提出，例如没有生物学根源的功能性紊乱与可以追溯到外伤、梅毒等疾病或老迈的器质性紊乱之间的区别。甚至由弗洛伊德普及的无意识观念，据说也是冯·哈特曼首创。[313] 20世纪由许多自然主义犯罪学家普及的精神病学"分类"(见本章下文),在弗洛伊德之前很久就已经构想出来。[314]

当尝试将唯物主义哲学和自然主义哲学应用到犯罪学中时,在如何将早期犯罪学研究划归于这两种相似但不同的思维方式之下这个问题上,遇到了一些困难。实证主义对同样早期的一些犯罪学家所产生的影响使这项困难更加复杂。尽管如此,仍然可以提出一个论点,即18世纪和19世纪的颅相学家受唯物主义原则支配,例如在弗朗茨·约瑟夫·加尔及其弟子约翰·加斯帕·施普茨海姆的著作中应该显而易见的唯物主义原则。

早期的颅相学家与约翰·卡斯帕尔·拉瓦特尔等相学家不同。相学家试图确定生理"特征"与犯罪行为之间的直接联系,这种努力似乎反映了原始的实证主义(见第五章),而早期颅相学家则尝试从源自身体"特征"的面部表情中辨别出人的性格特征。[315] 加尔研究了神经束(白质)进入脊髓时在延髓(大脑最下端的部分)中的分布。1798年,加尔在《新德意志报道》上发表

[313] 同注310,第134页。

[314] 实例如投射、压抑、替代反应和象征行为——均有个案"类型"证实。参见J. Whitwell, Historical Notes on Psychiatry (1936), and E. Mann, Manual of Psychological Medicine and Allied Nervous Disorders (1883)。

[315] 参见E. Nordenshiold, the History of Biology (1928), and S. Leek, Phrenology (1970)。

了一系列讲稿,这些讲稿对加尔关于智力功能产生于大脑特定区域的理论具有纪念意义。加尔将这一研究领域命名为“颅骨检查术”或“器官学”,因为加尔认为个人行为是其器官如何协调活动的结果。这种观点显然是唯物主义哲学的产物。

一、颅相学

加尔和施普茨海姆合作开展研究,旨在通过摸索隆起和凹陷对颅骨进行外部鉴定,从而揭示人的性格和人格。施普茨海姆将这一研究领域称为“颅相学”,与加尔早期以及后来的神经解剖学研究有区别。1810~1819年,加尔和施普茨海姆共同出版了四卷本《神经系统解剖学和生理学》。加尔将大脑划分为26个器官或者加尔所称的功能区,而施普茨海姆则又增加了11个。加尔和施普茨海姆认为,这37个“功能区”中每一个都支配人的某项特定的智力、道德或性“特征”。相关器官越大,则该器官支配的“特征”越显著。[316] 加尔和施普茨海姆确定的特征包括贪婪、好色、仁慈、谨慎、好斗、重婚姻、建设性、破坏性、坚韧、理想主义、好模仿、嫉妒、爱子女、好隐秘和自尊。

19世纪后半期,颅相学赢得了欧美监狱管理者的支持。加尔的学生,19世纪40年代在土伦监狱担任狱医的哈伯特·洛韦尔涅观察到,罪犯呈现出反映其犯罪本

---

〔316〕 参见 A. Fink, The Causes of Crime: Biological Theories in the United States, 1800–1915 (1938)。

能的“特定容貌”。[317] 他特别讲到刺杀者：“他们有明显的隆起，一副特殊的容貌显现着残酷无情、不可一世的本能。他们头部硕大而后倾，有显著的侧面隆起，颌部巨大，咀嚼肌不停地运动。”[318] 1855～1904年的半个世纪中，费城的宾夕法尼亚州东部感化院在年度报告根据颅相学外形对大多数犯人进行了分类，[319] 下表以该监狱1856年公布的颅相学类型为代表：[320]

倾向	数量	百分比
嫉妒	1	0.2
好斗	14	3.4
好色	34	8.2
破坏	72	17.3
贪婪	205	70.9
总计	326	100.0

当然，这样的类型学划分也许是意料之中的，因为当时大多数监狱的犯人是被定罪处刑的盗窃犯。如同查尔斯·考德威尔20年前在第一部美国颅相学教科书中所解释的那样：因为人的“意志”可以控制“情感”，所以“贪婪”可能引起一个人的盗窃或抢劫倾向，正如同

[317] H. Lauvergne, *Les Forcats consideres sous le rapport physique morale et intellectual observes au bagne de Toulon* (1844).

[318] 同上。参见 C. Bernaldo de Quiros, Modern Theories of Criminality 3 (1912)。

[319] 同注316，第154～155页，注6。

[320] Eastern State Penitentiary, *Twenty Annual Report* 42 (1856).

"好色"可能导致强奸,"好斗"可能导致攻击,"破坏性"可能导致谋杀或杀人,"好模仿"可能导致伪造,"爱子女"可能导致乱伦,而"好隐秘"则可能导致诈骗或叛国。[321]

加尔的颅相学与龙勃罗梭的实证主义之间的主要区别在于,加尔认为颅相学并非决定论或宿命论的学说。在1811年发表的《唯物主义意志与精神的固有倾向》中,加尔强调了人的"意志"和"精神"控制其行为。阿瑟·E.芬克解释,19世纪颅相学家的主要观点认为,儿童可以通过接受严格的训练克服倾向于犯罪的"支配性情感"。这种训练旨在强化管理优良"功能区"的大脑"器官",经过训练后,管理犯罪和恶习的"功能区"会由于废弃不用而退化。[322] 少数颅相学家的观点与龙勃罗梭"天生犯罪人"的决定论观点(见第五章)一致,并坚持认为,由于枕骨部发育不良,少年犯注定要过终生谋求满足"物质"需求的"植物性"生活。[323]

二、身体形态学

在各种视犯罪为体格及伴随的体格特征产物的"体格学家"的学说中,显然都将唯物主义作为基础哲学。早在1826年,列昂·罗斯坦就将人分为四种形态学类

---

〔321〕 C. Caldwell, Elements of Phrenology (1842).

〔322〕 同注316,第8~9页。

〔323〕 参见C. Carus, Grundzuge Einter Neuen Und Wissenschaftlichen Kranioscopie (Principles of a New and Scientific Craniology; 1840)。

型：智力型、消化型、呼吸型和肌肉型。[324] 其他略有区别的理论相继出现，[325]但没有引起任何关注，直至1921年恩斯特·克雷奇默出版了《体型与性格》，这部著作一经出版立即广受欢迎。克雷奇默采用了埃米尔·克雷佩林最先提出的人格差异，首先假定了两种人格间的不同，即快乐情绪与忧伤情绪交替出现的躁郁气质者（周期性精神病患者）和显现多重人格的分裂气质者（精神分裂症患者）。然后，克雷奇默还将人的体型划分为三类：身材纤瘦的瘦长型或瘦弱型，高大强壮的运动型，矮小肥胖的矮胖型。克雷奇默将体型与人格相互联系，主张瘦长型和运动型的人都可能具有分裂型人格，这种人格以两种极端情况为特征——冷漠任性或者过度敏感、反应过激；而矮胖型的人则更有可能具有躁郁型人格，这种人格以情绪在狂躁状态和抑郁状态之间波动为特征。克雷奇默在后来的著作中增加了第四种体型，即前三种体型的混合，他称为发育异常型，并将其与癫痫和歇斯底里这两种人格亚类型联系在一起。[326] 到1955年其著作第26版刊印时，克雷奇默在4×4×4个案研究的基础上得出结论，认为瘦长型的人最有可能犯轻微盗窃罪，运动型的人最有可能实施暴力犯罪，矮胖型的人最有可能从事诈骗活动，而发育异常型的人则最有可能

---

〔324〕 参见S. Schafer, The Theories in Criminology 165 (1969)。

〔325〕 参见O. Kinberg, Basic Problems of Criminology (1935)。

〔326〕 E. Kretschmer, Korperbau Und Charakter (26th ed., 1955).

违反道德。[327]

克雷奇默之前或以后的许多生物心理学理论也反映出唯物主义哲学。其中,爱德华·斯普兰格以将人划分为审美型、经济型、宗教型、社会型和理论型的理想生活方式分类;[328]理查德·缪勒－弗莱恩费尔斯对智力型人(抽象型人、行动型人、幻想型人和感受型人)与情绪型人(攻击型人、色情型人和怜悯型人)的划分;[329]W.贾因施对患巴塞多氏病(突眼性甲状腺肿)的B型少年和患手足搐搦症的T型少年的区分,后经E. R. 贾因施扩充为“结合型”人与“分裂型”人之间的区别;[330]以及威廉·H. 谢尔登与其体格精神病学相关的生物性犯罪人。[331]

谢尔登在很大程度上以克雷奇默的体型传统为基础,将犯罪人划分为三种类型。他比照皮肤的三层(外胚层、中胚层和内胚层)区分了外胚层体型、中胚层体型和内胚层体型。胚胎发育分为三个阶段,每一发育阶段伴随着不同组织的成长。在最初阶段,皮肤内层(内胚

[327] 同上书,第331～357页。克雷奇默在这一版中增加了“体格类型与犯罪”一章。在4×4×4个案研究中,克雷奇默试图根据四个预测性变量将体格、人格与犯罪相互联系。

[328] E. Spranger, Lebensformen, Geisteswissenschaftliche Psychologie Und Ethik Der Personlichkeit (1914).

[329] R. Mueller－Freinfels, Philosophie Der Individualitat (1921).

[330] 参见E. Jaensch, Zur Eidetik Und Intergrationspsychologie (1941)。

[331] W. Sheldon, Varieties of Delinquent Youth: A Introdu-Ction to Constitutional Psychiatry (1949).

层)与消化器官发育。然后中胚层出现,同时骨骼、肌肉和帮助运动的肌腱发育。最后,皮肤外层即外胚层和神经系统附器发育。因此,谢尔登的内胚层体型消化器官发达,骨骼小,皮肤柔软光滑,身材可能肥胖,性格外向,性情为"内脏优势型",即性情随和。相反,中胚层体型则骨骼与肌肉发达,四肢及躯干硕大,胸部宽阔,性情为"身体优势型",因为中胚层体型人以攻击性的言谈和手势坚持己见。另一方面,谢尔登的外胚层体型身材瘦弱,神经系统协调良好,性格内向,性情为"大脑优势型",因为这类人的神经系统经常使他们因过敏、疲劳、失眠和噪声抱怨。

斯蒂芬·谢弗指出,谢尔登无疑受到了欧内斯特·A. 胡顿的人体——生物学取向(somatic-biological orientation)的影响(见第五章)。[332] 尽管如此,谢尔登的理论并非实证主义理论。他的体型分类在任何意义上都不是绝对分类,而是与等级相关并受其制约。例如,在现场调研过程中,谢尔登根据每种体型的特征,按照七个等级对每个研究对象评级,以确定其体型分类。这样,体型分类显示为 7 - 1 - 3 的人是明显的内胚层体型人,[333] 而具有 3 - 1 - 7 体型分类的人是明显

〔332〕 同注 324,第 167 页。问题是胡顿是实证主义者还是唯物主义者。但是,胡顿的结论是,犯罪人由于遗传在心理和生理上都是低劣的。参见 E. Hooton, The American Criminal: A Anthropological Study 229, 306 (1939)。

〔333〕 谢尔登首先进行内胚层体型评级,然后是中胚层体型,最后是外胚层体型,这是依照胚胎皮肤发育的顺序。同注 331,第 96 页。

的外胚层体型人,另一个体型分类为 2 - 7 - 1 的人则是明显的中胚层体型人。显然,谢尔登设想每个人都具有所有这三种体型的某些特征,这毋庸置疑是唯物主义传统。

1939～1949 年,谢尔登研究了因行为不端被关入波士顿"海登爱心旅馆"(Hayden Goodwill Inn)的约 200 名男青年,然后将他们的体型与他以前研究过的人数相似的大学生相比较。谢尔登得出的结论为,青年犯罪者更有可能是中胚层体型,而大学生则更有可能是外胚层体型。乔治·B. 沃尔德以方法学为论点反驳了这一结论。[334] 不过,埃德温·H. 萨瑟兰重复了谢尔登对青年犯罪者的研究,发现研究对象组中犯罪最严重的人显现具有最为强烈的中胚层体型特征,比犯罪最轻的青年强烈得多。[335]

哈佛大学两位社会学家谢尔登·格卢克和埃莉诺·格卢克比较了 500 名顽固的违法者和数量相当、已经证明没有犯罪的人的体型。他们比较的违法者和没有犯罪的人在年龄、民族和种族血统、一般智力以及居住在低层社会经济社区这些方面的情况相匹配。他们给每组的参与者逐一拍照,然后对每张照片进行目测,

[334] 而沃尔德的结论是:"目前根本没有证据证明象这样的体型类别与法学或社会学定义的犯罪有稳定联系。"G. 沃尔德:《理论犯罪学》1958 年版,第 74 页。

[335] E. Sutherland, *Critique of Sheldon's Varieties of Delinquent Youth*, 18 AM. SOC. REV. 142 - 48 (1951).

判断特定研究对象的主要体型。[336] 格卢克夫妇在 1956 年出版的著作《体型与犯罪》中断定，违法者中有 60.1% 是中胚层体型，而没有犯罪的人中这一比例仅为 30.7%。[337] 这样就证实了威廉·H. 谢尔登早先得出的结论。格卢克夫妇解释：

(中胚层体型)的特点更多地表现为尤其适于实施攻击性行为的特征(身体强壮、精力旺盛、感觉迟钝、倾向于以行为表达紧张和挫折感)，并且对反社会冒险行为比较缺乏抑制。这样的抑制包括不满足感、明显服从权威、情绪不稳定等。[338]

但是，与谢尔登不同的是，格卢克夫妇还发现，成为违法者的中胚层体型者不同于没有成为违法者的中胚层体型者，不同之处在于他们童年时容易感染疾病，还在于破坏性、情绪矛盾并且不稳定以及不满足感等人格特征。[339] 最后，格卢克夫妇指出，成为违法者的中胚层体型者与没有成为违法者的中胚层体型者不同的是家庭中缺乏娱乐设施。格卢克夫妇发现他们的家庭中没有有计划的家庭活动。[340] 因此，与谢尔登和其他最严格意义上的"体格学家"不同，格卢克夫妇在研究犯罪与体

---

〔336〕 对这项方法的讨论，参见 S. Glueck and E. Glueck, Unraveling Juvenile Delinquecy 192 – 96 (1956)。

〔337〕 S. Glueck and E. Glueck, Physique and Delinquency 9 (1956).

〔338〕 同上书，第 226 页。

〔339〕 同上书，第 221 页。

〔340〕 同上书，第 224 页。

型的关系时考虑到了一些社会文化因素。所以，格卢克夫妇有别于早期“体格学家”，他们似乎代表了自然主义哲学的出现。这种自然主义哲学与纯粹的唯物主义倾向形成对比。

自然主义在乔治敦大学心理学家胡安·B.科尔特斯的生物心理社会学研究中取得了更为丰硕的成果。这项研究在20世纪60年代进行，于1972年公开发表。科尔特斯得出的结论认为，人的身体“结构”这一概念是基因和环境共同影响的产物。“因此，不是，也不应该是遗传为主，环境为辅或者遗传为辅，环境为主，而只能总是遗传与环境并列。”[341]科尔特斯试图驳倒针对格卢克夫妇的批评，例如他们选取的违法者大体上是被送进了专门机构的，他们对研究对象的体型进行的是目测而不是精确测量。[342]科尔特斯对100名男性违法者和同样数量的高中生进行了体型分类。违法者中有30人没有被送进专门机构。他发现接受研究的违法者有57%显示出高度的中胚层体型，而在没有犯罪的研究对象中这一比例只有19%，[343]这样就证实了谢尔登和格卢克夫妇早先的研究结果。然后，科尔特斯让体型类别最明显的73名男孩描述自己的性情，又对100名大学女生重复了这一研究过程。每一次研究过程中，研究对象的自

---

〔341〕J. Cortes, Delinquency and Crime 19 (1972).

〔342〕对这些批评的评论同上书，第19~21页。

〔343〕同上书，第28页。

我性情描述都与体型具有显著关联,就像威廉·H. 谢尔登从理论上阐述的那样。[344]

尽管科尔特斯的研究样本很小,但他还是据以得出了以下结论:"违法者和可能的犯罪人与不犯罪的少年和非犯罪人不同,他们身体上更属于中胚层体型,精力更旺盛;性情上更具有潜在的攻击性;动机上表现出对成就和权力更高的需求。"[345] 另外,科尔特斯还指出,与少年犯相比,不犯罪的少年"属于更高的社会阶层"并且"智力更高"。[346] 科尔特斯的研究非常重视体型分类,但同时又考虑到性情和动机,因此可以将其定位为唯物主义观点和自然主义观点之间的过渡。正像朱利安·B. 罗巴克提醒我们的:"与许多美国犯罪学家的观点恰恰相反,体型学派(犯罪学)并未消亡,这一领域的研究还在继续。怀疑这个学派的人,无论是社会学家、精神病学家还是心理学家,都至少应该对其保持宽容的态度。"[347] 但是,已经有更多的研究来检验那些不同于纯粹的体格学理论、与唯物主义相对并可以视为自然主义的精神病学理论和心理学理论,并且这样的研究还在继续。这些精神病学理论和心理学理论有的早于,也有的晚于体格学理论产生。

---

〔344〕 同上书,第 53 页。
〔345〕 同上书,第 89 页。
〔346〕 同上。
〔347〕 J. Roebuck, Criminology Typology 39 (1967).

第二节　精神病学和心理学理论与实践

直到18世纪欧洲启蒙运动以后很久，表现出“白痴”迹象或在公众看来是“疯子”的人，都被强行押往疯人院，往往用铁链锁在墙上，远离亲属以及社会的视野，不在他们的关心范围之内。19世纪30年代以前，很少有人投入精力研究和治疗精神病人。19世纪30年代，法国精神病学家菲利普·皮内尔为比塞特尔精神病院的病人解除了锁链。不久以后，法国另一位精神病学家让·埃斯基罗尔在萨比里埃疗养院效仿皮内尔进行了同样的改革。[348] 19世纪40年代，多罗西娅·林德·迪克斯开始为取下锁住美国精神病人的“镣铐和铁球”而不懈努力，[349]例如在纽约布卢明代尔精神病院所做出的尝试。[350] 随后，威廉·图克在英格兰为精神病人开设了约克收容所，而本杰明·拉什因其在费城宾夕法尼亚医

〔348〕 同注324，第116～117页。

〔349〕 同上书，第116页。

〔350〕 参见D. Rothman, The Discovery of the Asylum: Social Order and Disorder in the New Republic 249 (1971)。

院对病人的研究和治疗而成为“美国精神病学之父”。如同卡尔·O.克里斯蒂安森所指出的那样，“19世纪初期和中叶，我们看到许多医生在法律精神病学和犯罪精神病学上作出了贡献，他们的贡献对犯罪学的发展有着决定性的意义”。[351] 例如，萨比里埃疗养院的让－艾蒂安－多米尼克·埃斯基罗尔于1838年发表了《论精神病》，在这部著作中区分了“精神功能”根本没有发育的“精神缺陷病人”与“精神功能”发育后由于损伤、疾病等出现异常的精神错乱病人。[352] 同年，美国精神病学家艾萨克·雷发表了《论精神错乱的医法理学》，提出与埃斯基罗尔相似的论点，认为白痴和低能人有智力缺陷，而“躁狂”和“痴呆”则反映了发育以后出现的异常。19世纪50年代，伯努瓦·奥古斯丁·莫雷尔宣称，犯罪的原因可以追溯到“人类身体、智力和道德退化”，并且建立了他所谓的病理人类学，研究人类退化。[353] 1859年，保罗·布罗卡建立了巴黎人类学学会，采用他的动物学方法研究人类自然史。[354] 1868年，法国精神病学家普罗斯佩·德斯皮纳首创了自然心理学这个术语，用来对

[351] K. Christiansen, *Kriminologie*（*Grundlagen*）in R. Sieverts, ed., Handwortherbuch Der Kriminologie 191（1986）. 另见M. 福柯:《疯癫与文明:理性时代的疯狂史》1965年版。

[352] 该书英文版《精神疾病》于1845年出版(E. 亨特译)。埃斯基罗尔已于1832年出版了《精神病患者的幻觉》,1833年其英文版《精神病患者的幻觉观察》出版(利德尔译)。

[353] 同注324,第117页。

[354] 同上。

精神病人的异常智力状况和异常道德状况进行研究。[355] 受莫雷尔影响，亨利·莫兹利于1867年出版了《精神生理学》和《精神病理学》两部著作，并于1874年出版了《精神病的责任》，于1886年出版了《自然原因与超自然表象》。莫兹利一方面试图将犯罪与精神错乱相联系，另一方面又试图将犯罪和精神错乱两者的遗传原因与其心理原因相联系。这样的尝试在莫兹利的著作中贯穿始终。彼得·斯科特认为，"莫兹利承认犯罪人受到自己不知晓的力量驱动，这似乎提前使用了弗洛伊德的无意识概念"。[356] 斯科特引用莫兹利的论述："说存在着退化的犯罪本性是一回事，也是正确的，但进一步说所有的犯罪人都是退化者，都带有退化印记，这是另一回事，也是相当错误的。"[357] 整个19世纪中，精神退化是大多数犯罪的首要原因这种看法成为流行的观点。[358]

当然，到19世纪末，弗洛伊德时代即将到来之际，现代精神病学和心理学更为成熟，简单的退化理论为人

---

〔355〕 P. Despine, Psychologie Naturelle, Essai Sur Les Facultes Intellectuelles Et Morales Dans Leur État Normal Et Dans Leur Manifestations Anormales Chez Les Alenes Et Chez Les Criminels (1868).

〔356〕 P. Scott, *Henry Maudsley*, in H. Mannheim, ed., Pioneers in Criminology 152 (1962).

〔357〕 同上书，第147～167页。

〔358〕 尤见C. Fere, Degenerescence Et Criminalite (1888)和A. Corre, Les Criminels (1889) 及 L'ethnographic Criminelle? 另见 M. de Montyel, *Contribution a L'etude Clinique des rapports de la criminaltie et de la degenerescence*, Archives D'anthropologie Criminelle (1892)。

们所淡忘。但是,19 世纪对精神病的关注影响了英美刑事司法系统,尽管早期对精神错乱的真正原因和正确治疗方法产生了误解。司法对宽容精神病的新态度做出反应的所有例证中,最重要的一个是英格兰上议院于 1843 年决定的姆纳坦规则。在姆纳坦案中,上议院允许受到犯罪指控的人以不能辨别对错或者由于疾病不知道自己在做什么为理由辩护:

> 要确立基于精神错乱的辩护理由,必须清楚地证明,被告人在实施行为时由于精神疾病而缺乏理智,不知道自己所实施行为的本质与性质,或者即使知道行为的本质与性质,但不知道自己正在实施不正当行为。[359]

姆纳坦规则确立以前,英格兰和大多数英语司法管辖区只在被告人不比"野兽"更能分辨对错时才允许精神缺陷成为刑事责任的辩护理由。[360] 因此,在姆纳坦案中,上议院允许将"缺乏理智"或"精神疾病"作为被告人不能辨别对错的原因引入证据,以便与承认精神缺陷和精神疾病是精神错乱的原因这个日益普遍的观点保持一致。

---

[359] 10 Cl. & F. 200, 8 Eng. Rep, 718 (1843). 丹尼尔·姆纳坦开枪射杀了首相罗伯特·皮尔的私人秘书爱德华·德拉蒙德。姆纳坦认为皮尔正在密谋杀害他,在向皮尔开枪时误中德拉蒙德。陪审团认为姆纳坦"精神错乱"。

[360] 参见 S. Glueck, Mental Disorder and the Criminal Law (1925) and Platt and Diamond, *The Origins of the "Right and Wrong" Test of Criminal Responsibility and Its Subsequent in the United States: An Historical Survey*, 54 Cal. L. Rev. 1227 (1966)。

美国大多数州采纳了姆纳坦精神错乱检验标准作为刑事责任的辩护理由，而且在这些司法管辖区中，有一半以上法律只承认姆纳坦规则为法定精神错乱检验标准。但是，美国许多司法管辖区超越了姆纳坦规则的限制，允许犯罪被告人提供其他证据支持所提出的精神错乱主张。这样一项对姆纳坦规则加以扩展的规则被称为不可抗拒冲动检验标准，派生于艾萨克·雷 1838 年出版的《论精神错乱的医法理学》。在这部著作中，艾萨克·雷提出，在“一大部分案件中，人们受到不可抗力驱使去实施犯罪行为，尽管他们完全意识到行为的本质和后果”。[361] 美国遵循姆纳坦规则的州中约有一少半同时承认不可抗拒冲动检验标准，允许陪审团以精神错乱为理由，即以被告人实施犯罪——通常是暴力犯罪——时不能控制自己的行为为理由，宣布其无罪。[362]

---

〔361〕 I. Ray, A Treatise on the Medical Jurisprudence of Insanity 263 (3rd ED., 1855). Ray 后来在 Contributions to Medical Pathology (1873) 中继续支持这一观点。

〔362〕 遵循“不可抗拒冲动”测试规则的州包括：阿拉巴马［*Parsons v. State*, 81 Ala. 577, 2 So. 854 (1886)］、阿肯色［*Downs v. State*, 231 Ark. 466, 330 S. W. 2d 281 (1959)］、印第安纳［*Flowers v. State*, 236 Ind. 151, 139 N. E. 2d 185 (1956)］、密歇根［*People v. Sharac*, 209 Mich. 249, 176 N. W. 431 (1920)］、新墨西哥［*State v. White*, 58 N. M. 324, 270 P. 2d 727 (1954)］、俄亥俄［*State v. Robinson*, 83 Ohio L. Abs. 259, 168 N. E. 2d 328 (Ct. App. 1958)］、犹他［*State v. Kirkham*, 7 Utah 2d 108, 319, P. 2d 859 (1958)］、弗吉尼亚［*Thompson v. Commonwealth*, 193 Va. 704, 70 S. E. 2d 284 (1952)］和怀俄明［*State v. Riggle*, 76 Wyo. 1, 198 P. 2d 349 (1956)］。这是联邦规则。参见 *Davis v. United States*, 165 U. S. 373 (1897)。

在新罕布什尔州诉琼斯案中(1871年)[363],新罕布什尔州完全否决了姆纳坦规则,很大程度上是由于首席大法官查尔斯·多伊敬佩艾萨克·雷,而艾萨克·雷曾经写道,精神错乱"从来不能以单一的特征性症状来确定,而要以整整一组症状确定,其中没有哪一个特定的症状会表现在所有病例中"。[364] 新罕布什尔州最高法院在琼斯案的判决意见书中由拉德大法官执笔说明理由,如果被告人行为"是精神疾病的产物或结果"[365],那么必须以精神错乱为理由宣告该被告人无罪。琼斯案沿着这个方向继续:

> 如果被告人有精神错乱的杀妻冲动,而他又无法控制,那么该行为就是精神疾病引起的。如果能够控制冲动,那么他就必然是赞成这样的行为,该行为就不是由疾病引起的。[366]

琼斯案判决意见令人联想到艾萨克·雷的语言,以及多伊和雷的往来书信,都使查尔斯·多伊的观点在该案判决意见中显而易见。[367] 这一点是已故新罕布什尔

---

[363] 50 N. H. 369, A. (1871). 另见 *State v. Pike*, 49 N. H. 399, A. (1869)。

[364] 同注361,第39页(1871年第5版)。

[365] 同注363,第398页。

[366] 同上书,第39页。另见 Weihofen, *The Flowering of New Hampshire*, 22 U. Chi. L. Rev. 356, 357 (1955)。

[367] 参见 Reik, *The Doe – Ray Correspondence*: A *Pioneer Collaboration in the Jurisprudence of Mental Disease*, 63 Yale L. J. 145 (1953)。

州首席大法官 R·凯尼森承认的。[368] 因此,我们通过多伊可以看到雷的思想。19 世纪中叶至 20 世纪中叶的一百多年间,他的思想影响着全美国精神错乱法律的变革。[369]

19 世纪下半期,精神错乱的概念引起了许多研究者的兴趣,其中有些人试图将其与遗传联系在一起。这些研究者中最突出的是理查德·L. 达格代尔。他追溯"朱克"家族世系中的数代人,发现其中酗酒者、罪犯、贫民、妓女和梅毒患者的比例高于预期。1877 年,达格代尔发表了自己的调查结果[370],比切萨雷·龙勃罗梭出版《犯罪人论》晚一年(见第五章)。达格代尔对朱克家族的研究在全美国引起了普遍的轰动,人们认为该家族的成员自殖民时代起就居住在这里。[371] 按照达格代尔的说法,一个名叫艾达·朱克的人繁衍了 1200 名后代,他发现其中有贫民 280 人、惯盗 60 人、其他罪犯 140 人,包括 7

[368] F. Kenison, *Charles Doe*, in H. Mannheim, ed., Pioneers in Criminology 199 (1960). Kenison 首席大法官指出,Doe 首席大法官指派 Ladd 大法官执笔 *Jones* 案判决意见是为了分享判决意见的内容。同上书,第203～204 页。

[369] 参见多伊在早先一项判决意见中同样令人联想到雷的语言:"如果法律必须接受关于一种疾病的一种医学见解,那么这种见解并不一定应该是上一代医师的过时理论。没有科学威信的不能成为法律事实。" *Boardman v. Woodman*, 47 N. H. 120, 140(1866; dissenting opinion of Doe, C. J.).

[370] R. Dugdale, The Jukes: A Study in Crime, Pauperism, Disease, and Heredity (1877).

[371] 按照猜想,一个名叫马克斯的荷兰殖民者后裔有两个儿子与有六姐妹的朱克家联姻。同注 18,第 205 页。

名谋杀犯和50名妓女。[372] 随后，阿瑟·A.埃斯塔布鲁克又发现了715名后代，他在这些人中又证实有贫民170人、罪犯118人、妓女378人以及各种行为不轨者多人。[373] 达格代尔将"退化的"朱克家族与清教徒传教士乔纳森·爱德华兹"血统高贵"的后裔进行了比较。传教士的后代有人成了美国总统，大多数人都没有违反法律。社会学家弗兰克林·吉丁斯在为达格代尔1910年版著作撰写的序言中指出，达格代尔的第一版著作是"科学方法应用于社会学调查的最佳范例"。[374] 达格代尔的确将导致低劣后代和犯罪行为的原因归于多种因素，而且与龙勃罗梭不同的是，达格代尔并没有把"退化"儿童的出生仅仅归咎于基因缺陷，而是将环境影响也包括在内。[375] 因此，达格代尔的哲学可以描述为自然主义哲学而非实证主义哲学。达格代尔挡住了以任何单一的因素解释犯罪的诱惑。

继达格代尔的研究之后，又多次有人尝试通过追溯家族世系将犯罪与不良血统相联系。[376] 除了达格代尔

〔372〕 同上书，第205~206页。

〔373〕 参见A. Estabrook, the Jukes in 1915 (1916)。

〔374〕 同注370，第3页(1910年版)。其他评论者则没有如此雅量。参见S. Adams, *the Juke's Myth*, 2 Sat. Rev. 48 (1955)。

〔375〕 同注370，1942年第4版，第118页。

〔376〕 尤见P. Aubry, *La contagiiion du meuetre* (1894)，追溯了Keromgal家族；C. Davenport, Heredity Crime, 13 AM. J. SO. 402 (1907)，追溯了Nam家族。另见Proper Despine's Chretien Family; Blackmar's Smoky Pilgrims; Kite's Pineys; McCulloch's Tribe of Ishael; 以及Poelman's Zero Family。

对朱克家族的研究外，这些尝试中最著名的是亨利·H. 戈达德对卡利卡克家族的世系研究，这项研究发表于1925年。[377] 戈达德追踪了两个彼此分离的家族中一个名叫大马丁·卡利卡克的人的后代——一个大马丁和酒吧女招待的私生子小马丁的家族，另一个大马丁和妻子所生的其他子女的家族。在戈达德发现的1046名小马丁·卡利卡克的后人中，有262人低能，还有许多人是酗酒者、癫痫患者或卖淫者。[378] 低能是遗传的，而犯罪性不遗传，戈达德先前已经得出这一结论，[379] 并通过对卡利卡克家族的研究再次证实。

德国精神病学家古斯塔夫·阿沙芬伯格得出了相似的结论。他坚持，“我们能够确定无疑的一个事实是，酗酒者、精神失常者和癫痫患者的子女，其遗传特征中包括生理及精神低劣”。[380] 1904～1935年，阿沙芬伯格担任《犯罪心理学与刑法改革月刊》主编，这份刊物很有声望。1935年，阿沙芬伯格被纳粹政权驱逐出境，移居美国。阿沙芬伯格的论述中没有回答的问题是，为何如此？

---

[377] H. Goddard, the Kallikak Family: A Study in Heredity of Feeblemindedness (1925).

[378] 同上书，第19页。

[379] H. Goddard, Feeblemindedness: Its Causes and Consequences 8－9 (1914).

[380] G. Aschaffenburg, Crime and Its Repression 129 (1913). Aschaffenburg于1903年出版该书德文版，书名为“Das Verbrechen Und Seine Bekaempfung”。

威廉·希利开拓了采用个案研究追溯少年犯经历本源的方法。20世纪初，精神病学家希利领导着芝加哥少年精神病研究所，能够接触到大量少年罪犯个案研究。1915年，希利出版了《个体违法少年》，在这部著作中，他阐明了违法青少年受到的生物影响、环境影响、心理影响和社会影响。希利的方法是真正的自然主义方法，而且他确认了多个导致少年犯罪的因素。阿瑟·E.芬克认为希利“像半个多世纪以前龙勃罗梭那样，结束了犯罪学的一个时代，又开启了下一个时代”。[381] 希利的研究终结了机体缺陷能够单独引起犯罪行为的观念。

1926年，希利和心理学家奥古斯塔·F.布朗纳一起在波士顿和芝加哥对违法青少年进行了智力测试，发现其中至少有37%的人不正常。他们的结论是：男性违法青少年有精神缺陷的可能性是正常男孩的5～10倍。[382] 他们将105名违法青少年与这些人的105名没有违法的兄弟姐妹进行比较，发现违法青少年中有91%情绪失调，而没有违法的青少年中只有13%。[383] 1935年，希利与弗朗兹·亚历山大共同出版了《犯罪的根源》。他们在这部著作中论称，犯罪是犯罪人想实施而无法实施的

〔381〕 同注316，第178页。但是，其他犯罪学家已经对希利本人的研究是否正确有所怀疑。例如，萨瑟兰和克雷西认为，希利显现出易于以情绪失调解释少年犯罪的倾向。见E.萨瑟兰、D.克雷西：《犯罪学原理》（第7版），1966年版，第174页。

〔382〕 W. Healy and A. Bronner, Delinquency and Criminals: Their Making and Unmaking (1926).

〔383〕 F. Alexander and W. Healy, Roots of Crime 33 (1935).

某种其他行为——例如性交——的替代行为。[384] 在这部著作中，亚历山大和希利探讨了各自精神病医疗实践中的七个病例研究，得出以下结论：

偷窃主要由非理性、情绪性和无意识动机决定，而不是主要由获利的理性动机决定。

(1)他偷窃是对一种强烈的自卑感的反应。这种自卑感给了他虚张声势、无法无天的情绪，而这种自卑感本身是对一种强烈的依赖和索取愿望的反应。这种愿望通过不劳而获的态度反映出来……

(2)他偷窃，也是用这样一种手段来消除自己对兄弟所抱有的负罪感。他帮助自己的兄弟，为兄弟将自己置于危险中，甚至为兄弟进监狱，以此来减轻自己的负罪感。

(3)他偷窃还是对母亲怨恨的反应，无意识地具有这样的意味：要是你重视疼爱的是兄弟而不是我，我就报复你，当个罪犯让你丢脸……

(4)最后……犯罪行为还是进监狱的手段，他在监狱中可以沉湎于不负责任、无所事事的生活，满足自己幼稚的寄生愿望。[385]

亚历山大和希利总结了小偷偷窃背后的"四种无意识动机"：一是对自卑感的过度补偿；二是试图减轻负罪感；三是对母亲的怨恨反应；四是监狱中不负责任的生

〔384〕 F. 亚历山大、W. 希利：《犯罪的根源》1935 年版，第 33 页。

〔385〕 同上书，第 67 页。

活直接满足他的依赖倾向。[386] 这样,亚历山大和希利以象征性行为的观点分析了偷窃,这是弗洛伊德精神分析学派的一个分支。[387]

1926 年,克拉克大学的心理学家卡尔·默奇森驳斥了犯罪人比普通人智力低下的观点。[388] 他比较了囚犯与士兵,发现如果采用不太严格的方法,两者的智力测试成绩得出的结论相似。[389] 但是,更为晚近的几位犯罪学家对这个问题进行了反思,得出了各种不同的结论。例如,1969 年特拉维斯·赫希发表了在加利福尼亚州康特拉科斯塔县的研究结果。他在研究过程中分析了 3600 多名男孩的警方记录,这些男孩中既有黑人也有白人。他发现,差异能力倾向测验中文字推理能力(DAT)得分高的男孩倾向于具有较少的警方记录,这至少在某种程度上表明,学习能力是预测少年犯罪的一项逆向指标。[390]

---

[386] 同上书,第 68 页。

[387] 参见 F. Freud, *Criminals from a Sense of Guilt*, in 14 The Complete Psychological Works of Sigmund Freud 332 – 33 (1940)。

[388] C. Murchison, Criminal Intelligence (1926).

[389] 参见 C. Stone, *A Comparative Study of the Intelligence of Three Hundred Fifty – three Men of the United States Army*, 12 J. Crim. L. & Crim. 238 (1921) 和 H. Adler and M. Worthington, *The Scope of the Problems of Delinquency and Crime as Related to Mental Deficiency*, 30 J. Psycho – asthetics 47 (1925)。

[390] T. Hirschi, Causes of Delinquency 80 (1969). 但是要注意,Hirschi 研究的是警方记录,所以只追踪"正式"违法行为。因此,学习能力能预测一个小伙子如何一直守法,也同样能预测他能多么巧妙地避免被抓获。

1976年,罗伯特·戈登宣称,无论社区人口密度如何,智商(IQ)分布与他所研究的少年中犯罪的发生率均具有直接关联。[391] 次年即1977年,赫希与统计学家麦克尔·J.辛德朗确定,低智商可以很好地预测"官方记录"的少年犯罪,并可以更好地预测自我报告的少年犯罪,[392]这样就对早先怀疑赫希的一些人所提出的论点进行了质疑。这些人曾经警告说,学习能力可能帮助违法少年逃避侦查和惩罚,从而掩盖少年犯罪。赫希和辛德朗提出,智商的概念已经和格林、达格代尔等作为职业医生的犯罪学家联系在一起,而在两次世界大战之间社会学家成为广为人知的犯罪学家时,他们刻意将智商对预测少年犯罪的重要影响轻描淡写,以便将人们的注意力从违法少年或犯罪人个人身上转移到他们觉得对犯罪行为有更直接影响的社会环境上。

对具有自然主义取向的犯罪学家而言,关键问题仍然是,智商是与生俱来的,还是儿童成长环境的产物。自然论者认为智商高低来自遗传,而环境论者则主张智商源于儿童成长的方式和地点。当代自然论者包括亚瑟·詹森和理查德·赫恩斯坦,他们声称基因因素对智

〔391〕 R. Gordon, *Prevalence: The Rare Datum in Delinquency Measurement and Its Implications for the Theory of Delinquency*, in M. Klein, ed., The Juvenile Justice System 201 (1976).

〔392〕 T. Hirschi and M. Hindelang, *Intelligence and Delinquency: A Revisionist Review*, 42 Am. Soc. Rev. 572 (1977).

商形成的影响胜过环境因素。[393] 20 世纪 20 ~ 50 年代的环境主义者提供了证据证明智力测验可能存在文化偏见。[394] 今天，反对错误地依赖智商的人热烈支持这一观点。[395] 另外，一些研究表明，文化教育贫乏的儿童一旦进入文化不贫乏的环境，例如中产阶级收养家庭，智商就会提高。[396] 关于智商在多大程度上影响犯罪的争论以及关于遗传或社会环境在多大程度上影响智商的争论这些自然主义的问题，在一定时期内还将继续引发论战。但是，这些问题反映出，多种因素理解犯罪原因的方法目前占统治地位。

20 世纪自然主义对犯罪学的影响在很多方面对美国司法制度产生了影响。例如，1924 年，弗吉尼亚州颁布了一项法律，允许对弱智者收容机构中监禁的病人实施绝育。凯丽 · 巴克是一位弱智母亲的女儿，而她本人又是一名弱智儿童的母亲，但她在法庭上拒绝绝育。大法官小奥利弗 · 温德尔 · 霍姆斯在巴克诉贝尔案（1927 年）中撰写美国最高法院一致通过的判决时，支持弗吉

---

[393] 参见 A. Jensen, Bias in Mental Testing (1979) and *How Much Can We Boost IQ and Scholastic Achievement*? 39 Harv. Ed. Rev. 1 (1969) 以及 R. Herrnstein, *IQ*, 228 Atlantic 44 (1951)。

[394] 参见 J. Slawson, The Delinquent Boys (1926) 和 K. Eels, Intelligence and Cultural Differences (1951)。

[395] 参见 L. Kamin, *Burt's IQ Data*, 195 Science 246 (1977)。

[396] 参见 F. Palmer, *The Effects of Minimal Early Intervention on Subsequent IQ Scores and Reading Achievement* (1976 Report on the Eduction Commisions of the States) 和 S. Scarr and R. Weinberg, *IQ Test Performance of Black Children Adopted by White Families*, 31 Am. Psych. 726 (1976)。

尼亚州对凯丽·巴克实施绝育的权力，他解释道：

我们已经不止一次地看到，公众利益可能会要求最优秀的公民献出生命，而如果不能要求已经损耗了国家力量的人做出这些相对不大的牺牲，以免我们陷入无能的泥淖，那将是一桩怪事。但相关的人却常常不认为要他们做出的牺牲相对并不重大。如果社会不是坐等退化的后代犯罪并将其处决，或坐等他们由于低能而饿死，而是能够阻止明显不健康的人继续繁衍，那么对全世界都会更好。支持强制接种疫苗的原则足以宽泛地涵盖切除输卵管……三代低能已经足够。[397]

巴克诉贝尔案自判决宣布以来就为人所不齿，但是却相当清楚地反映出霍姆斯大法官理由充分的自然主义观点。这是 20 世纪 20 年代与实证主义对立兴起的自然主义犯罪学的典型观点。此前近半个世纪，在成为马萨诸塞州最高法院法官前，霍姆斯就在《普通法》中写道：

至于违反平等权利的指责，可以这样回应：自由的信条只造成个人与个人之间的平等，而非个人与社会之间的平等。从来没有一个社会承认它不能为了自己的存在而牺牲个人的福利。如果军队需要强征入伍，那么社会就会捉拿个人，用刺刀在背后逼他们行军至死。社会让公路和铁路穿过家居住房，而不管房主的抗议……

---

[397] 274 U.S. 200, 207 (1927).

为其他人的福利而牺牲了单个人的意志和福利。[398]

尽管霍姆斯喜爱他称为“意大利人”的龙勃罗梭、加罗法洛等实证主义犯罪学家，但是显然他本人的犯罪学哲学更多的是自然主义，更加令人联想到达格代尔和戈达德。

随着社会对精神错乱和精神疾病了解得更多，法院也更愿意承认智力低下是一种精神疾病，在适当的案件中允许以老迈[399]、弱智[400]和偏执狂[401]的证据减轻刑事责任。另外，在1954年德拉姆诉美国案中，美国哥伦比亚特区巡回上诉法院宣布了一项新的精神错乱检验标准[402]，这项标准中“如果被告人的违法行为是精神疾病或精神缺陷的结果，则被告人不负刑事责任”。[403] 遵循艾萨克·雷首先提出、通过查尔斯·多伊在新罕布什尔州引入司法的原则，大卫·L. 贝兹伦法官在德拉姆案中就被告人精神错乱的问题为陪审团写下了以下指导建议：

如果陪审团排除合理疑问，认为被告人在实施指控的犯罪行为时没有处于精神疾病或精神缺陷的情形中，则可以宣告其有罪。如果陪审团认为被告人在实施该

---

[398] O. Holmes, The Common Law 43 (1881).

[399] 参见 *State v. Hadley*, 65 Utah 109, 234 P. 240 (1925)。

[400] 参见 *State v. Johnson*, 233 Wis. 668, 290 N. W. 159 (1940)。

[401] 参见 *State v. Elsea*, 251, S. W. 2d 650 (Mo. 1952)。

[402] 94 U. S. App. D. C. 228, 214 F. 2d 862 (D. C. Cir., 1954).

[403] 同上书，第874～875页。

犯罪行为时处于精神疾病或精神缺陷的情形中，但排除合理疑问认为该行为并非上述精神异常的结果，则可以宣告其有罪。除非排除对被告人没有处于精神疾病或精神缺陷的情形中的合理疑问，或者该行为并非为上述精神异常的结果，否则陪审团必须以精神错乱理由宣告被告人无罪。[404]

同样依据艾萨克·雷的理论，哥伦比亚特区巡回法院认为姆纳坦规则"没有充分考虑精神的实际情况和科学知识"，并且"是以一个症状为基础的，因此不能有效适用于所有情形"。[405] 1955年，美国法律协会的模范刑法典项目起草了被称为"充分能力"精神失常检验的标准，改进了姆纳坦规则的语言，但实质内容没有多少变动。检验标准原文如下：

如果犯罪行为由精神疾病或精神缺陷所致，而行为人在实施该行为时缺乏充分能力，不能意识到其行为是犯罪行为（不正当行为），或不能使其行为符合法律规定，则行为人不对犯罪行为负责。[406]

---

[404] *Carter v. United States*, 252 F. 2d 608 (D. C. Cir., 1957); *Blocker v. United States*, 274, F. 2d. 572 (D. C. Cir., 1959); *McDonald v. United States*, 390 F. 2d 444 (D. C. Cir., 1962)和 *Washibgton v. United States*, 390 F. 2d 444 (D. C. Cir., 1967)。最终，法院在 United v. Brawner, 471 F. 2d 969 (D. C. Cir., 1972)拒绝了德拉姆规则。参见 *The Durham Rule in the Real World*, in R. Simon, The Jury and the Defense of Insanity 202 (1967)。R. Beck, Perspectives in Socialphilosphy 321 (1967)，引自 J. Dewey。

[405] 同上书，第874页。

[406] 《模范刑法典4.01》1962年建议正式稿。

充分能力检验标准为美国大多数上诉法院[407]所采纳,并收入几个州的成文或判例法。[408]

---

[407] 例如参见 *Wade v. United States*, 426 F. 2d 64 (9th Cir., 1970)。

[408] 参见 Conn. Gen. Stats. 53A-13; Ill. Rev. Stats. Ch. 38, 6-2; Md. Ann. Code, art. 59, 9(a); Mont. Rev. Code 95-501; 以及 Vt. Stats., 13, 4801。参见 *Terry v. Commonwealth*, 371 S. W. 2d 862 (Ky., 1963); *Commonwealth v. McHoul*, 352 Mass. 544, 226 N. W. 2d 862 (Ky., 1967); *State v. Shoffner*, 31Wis. 2d 412, 143 N. W. 2d 458 (1966)。

第七章　实用主义与人在群体互动中的环境体验

CHAPTER SEVEN PRAGMATISM AND THE ENVIRONMENTAL EXPERIENCE OF PEOPLE INTERACTING IN GROUPS

人们有时将实用主义归为美国对哲学的贡献。这份殊荣对美国而言并非完全受之无愧。1909 年，最著名的实用主义哲学家约翰·杜威在《世纪词典》中将自己的哲学定义为：

认为知识的产生过程和素材由出于实用或目的性的考虑决定的理论，即认为没有纯粹由出于理论、思索或抽象的理智考虑决定的知识。

首先使实用主义形成独立哲学的威廉·詹姆士评论道："（实用主义）没有原理，除方法外也没有学说。"[409]查尔斯·桑德斯·皮尔士将实用主义称为"实验室方法"，詹姆士称皮尔士为"实用主义之父"，尽管皮

〔409〕 W. 詹姆士：《实用主义：一些旧思维方式的新名称（第二讲）》1907 年版。

尔士最终批判詹姆士提出的哲学体系。与对实证主义和自然主义产生的影响一样,查尔斯·达尔文的人类进化论对实用主义的产生也做出了巨大贡献。杜威写道,查尔斯·达尔文对哲学的贡献“在于征服了生命现象的变迁原理,从而解放了这个新的基本原理,使之能够应用于思维、生命和道德”。[410] 达尔文以稍有不同的表达方式强调了适应的重要性,而杜威承认这是研究以环境体验解释人类行为的动机。与实证主义相反,实用主义并不满足于关注已经发生的事件,而是关注正在发生的事件。实用主义的这一动态要素可见于尼古拉斯·圣约翰·格林的法律哲学以及小奥利弗·温德尔·霍姆斯和罗斯科·庞德的司法哲学中。

1894~1904 年的 10 年间,约翰·杜威在芝加哥大学讲学,建立了芝加哥实用工具主义学派。1917 年,杜威撰写了《创造性智力》中的一章。他写道:“哲学不再是哲学家处理自己问题的工具,而当其成为哲学家为解决人类的问题而创立的方法时,就恢复了自我。”对约翰·杜威和大多数实用主义思想家来说,人类在与他人互动获得生活经验的过程中不断成长:

“持续的心理存在只是青少年对交往结果感兴趣的一个侧面。成年人同样关注行为,以使未成年人学会思

---

[410] 参见 R. Beck, Perspectives in Socialphilosophy 321 (1967),转引自 J. Dewey, The Influence of Darwin on Philosophy and Other Essays in Contemporary Thoughts (1910)。

考、感觉、要求以及习惯性地以特定方式行事。同样重要并需要努力实现的结果是，青少年要学会判断、决意并从相互联系的行为及结果的立场出发做出选择。……他们所想的和为之奋斗的东西，他们的信仰和意图的内容，都是交往提供的。因此，人与人虽然只是在事实上相互联系，但观念、情感和有意的行为这些特质使人成为社会的动物。人的信念、希望和目标都是交往与交流的产物。”[411]

杜威坚持，人们为科学研究、宗教崇拜、艺术乐趣、娱乐、教育和贸易等政治或非政治形式的交往而各自组成群体，他提醒道：

在所有情况下，由于一些由“自然”条件，即生物条件，而在当地周边发展起来的结合或联合的行为，会产生明显不同的结果——与单独行为的结果不同种类的结果。[412]

但是，杜威警告，某些社会互动被认为是有害的：

如果一种友谊的后果是对公众造成威胁，那么这种友谊就以共谋论处；通常这不是国家事务，国家也不予关注。为了工作更加有利可图或共同防卫，人们理所当然地联合形成伙伴关系。一旦这种伙伴关系的作用超出了一定限度，并且其他没有参与其中的人认为这种关

---

〔411〕 参见 R. Beck, Perspectives in Socialphilosophy 324 – 325 (1967)，转引自 J. Dewey, The Public and Its Problems (1927)。

〔412〕 同上书，第 325 页。

系使他们的安全或幸福受到了威胁，国家的齿轮就会突然啮合。[413]

罗斯科·庞德在1942年的著作《通过法律实现的社会控制》中得出以下结论：

法理学中的社会学运动是为了使实用主义成为法哲学；是为了使原理和规则适应人类要支配而不是定为首要原则的环境；是为了把人性因素置于核心地位，并将逻辑归入工具的真正地位。[414]

同样，庞德接下来以实用主义观点概述了法律的职责和目的：

从功能上看，法律是试图通过直接即时的保障或保障特定个人的利益来满足、调和、协调、调整……那些重叠并且往往相互冲突的主张和要求，从而以利益整体中最小的牺牲实现整体利益最大化，或者实现对我们的文明最重要的利益。[415]

实用主义的实用方法是功利主义的产物。功利主义不断普及，直至20世纪40年代在犯罪学领域取得了统治地位。[416]

---

[413] 同上书，第326页。

[414] 同上书，第323页。转引自R. 庞德：《通过法律的社会控制》1942年版。

[415] R. Pound, *A Survey of Social Interests*, 57 Harvard L. Rev. 39 (1943).

[416] 参见W. Chambliss, Functional and Conflict Theories of Crime 1 – 23 (1974)。

第一节　犯罪学中的早期实用主义

实际上以实用主义观点研究犯罪并非新生事物。事实上，犯罪学中实用主义观点的源头可以追溯到20世纪到来前约100年。从社会舆论体系的角度观察犯罪的运动始于18世纪末，随着1798年托马斯·罗伯特·马尔萨斯发表《论影响未来社会进步的人口规则》而在西欧兴起。英国经济学家马尔萨斯预言，世界人口将以几何级数量增长，而食品供应只能以算术级数量增长，最终导致饥馑、瘟疫、战争以及社会矛盾，例如由于缺乏他极力主张的“道德约束”而产生的犯罪。除了要节欲以推迟可能出现的人口膨胀，马尔萨斯还告诫人们必须挡住相互掠夺的诱惑。以法国统计学家安德烈·米歇尔·盖里为首，欧洲各国的研究人员立即开始行动，通过制图或系统采集关于人口推动因素的社会信息来收集称为“道德统计数据”的信息。乔治·B.沃尔德将盖里的研究称为"'科学的犯罪学'的第一项成果"。[417]

盖里按地理区域分析了法国各地的犯罪数据,计算了各地人均犯罪率并将地区差异绘制在地图上,与20世纪的芝加哥社会学学派生态学家一个世纪以后的做法几乎相同。1829年盖里公布了初步数据,这些数据在1833年成为著名的《论道德统计数据》(*Essai sur la statistique morale*)。与盖里同时,其他许多研究者也在为收集"道德统计数据"而单独或共同工作。在马尔萨斯最受欢迎的英格兰,各级政府成立了委员会来研究少年犯罪的根源。[418] 1835年,阿道夫·凯特勒发表了对比利时、法国、卢森堡和荷兰的犯罪率所进行的统计学分析,题为《论人类及其能力发展或论社会结构》(*Sur l' homme et la development de ses facultes; ou essai de physique sociale*)。凯特勒是比利时天文学家、数学家,被称为"统计学之父"和"第一位社会犯罪学家",因为他认为"社会制造了犯罪,而犯罪人只是实现犯罪的工

---

〔417〕 G. 沃尔德:《理论犯罪学》1958年版,第164~165页。另见T. Morris, *Some Ecological Studies of the* 19th *Century*, in H. Voss and D. Petersen, eds., Ecology, Crime and Delinquency 65-76 (1971)以及Y. Levin and A. Lindesmith, *English Ecology and Criminology of the Past Century*, *id.* at 47-64。

〔418〕 例如,1800年,伯明翰自治市收到研究违法少年处遇指定司法委员会的报告。16年后,伦敦市任命了大都市区少年犯罪惊人增加原因调查委员会。参见A. Lindesmith abd Y. Levin, *The Lombrosian Myth in Criminology*, 42 Am. J. Soc. 653, 658 (1937)。

具"。[419] 凯特勒提出了他所谓道德季节性变化的"热定律",这个论点引起了广泛争论。[420] 官方犯罪报告开始发行,如法国 1825 年开始发行的综合记录和伦敦 1828 年开始发行的公报。

早期实用主义犯罪学家对犯罪的首要原因的讨论并不比现代实用主义犯罪学家更能达成一致意见。例如,1847 年,惠特沃斯·罗素认为 1842 年的犯罪浪潮是由"当年席卷全国的商业、制造业和农业全面困境"引发的。[421] 约瑟夫·弗莱彻分析了英格兰 1810 ~ 1847 年 37 年间的犯罪率数据,主张"食品(小麦)价格与监禁数量之间……存在直接联系,前者每次提高,后者均随之增长"。[422] 约翰·克莱研究了 1835 ~ 1854 年普雷斯顿感化院的监禁情况,得出的结论认为尽管"艰难时期……案件会增加一些",但是简易程序定罪的次数在"繁荣时

---

[419] 参见 C. Bernaldo de Quiros, Modern Thories of Criminality 10 (A. DeSalvio, tr., 1911)。

[420] M. Drobisch 在 Die Moralische Statistik in Und Willensfreiheit (1867) 中研究了道德统计数据与意志自由之间可能存在的联系。Alexander von Oettingen 在 Die Moralstatistik in Ihrer Bedeutung Fur Eine Sozialethik (1874) 中考察了道德统计数据与社会伦理的关系。Georg von Mayr 在 Moralstatistik Mit Einschluss Der Kriminalstatistik (1917) 中将道德统计数据与犯罪统计数据进行了比较。

[421] W. Russell, *Abstract of the "Statistics of Crime in England and Wales*, 12 J. Statis. Soc. London 38 (1847). 另见 H. Mayhew and J. Binney, The Criminal Prisons of London (1862)。

[422] J. Fletcher, *Moral and Educational Statistics of England and Wales*, 12. J. Statis. Soc. London 151, 176 (1849).

期”的增长幅度却远远超过艰难时期。[423] 这一主张挑起了与持对立观点的理查德·赫西·沃尔什之间持续的争论。[424] 这些争论有许多刊登在《伦敦统计学会期刊》上。

此后半个多世纪，许多经济学家声称发现了不同国家基本农作物价格尤其是黑麦价格与犯罪率之间的重要关系，其中包括乔治·冯·迈尔。他在研究中发现1836～1861年巴伐利亚的黑麦价格每上涨半便士，当地盗窃率就会增加十万分之一，而黑麦价格相对下降则会伴随着盗窃率相应降低。[425] 更晚近的研究产生了相反的结果，即经济繁荣时期犯罪激增的速度似乎高于经济萧条时期。[426] 关注犯罪的经济原因这种思想超出了实用主义观点，属于第八章探讨的分析思想范畴。

英国人口统计学家G.C.霍兰早在1843年即对贫困环境与犯罪间的联系作过一番评论：

---

[423] J. Clay, *On the Effect of Good or Bad times on Commitals to Prison*, 18 J. Statis. Soc. London 74, 79 (1855).

[424] R. Walsh, *A Deduction from the Statistics of Crime for the Last Ten Years*, 20 J. Statis. Soc. London 384 (1857).

[425] 参见 T. Sellin, Research Memorandum on Crime in the Depression 22 (1937)。

[426] 参见 P. Wiess, *Wartime Increase in Michigan Delinquency*, 10 Am. Soc. Rev. 515 (1945)。另见 D. Bogen, *Juvenile Delinquency and Economic Trends*, 9 Am. Soc. Rev. 178 (1944)以及 J. Reinemann, *Juvenile Delinquency in Philadelphia and Economic Trends*, 20 Temple L. Q. 576 (1974)。少年犯罪似乎还与失业成反比。参见 D. Glaser and K. Rice, *Crime, Age, and Employment*, 24 Am. Soc. Rev. 679 (1959) 和 M. Guttentag, *The Relationship of Unemp-loyment to Crime and Delinquency*, 24 J. Soc. Issues 105(1968)。

在产生犯罪和道德败坏与制造厂似乎密不可分的多种原因中，以下原因特别值得注意。工人阶级一起挤在狭窄的街道和污秽的里弄、小巷、庭院中，这是巨大的不幸，而这种不幸迄今为止在所有制造业城镇都在加剧。穷人不是选择，而是必须住在这些地方。家人一起挤在黑暗、通风不良的房间里并非由于这样能带来任何特别的乐趣。的确，他们可能已经感觉不到这种处境的不便与悲惨，但是微薄而不稳定的财富使他们无法获得更舒适的住所。经济状况把他们画地为牢了。[427]

乔治·B.沃尔德指出霍兰的评论是“我们在犯罪中与在生活的其他方面一样，通过交往学习”这种观点的早期应用。[428]

认为犯罪行为可以通过与其他预先获得了犯罪技能的人互动而习得的观点出现在加布里埃尔·塔尔德出版的作品中，包括：1886年《比较犯罪行为》(*La Criminalite comparee*)，1890年《模仿律》(*Les lois de L'imitation*)以及1890年《刑罚哲学》(*La philosophie penale*)。塔尔德接连不断地迅速发表了这些著作以及许多相关文章，主张犯罪行为自环境影响习得，而并非来自遗传或偶然产生。他得出的结论认为，特定地理区域内大多数人以“惊恐和愤慨”的眼光看待一项行为时，

[427] G. Holland, Vital Statistics of Sheffield 138 (1843).

[428] G.沃尔德：《理论犯罪学》(第2版)，1979年，第233页。

该行为即被视为犯罪行为。[429] 关于犯罪行为的根源，塔尔德提出：

谋杀犯和臭名昭著的盗贼起初大多是遭遗弃的儿童。真正的犯罪学校必须从我们城镇中每个大大小小的公共广场和街角中寻找，从抢劫财物的一群群街头顽童中寻找。他们像麻雀群一样成帮结伙，由于家中缺乏教育和食物，起先是抢劫财物，然后是盗窃。[430]

塔尔德向19世纪末的实证主义潮流提出挑战。这一潮流随着切萨雷·龙勃罗梭1876年出版《犯罪人论》(见第五章)而在欧洲大陆颇受欢迎。塔尔德不承认生物或体格因素对产生青少年违法行为和成年犯罪有任何影响，除了极其微小的作用。相反，塔尔德在《刑罚哲学》中继续补充道：

可以就成为杀手的方法写一篇论文。与损友为伍，让傲慢、虚荣、嫉妒和仇恨在内心肆意滋长；让心灵对温情封闭，只对强烈的感观刺激敞开；同时遭遇苦难——自童年起殴打、放纵或肉体折磨使自己变得冷酷，之后在邪恶和麻木不仁中成长，不久就会完全丧失同情心，变得性情暴躁、睚眦必报。这样度过一生而不杀人当属幸运。[431]

---

[429] G. Tarde, *Misere et criminalite*, 29 Revue Philosophique (1890). Tarde 将多篇文章结集出版，题为 Études Penales Et Sociales (1891)。

[430] G. Tarde, Penal Philosophy 252 (R. Howell, tr., 1912).

[431] 同上书，第256页。

塔尔德注意到三种类型的重复方式，由此系统阐述了他的三条模仿定律：(1)人类根据生活中联系是否密切而不同程度地相互模仿；(2)作为规则，地位低的人模仿地位高的人；(3)两种相互独立的“时尚”相遇时，一种会为另一种所取代，使旧方法和新方法此消彼长。塔尔德将这第三条定律称为插入定律，并以刀具造成的攻击和杀人案件数量减少，而火器造成的此类案件相应成比例增加为例予以证明。

塔尔德成为法国司法部统计局局长前，曾在一个小镇任治安官达 15 年，这一背景似乎对其司法改革建议产生了影响。塔尔德是训练有素的社会心理学家，因而受到 19 世纪自然主义关注精神病治疗的影响，而法国又集中体现了这种关注。罗伯特 · H. 高尔特指出，加布里埃尔 · 塔尔德《刑罚哲学》的核心主题是道德责任的概念，[432]尤其是个人同一性与社会相似性的观点。塔尔德的个人同一性是指一个人的自我观念，即一个人记住其道德训练和社会义务的能力。塔尔德推论，如果有人癫痫突然发作、被催眠或者由于疾病或创伤而失去记忆，那么此人就不能对自己的行为负责，即使该行为可能触犯刑法。塔尔德的社会相似性是指任何人与生活在其中的文化中的风俗和规范具有相似性。因此，塔尔德进而主张，新到一个国家的移民不应为触犯该国刑事

[432] 同注 429，第 9 页(Robert H. Gault 英译本序)。

法律而承担刑事责任。[433]

塔尔德主张,司法程序应该仅限于确定被告人是无罪还是指控成立而有罪,而刑罚应该由医学专家和心理学专家根据随后对犯罪人人格的评价确定。他与拉法埃莱·加罗法洛同样不信任陪审团,两人均在长期担任治安官的过程中产生了这种观点。与加罗法洛不同的是,塔尔德对法官也并未怀有多少尊重,并且宣称没有一名法官有能力同时审理民事案件和刑事案件。塔尔德对陪审员和假装身负多项职责的法官所持的怀疑态度在现代青少年司法系统的发展中,尤其是在美国20世纪初青少年司法系统的发展中发挥了至关重要的作用。当时美国开始由专门法官审理少年犯罪案件,没有陪审团参加,[434]这种做法一直延续至今。他强调犯罪的社会根源,这被视为"当今美国犯罪学理论的基石",[435]而他认为犯罪人是职业人员的观念启发了弗雷德里克·M.斯拉舍、克利福德·R.肖、亨利·D.麦凯和埃德温·H.萨瑟兰等社会学家随后重要的研究和理论。[436]

塔尔德在法国发表《刑罚哲学》后几个月内,威廉·道

---

〔433〕 高尔特认为个人同一性和社会相似性的界限难以测量,因而道德责任也值得怀疑。同上书,第9~18页。

〔434〕 参见 M. Wilson Vine, *Gabriel Tarde*, in H. Mannheim, ed., Pioneers in Criminology 228, 238 (2nd ed., 1960)。

〔435〕 同上书,第228页。

〔436〕 同上书,1972年第2版,第292、294页。

格拉斯·莫里森1891年在英格兰发表了《犯罪及其原因》,其中许多论点与塔尔德相似。莫里森与塔尔德同样认为犯罪源于两个因素的相互作用:莫里森把这两个因素称为"有机体"(对应塔尔德的"个人同一性")和环境(对应塔尔德的"社会相似性")。[437] 但是作为圣公会牧师的莫里森提出,把犯罪原因分为三类而不是两类更便于分析:(1)宇宙原因,包括气候和温度差异;(2)个人原因,如年龄、性别和思想特征;(3)社会原因,包括社会经济、道德和政治条件。[438] 在这一方面,莫里森与恩里科·菲利的观点相似。莫里森于1895年将菲利的著作《犯罪社会学》由意大利语译为英语。[439]

莫里森担任费希尔·昂温出版公司犯罪学丛书的主编时为自己翻译菲利著作的译本撰写了序言,也为切萨雷·龙勃罗梭及其女婿古列尔莫·费雷罗在意大利完成的著作《女性犯罪人》撰写了序言。在后一篇序言中,莫里森指出龙勃罗梭关于返祖退化的理论不足以解释犯罪。[440] 莫里森主张社会只有应对产生犯罪的环境

---

[437] 参见 G. Rodin, *William Douglas Morrison*, in H. Mannheim, ed., Pioneers in Criminology 341, 345 (2nd ed., 1972)。

[438] W. Morrison, Crime and Its Causes 21 (1891).

[439] 莫里森删除了菲利著作第一章的全部内容,因为他认为这一章内容过于异端。参见 T. Sellin, Enrico Ferri, in H. Mannheim, ed., Pioneers in Criminology 371, n. 19 (2nd ed., 1972)。

[440] C. Lombroso and G. Ferrero, The Female Offender v – vi (introduction by William D. Morrison, 1895).

条件才能减少犯罪。[441] 因此他显然不是实证主义者，莫里森本人著作中的以下段落支持了这一点：

退化和犯罪之间联系的紧密程度在相当大的程度上取决于社会条件。退化的人中必须自己谋生的人比不必自己谋生的人更容易变成罪犯。几乎所有形式的退化都会使人变得多少不适合做生活中的一般工作；这样的人不易找到工作……处于这样不幸境地的人经常成为罪犯，不是由于他具有强烈的反社会本能，而是由于他找不到工作。他身体不适合工作，就走向犯罪，以犯罪代替工作。[442]

莫里森与弗朗西斯·高尔顿爵士同样认为，可以利用社会统计数据确定犯罪行为的许多原因，并推行了一种生活史数据采集技术来实现这一目标。[443] 到 1898 年为止，莫里森在担任监狱牧师的 15 年间已经收集了大量历史案件。

莫里森神父对犯罪学更为显著的贡献是其 1900 年出版的第二部著作《违法少年》，因为直到第二次世界大战这部著作一直是该领域的基准著作。[444] 莫里森的统计学证据支持了一项推断，即在其他因素相同的情况

〔441〕 同上书，第 8～11、18、20 页。

〔442〕 同注释 37，第 199 页。

〔443〕 同上书，第 3～4 页。

〔444〕 参见 A. Saunders, *et al.*, Young Offenders: An Enquiry Into Juvenile Delinquency 9（1942）。

下，非婚生子女比婚生子女更有可能成为违法少年。[445] 但是，莫里森解释道，少年犯罪的原因并非私生地位本身，如同父母犯罪被判刑的儿童犯罪率更高并非由于他们被宣告有罪的地位。相反，他推断非婚生子女的父母和被判有罪的父母缺乏指导子女从事合法职业的必要道德品质。[446] 另外，莫里森指出儿童的经济状况取决于父母，并观察到父母的经济地位与其道德品质间的密切联系。

在《违法少年》中，莫里森指出了有益于控制少年犯罪的三种"制约"：[447]（1）告诫制约，即警告犯罪人未来行为不端的后果，或对犯罪人进行监管；（2）教育制约，即把犯罪人送往改造学校，学习一门手艺；（3）惩罚制约，即对犯罪人处以体罚、罚金或监禁。他赞成警告和罚金，反对监禁，除非将监禁作为最后手段，因为他觉得监狱使天真的违法少年转变成为冷酷的罪犯。[448] 莫里森认为传统监狱没有效果，因为监狱环境与监狱外自由世界的生活形成鲜明对比，他主张如果监禁机构的环境与正常生活方式类似，那么监禁会更有效。[449]

从这个意义上讲，莫里森似乎预言了欧内斯特·A.胡顿的论点，或者胡顿模仿莫里森提出了自己的建议

[445] W. Morrison, Juvenile Offenders 129 (1900).

[446] 同上书，第 145 ~ 148 页。

[447] 同上书，第 180 ~ 181 页。

[448] 同上书，第 220 页。

[449] 同上书，第 234 页。

(见第五章)。

整个19世纪和20世纪初改造学校在英格兰和美国兴起时,人们将这些数量可观的学校视为关押任性年轻人的监狱的替代品。

莫里森支持改造学校的目标,并以低累犯率为衡量标准提供了学校成功的经验证据。[450] 另一方面,莫里森对监禁给在押人员造成的心理伤害感到担忧。

监禁非但没有为保护社会的目的服务,反而相当大地增加了社会面临的危险。偶然犯罪人是指对其而言犯罪只是守法生活以外的一项孤立事件的人。习惯性犯罪人是指对其而言犯罪已经成为一项职业的人,是靠掠食社会为生的人。监狱是习惯性犯罪人的发源地。习惯性犯罪人起初是偶然犯罪人。但是监狱使他堕落,降低其精神和道德水平,使其沦入冷漠、病态并厌倦生活的境地,获得自由后对社会的危险性比入狱前无限增大。人们并没有充分认识到刑罚可能具有造成司法目标失败的特征。[451]

同样,莫里森指出监禁刑使习惯性犯罪人阶层更为庞大,以此解释增长的监禁成本。与杰里米·边沁相

[450] 同上书,第13章。

[451] W. Morrison, *Prison Reform: Prisons and Prisoners*, 69 Fortn-lghtly Rev. 782 (1898). 莫里森神父晚年大部分时间致力于为改变量刑方式奔走呼告。参见W. Morrison, *Excessive Sentences*, The Times (London) 12 (February 2, 1892)。他于1908年成为教区首席神父,一直在这个职位上工作至1942年逝世,享年91岁。

反，莫里森谴责市政当局“增加警力规模只为享受看到更高比例的成年男性人口身着蓝色制服走来走去的乐趣”。[452] 尽管边沁推动发展专职警察力量而莫里森一直对扩大警力规模的社会持怀疑态度，但是边沁和莫里森在促进系统收集犯罪相关信息方面都发挥了重要作用，尽管两人所处的时代相差近一个世纪。莫里森使皇家统计学会将注意力集中到犯罪数据上，[453] 呼吁正在进行的信息收集不仅要与向警方举报的犯罪有关，也要与法院和监狱的活动有关。尽管许多美国监狱自 19 世纪中叶开始公布年报，但是受莫里森的影响，监狱在年报中增加了更为精确的参考数据，以支持对其绩效的评估。

第二节　生态学家

威廉·道格拉斯·莫里森的著作《违法少年》启发了许多美国人，使他们希望通过管理潜在少年犯罪人在

---

[452] W. Morrison, *Are Our Prison a Failure*? 61 Fortnightly Rev. 467 (1894).

[453] W. Morrison, *The Interpretation of Criminal Statistics*, 60 J. Royal Statis. Soc. 1 (1897).

其中相互影响的社会群体来控制少年犯罪。首先,他们必须了解少年犯罪最有可能在哪里发生,并证明少年犯罪发生的模式如何。在20世纪最初的20年中,伊迪斯·阿博特和索福尼斯巴·布雷肯里奇研究了芝加哥市内和周边的“少年犯罪人社区”,在研究中考察了寄宿宿舍、运河和河流以及铁路轨道和似乎使社区产生少年犯罪人的其他因素。这项研究使他们于1912年出版了一部著作,题为《犯罪儿童与家庭》。随着1925年《城市:人类社会研究的生态学方法》发表,犯罪生态学研究开始流行。这部著作的作者是罗伯特·E.帕克、欧内斯特·W.伯吉斯和罗德里克·D.麦肯齐,均为芝加哥大学社会学系教授。

在其上述著作中,欧内斯特·W.伯吉斯提出,一个基本单位通过入侵、统治和继承的过程取代另一个基本单位,从中心商业区开始以“同心环带”向外扩张。[454]伯吉斯利用了同事罗伯特·E.帕克的理论。帕克从事了25年的报纸记者工作,研究芝加哥社会环境,这段经历帮助他建立了由以野生动植物为代表的自然生态学衍生的人类生态学理论。[455] 伯吉斯和帕克共同将芝加

[454] E. Burgess, *The Growth of the City*, in R. Park, E. Burgess, and R. McKenzie, ed., The City: The Ecological Approach to the Study of the Human Community 51 (1928 ed.).

[455] 关于动物和植物在自然生活环境中如何作用以维持自然平衡(生态学)的讨论,参见P. Colinvaux, Introduction to Ecology 61 – 90 (1973); C. Elton, The Ecology of Invasions By Animals and Plants (1958); R. Ricklefs, Ecology 751 – 55 (1973)。

哥分为5个主要同心圆和一些次要的同心圆，将某一个圆内的地理区域称为一个环带。他们称第一个环带为中心商业区，在当时和现在的芝加哥均称为市中心，包括大商场、政府机关总部、宾馆和办公楼。第二环带称为“过渡带”，包括距离中心商业区最近的“工厂带”以及“工厂带”以外年久失修的建筑，里面居住着城市中最贫穷的居民，当时大多数是移民。接下来，伯吉斯和帕克在第三环带内见证了“工人住宅”的迷宫，在第三环带以外的第四环带看到为中产阶级建造的独户住宅，第四环带以外是包括市郊在内的第五环带，他们将其称为“通勤带”。[456] 根据他们的人类生态学理论，芝加哥或任何大城市的每一环带均向外扩张，遮盖并最终取代与其相邻的外侧下一环带。这是入侵、统治和继承的过程。取代不仅是建筑物使用者的变更，还是引起被取代的环带内居住者风俗和价值观的改变。

因此，民族成员生活并分享同源文化的“自然区域”被迁移出自己“自然区域”的人占领，导致出现因一组人群迁入，另一组人群迁出而充满社会问题的“间隙区”。

克利福德·肖看到，随着一个新群体以类似于欧洲白人定居者向西驱逐红种美洲原住民(印第安人)的方式定期取代旧有群体，这一循环非常活跃。

克利福德·R.肖采用罗伯特·E.帕克的人类生态

[456] 同注454，第55页。

学理论为基础,研究了芝加哥一段动荡不安时期的青少年犯罪。当时禁酒令导致受阿方斯·卡彭支配的芝加哥暴徒广泛进行酒类走私。肖在芝加哥青少年研究所工作时,致力于调查青少年如何脱离主流社交群体并卷入非法活动。1929 年,他在自己命题为《少年犯罪区域》的一部著作中发表了一些初步调查结果。之后,他与亨利·D. 麦凯合作,于 1931 年共同发表了《少年犯罪中的社会因素》。肖很早以前就发现,即使在他研究过的最恶劣的社区,住在那里的年轻人中在法院被指控实施犯罪或违法行为的也不超过 1/5。因此,他提出要收集关于被司法程序贴上少年犯罪人标签的年轻人的生活史资料,以澄清他们所处的环境对其非法行为的影响(如果有的话)。

肖和麦凯制作了"定位图",在地图上连接已知为少年犯罪人以及已知为逃学者的青少年的住所、肺结核等与住房不合标准相关的疾病发病率以及表明由住宅区向商业区或工业区过渡的拆毁住房地点。他们的数据倾向于以下结论:

1. 少年犯罪率最高的社区位于重工业区内或附近,同样在这些地区,居住人口在减少,住房在拆毁,为新的工厂开辟空间;伯吉斯和帕克曾称这些地区为"过渡带"。

2. 少年犯罪率最高的社区经济地位最低,自有住宅的家庭百分比最低,但享受福利救济的家庭百分比最高,另外婴儿死亡、精神错乱和肺结核的比率也最高。

3. 少年犯罪率最高的社区家庭中黑人或生于外国的人最为集中。[457]

然而,肖和麦凯警告说,经济条件并没有导致少年犯罪。此外,他们还发现,一组移民群体迁入而另一组迁出过渡带时,过渡带的少年犯罪率仍然最高,但是在原过渡带居民迁入的外围地带,犯罪率却没有提高。

最后,他们发现,生活在同一过渡地区的不同民族和种族群体少年犯罪率与该地区总体少年犯罪率成比例,无论该移民群体何时来自何地。这使肖和麦凯作出以下评论:

> 面对这些事实,认为种族、出身、国籍因素本身与青少年犯罪问题紧密相关的论点难以为继。相反,似乎应该做出这样的结论,即黑人儿童、外国出生的儿童以及新近移民儿童中少年犯罪人比率明显较高与他们在各自城市中的地域分布情况存在的不同密切相关。如果这些群体在各个区域的分布比例相同,则可以预计目前不同群体中被送进法院的男生的相对人数差异将大大减少或完全消失。[458]

因此,肖和麦凯以大量实证证据确定,少年犯罪与儿童在性格形成时期生活的社会条件相关联,而并非与父母的生物学特征相关联。肖和麦凯在其他城市如伯

[457] C. Shaw and H. McKay, Juvenile Delinquency and Urban Areas 147 – 52 (1969 ed.).

[458] 同上书,第 162 ~ 163 页。

明翰、克利夫兰、丹佛、费城、里士满和西雅图进行同样的研究，获得了更多的数据支持他们早先在芝加哥的研究中得出的结论。他们在全国法律遵守与实施委员会于1931年汇编的《胡佛政府关于犯罪原因的报告》中指出了这一点。[459] 肖和麦凯回到芝加哥，采用更先进的技术和更多的人口样本重新在该市进行了最初的研究，随后证实了其1942年著作《青少年犯罪与城市地区》中的大部分早期调查结果。[460] 其他调查人员也使用肖和麦凯所采用的大部分方法，在另外许多城市广泛证实了他们的调查结果，[461] 虽然有一些人批评他们的方法。[462]

尽管有些批评，但是肖—麦凯少年犯罪理论经受住了时间的考验，而且考验的结果非常好。[463] 1932年，克

---

[459] C. Shaw and H. McKay, *Social Factors in Juvenile Delinquency*, in Report on the Causes of Crime (1931).

[460] C. Shaw and H. McKay, Juvenile Delinquency and Urban Areas: A Study of Rates of Delinquents in Relation to Different Characteristics of Local Communities in American Cities (1942).

[461] 参见 C. Schmid, Social Saga of Two Cities: An Ecollogical and Statistical Study of the Social Trends in Minneapolis and St. Paul (1937); S. Lottier. *Distribution of Criminal Offenses in Metropolitan Regions*, 29 J. Crim. L. Crim. & Pol. Sci. (1939); N. Hayner, *Delinquency Areas in the Puget Sound Region*, Am. J. Soc. 314 – 28 (1933)。

[462] 参见 C. Jonassen, *A Reavaluation and Critique of the Logic and Some Methods of Shaw and McKay*, in H. Voss and D. Petersen, eds., Ecology, Crime and Delinquency 133 – 45 (1971) 以及 S. Kobrin, *The Formal Logical Properties of the Shaw – McKay Delinquency Theory*, id. at 101 – 31。

[463] 同注457，第27页（小詹姆士·F. 肖特的1969年修订版序言）。

利福德·R. 肖在芝加哥的6个区成立了22个社区少年犯罪危机干预中心,统称为"芝加哥区域计划"。该计划鼓励参加者通过表明反少年犯罪的行为,如通过干预使其他犯罪边缘青少年不去违反法律来获得地位,从而防止自己的犯罪行为。[464] 尽管有人批评,[465]但这一计划一直实施到1957年肖去世,并已成为美国其他城市大量类似居住中心的典范,[466]如印第安纳波利斯的反犯罪运动、圣保罗社区服务计划以及由索尔·D. 阿林斯基创立并管理的"工厂后院计划",[467]阿林斯基设立这一项目旨在减少少年犯罪高风险区的失业、疾病以及不合标准的住房。

克利福德·R. 肖汇编了许多不同类型的少年犯罪人的个人生活史,于20世纪30年代在不同著作中发表,首先是1930年的《路盗》。次年即1931年,他在《少年犯罪职业自然史》中评论道,在少年犯罪率高的城市地区,"社区通常对儿童行为施加控制的媒介,包括传统

---

[464] 参见E. Burgess, J. Lohman, and C. Shaw, *The Chicago Area Project*, Nat'l. Prob. Assoc. Yrbk. 8－28 (1937); F. Romano, *Organizing a Community for Delinquency Prevention*, Nat'l. Prob. Yrrk. 1－12 (1940)以及C. Shaw and J. Jacobs, *The Chicago Area Project*, Proc. Am. Pris. Assoc. 40－53 (1939)。

[465] 参见S. Kobrin, *The Chicago－Area Project—A 25－Year Assessment*, Ann. Am. Soc. Pol. & Soc. Sci. 19－20 (1959)以及A. Sorrentino, *The Chicago Area Project After* 25 *Years*, Fed. Prob. 40－45 (1959)。

[466] 参见W. Miller, *The Impact of a "Total－Community" Delinquency Control Project*, 10 Soc. Probs. 168－91 (1962)。

[467] 参见S. Alinsky, Reveille for Radicals 81－82 (1946)。

常规、社区制度和公众舆论，非常不统一”。[468] 肖在1938年的著作《犯罪兄弟》中指出，少年犯罪人“并不是在智力、身体状况和性格特征上与大量传统社会中的人有何不同”[469]；而是由于父母和邻居往往对少年犯罪人的非法行为表现出赞同，从而使典型的少年犯罪人成长“在这样一个社会圈子之中，那里（少年犯罪）是可以接受并且适当的行为方式”，但“缺乏在私营企业成功就业的准备、培训、机遇和适当鼓励”。[470] 这一论断发展到稍有不同、更为广泛的范围，就成为次年即1939年埃德温·H.萨瑟兰著名的不同交往理论。

自肖以后，许多生态学家试图进一步找出一个社区内普遍存在、造成该社区少年犯罪率上升的确切因素。[471] 伯纳德·兰德研究巴尔的摩的青少年犯罪率之后得出的结论认为，造成青少年犯罪率上升的是社区缺乏稳定，而不是自然环境恶化：

一个稳定的社区，尽管具有住房条件恶劣、贫穷和接近市中心的特征，少年犯罪率也会处于低水平。另一方面，在以失范和社会动荡为特征的地区，可以料想少

[468] C. Shaw, The Natural History of A Delinquency Career 229 (1931).

[469] C. Shaw, Brothers in Crime 350 (1938).

[470] 同上书，第356页。

[471] 尤见 R. Chilton, *Continuity in Delinquency Area Research: A Comparison of Studies for Baltimore, Detroit, and Indianapolis*, 29 Am. Soc. Rev. 71 – 83 (1946)。

年犯罪率很高。[472]

1958~1961 年,洛伊斯·B. 德弗勒尔在阿根廷研究了约 5000 份少年法庭记录,发现当地少年犯罪的生态图与美国有很大差别,这使她警告说,有必要在美国以外进行更多的少年犯罪生态研究,才能够依靠跨文化数据解释这里的少年犯罪。[473] 尽管如此,她称赞美国 20 世纪 20 年代的生态学家们为后继的文化冲突和少年犯罪亚文化理论提供了重要背景。对这项赞誉,其他人至少有部分争议。[474]

第三节　互动论者

1921 年,费城的出版商 J. B. 利平科特公司约请印第安纳大学社会学家埃德温·哈丁·萨瑟兰撰写一部犯罪学教科书。禁酒令颁布后,犯罪学成为一门流行的

---

[472] B. Lander, Towards An Understanding of Juvenile Delinquency 89 (1954).

[473] L. DeFleur, *Ecological Variables in the Cross - Cultural Study of Delinquency*, 45 Soc. Forces. 556 - 70 (1967).

[474] 参见 K. Polk, *Urban Social Areas and Delinquency*, 14 Soc. Probs. 320, 322 (1967)。

学科。起初,萨瑟兰要继续当时正处于高潮的辩论,即犯罪源于环境条件还是遗传,并决定使用胚胎社会学的一些概念。萨瑟兰的《犯罪学》第一版于 1924 年面市。萨瑟兰开始时考察各种可能解释犯罪成因的"具体"条件,然而随着研究的深入,他认为所有具体条件均不能有效预测犯罪行为。他证明性别是与犯罪最相关的"具体"条件,因为被列为罪犯的人始终大多为男性。但是,萨瑟兰论断,一个人的性别本身不足以解释其为何犯罪。这促使萨瑟兰对犯罪进行抽象解释,例如沟通在儿童的学习经历中发挥了什么样的作用。[475] 著作第一版问世 10 年后,第二版于 1934 年出版,题目改为《犯罪学原理》,在这一版中萨瑟兰的犯罪病原学观点自始至终仍然含混不清。

19 世纪末许多理论家预言了"堕落氛围"在青少年性格形成时期可能对其产生的有害影响,其中包括法国的 J. A. E. 拉卡萨涅[476]和德国的阿道夫 · 贝尔[477]。然而,犯罪边缘青少年和青少年犯罪人中存在的犯罪交往这一概念仍然没有受到关注,或者至少没有得到充分研究,直到弗雷德里克 · M. 斯拉舍于 1927 年出版了《团

---

[475] A. Cohen, A. Lindesmith, and K. Schuesser, The Sutherland Papers 2 (1956).

[476] J. Lacassagne, *Marche de la criminalite en France de* 1852 *à* 1880, Revue Scientifique 674 – 84 (1881).

[477] A. Baer, Der Verbrecher in Anthropologischer Beziehung 410 – 11 (1893).

伙》一书。斯拉舍研究了芝加哥的1313个团伙,得出的结论将这些团伙分为4种类型:(1)散漫型团伙,领导结构松散,结伙持续时间短暂;(2)稳固型团伙,成员高度忠诚,少有内部摩擦,是更长期交往的结果;(3)常规团伙,有些类似于体育俱乐部;(4)犯罪团伙,其成员最有可能成为职业罪犯。[478] 斯拉舍指出,一群犯罪边缘的青少年只有满足特定条件才能成为一个团伙:

但是,在开始激起不满和反对,从而获得更加明确的集体意识前,这个群体不会形成团伙。他们在相邻社区的团伙中发现了对手或敌人,他们的棒球或橄榄球队要和其他球队竞争,父母或邻居以疑惑或者敌视的眼光看待他们,"街角的老头儿"、店主或"警察"开始驱赶他们,或者一些社区代表介入并试图解散他们。这是团伙真正的开始,因为现在他们开始使自身更加紧密地团结在一起。[479]

因此,斯拉舍指出,一个团伙选择是否要以及如何成为少年犯罪团伙,原因是其成员在做出重要抉择时团伙可以接触到的信仰、规范和价值观。这样,斯拉舍首创了交往概念。10年后,克利福德·R.肖在其1938年的著作《犯罪兄弟》中扩展了这一概念。此外,斯拉舍还首创了标签理论,即弗兰克·坦南鲍姆在其1938年的著作《犯罪与社区》中所谓的"邪恶的戏剧化"进程:

---

〔478〕 F. Thrasher, The Gang 47 – 67 (1927).

〔479〕 同上书,第30页。

起初"邪恶"的戏剧化将这名儿童从其群体中分离出来,受到特殊对待,这对造就这名罪犯也许比其他任何经验都发挥了更大的作用。对这名儿童而言整个处境已经变得不同,这一点无论如何强调也不算过于频繁。他现在生活在一个不同的世界。他已经被贴上了标签,陷入一种以前一直不存在的新环境。

因此,造就犯罪的过程是一个标记、定义、识别、隔离、描述、强调、形成意识和自我意识的过程,它成为刺激、暗示、强化并逐渐发展受指责的品质的一种方式。[480]

1938 年成为犯罪学中互动论的重要一年,或许只有第二年,即 1939 年,才有所超越。

1939 年,萨瑟兰出版了新版《犯罪学原理》,提出了不同交往理论。他担心这一理论也许是"一个有可能很快遭到谋杀或自杀的假说"。[481] 当时萨瑟兰将不同交往理论限定于职业犯罪人,[482] 例如他在上一年的著作《专业盗贼》中具体描述的犯罪人。在 1939 年的著作中,萨瑟兰重申了早先在 1934 年版中提出的某些主张,[483] 并增添了新的假设,形成 7 项主张:

1. 引起贯常犯罪行为的过程与引起贯常合法行为

---

[480] F. Tannenbaum, Crime and the Community 19 – 20 (1938).

[481] 同注 474,第 18 页。萨瑟兰说,他"公开"阐明自己的理论,"以期理论受到批评,从而建立更令人满意的犯罪行为理论"。E. 萨瑟兰:《犯罪学原理》1947 年第 4 版,第 5 页。

[482] E. 萨瑟兰:《犯罪学原理》1939 年第 3 版,第 4 ~ 9 页。

[483] 萨瑟兰随后表示,这一理论在以前各版中"散落于各个段落,没有展开"。参见E. 萨瑟兰:《犯罪学原理》1947 年第 4 版,第 5 页。

的过程在形式上基本相同。

2. 贯常犯罪行为是在与犯罪的人交往过程中确定的，正如同贯常合法行为是在与守法的人交往过程中确定的。

3. 不同的交往过程是贯常犯罪行为发展的具体原因。

4. 一个人参与贯常犯罪行为的可能性大致取决于其接触犯罪行为模式的频繁程度和连续性。

5. 人与人之间性格特征上的个体差异或者社会环境差异之所以引起犯罪，原因仅仅在于它们影响不同交往，即接触犯罪模式的频繁程度或连续性。

6. 文化冲突是不同交往的根本原因，因此也是贯常犯罪行为的根本原因。

7. 社会解体是贯常犯罪行为的基本原因。〔484〕

但是，萨瑟兰 1939 年的不同交往理论仅解释“贯常犯罪行为”，如纸牌老千、马戏团骗子或专业盗贼。1949 年《犯罪学原理》第四版问世时，萨瑟兰修改了不同交往理论，然后将修改后的理论普遍应用于所有犯罪，但在其 1949 年的著作《白领犯罪》中特别针对此项犯罪应用了该理论。〔485〕

正如唐纳德 · R. 克雷西在萨瑟兰的犯罪学著作后来的版本中所指出的，萨瑟兰修改后的不同交往理论自

---

〔484〕 同注 482。

〔485〕 E. 萨瑟兰：《白领犯罪》1949 年版，第 234 ~ 256 页。

1947 年以来一直没有改变。[486] 萨瑟兰的不同交往理论最终版本包括 9 点内容，原文如下：

1. 犯罪行为是习得的。

2. 犯罪行为是在交流过程中从与他人的互动中习得的。

3. 犯罪行为的习得主要发生在亲密人群内部。

4. 习得犯罪行为时，学习的内容包括：(1)犯罪技术，有时非常复杂，有时非常简单；(2)动机、驱动力、寻找借口和态度的具体方向。

5. 动机和驱动力的具体方向从确定法律法规有利与否中习得。

6. 一个人成为少年犯罪人，是因为其确定违反法律有利的一面超过了不利的一面。

7. 不同交往可能会在频繁程度、时间长短、优先次序和强度上有所不同。

8. 通过与犯罪和反犯罪的榜样交往习得犯罪行为的过程包括任何其他习得过程所包括的所有机制。

9. 尽管犯罪行为是一般需要和价值观的一种表达方式，却不能用这些一般需要和价值观来解释，因为非犯罪的行为也表达了同样的需求和价值观。[487]

---

〔486〕 参见 E. Sutherland and D. Cressey, Criminology 78 (9th ed., 1974)。萨瑟兰 1950 年逝世后，从 1954 年第五版开始，利平科特公司恢复了最初的标题——《犯罪学》，并委托唐纳德·R. 克雷西定期修订。

〔487〕 同上书，第 75 ~ 77 页。

萨瑟兰的不同交往理论招致了大量批判，特别是谢尔登·格卢克等自然主义者的批评。[488] 1944 年，萨瑟兰起草了一份未发表的论文，题为《不同交往的告别演出》。他在论文中承认，他的理论受到的一些批评是正当的，因为“将犯罪行为视为一个封闭的系统是不正确的，并且不应认为参与犯罪行为完全取决于与犯罪榜样的交往”。[489]

列昂·拉兹诺维奇爵士指出，“萨瑟兰的命题之所以如此引起关注，不过是由于萨瑟兰显赫的地位和稳固的声誉”。[490] 但是，拉兹诺维奇的论述以及其他类似的论述不合理地贬低了不同交往，否认了这一理论在某些特定范围内的重要意义，例如，在解释犯罪职业中的重要意义。犯罪职业是萨瑟兰最初希望以该理论说明的问题。萨瑟兰使用 20 世纪美国社会学家建立的语言扩展了加布里埃尔·塔尔德的模仿理论。诚然，萨瑟兰享有稳固的声誉，并且理应如此，但是不同交往理论之所以广为流传，不是由于萨瑟兰的专业声誉，而是由于自约翰·杜威的芝加哥实用工具主义学派以及罗伯特·E. 帕克和欧内斯特·W. 伯吉斯创立、克利福德·R. 肖普

---

〔488〕 参见 S. Glueck, *Theory and Fact in Criminology: A Criticism of Differential Association*, 7 Brit. J. Crim. 92 – 109 (1956)。更为近期的批评例证参见 F. Gatti, Delinquency and Crime: A Biopsychosocal Approach 166 – 67 (1972)。

〔489〕 同注 482，第 37 页。

〔490〕 L. Radzinowicz, Idealogy and Crime 82 (1966).

及的芝加哥人类生态学派时代起，实用主义在美国已经具有广泛的吸引力。特别是在第二次世界大战以后，当实用主义在美国达到顶峰时，其吸引力传到了欧洲。[491]

尽管有许多批评，但很少有人怀疑埃德温·H. 萨瑟兰是20世纪最受欢迎的犯罪学家，也是美国历史上最受欢迎的犯罪学家。他成为犯罪学领域真正的“先驱”，正是由于他提出了不同交往理论，而不是与此无关。当然，自萨瑟兰1950年去世以来，解释个体犯罪行为的不同交往理论逐渐没落，这主要是因为这一理论对一些问题没有给出答案。乔治·B. 沃尔德1958年指出：

它的缺点似乎不是由于目前少年犯罪人的整体交往不如20年前看起来那么重要，而是由于这样一个事实，即心理学和社会心理学均无力为该理论充分科学地回答一个问题：人类交往中为何存在这种质的差别。[492]

唐纳德·R. 克雷西曾说萨瑟兰没有清楚地阐明自己的理论，[493]只用两页的篇幅就提出九项主张。无论如何，1950年萨瑟兰逝世后多年间，许多以实用主义为导向的犯罪学家都试图完善基本的不同交往理论，首先是

---

〔491〕 注意，例如 Edmund Mezger 在其 Strafrecht（1948）一书中描述了“生活行为责任”或称”*Lebensfuhrungsschuld*”的概念；Ernst Seelig 在其 *Die Gliederung der Vebrecher*, in E. Seelig and K. Weindler, eds., Die Typen Der Krinnellen（1949）一文中描述了”生活方式“或称“*Lebensformen*”的概念。

〔492〕 同注428，第198页。

〔493〕 同注486，第78页。克雷西说，萨瑟兰的“阐述给人的印象是，解释犯罪率及少年犯罪率中的差异不受关注”，他暗示这是错误的印象。同上书。

1951年出版《社会病理学》的爱德华·M.莱默特。在所有这些理论中，或许理查德·A.克洛沃德和劳埃德·E.奥林在1960年的著作《少年犯罪与机会》中提出的不同机会理论最大限度地影响了司法程序。

莱默特区分了两种形式的"越轨行为"或者两种公众对不法行为的理解：原发越轨行为和继发越轨行为。[494] 他推测，原发越轨者由于社会环境和使越轨行为成为必要行为的情况，如贫困或种族偏见，而违反法律，但实际上并不想成为越轨者。但是，莱默特预测，社会反应给这个人贴上"越轨者"的标签时，他就会调整自我形象以适应越轨的标签，紧接着成为继发越轨者。莱默特认为，一旦接受了某种形式的越轨者形象，继发越轨者就置身于越轨行为生涯，其中通常还包括犯罪生涯。莱默特描述了"标签过程"或"污点化过程"，[495]将其称为"分化和孤立过程的产物"。[496] 与克洛沃德和奥林的不同机会理论一样，许多"亚文化"理论源自莱默特，尽管他们并没有以任何明显的形式归功于莱默特。[497]

---

[494] 参见 E. Lemert, Social Pathology 75 – 76 (1951)。另见 E. Lemert, Human Deviance, Socail Problems, and Social Control 40 – 64 (1967)。

[495] 参见 E. Goffman, Stigma: Notes on the Management of Spoiled Identity (1963)。

[496] 同注493，第73页。

[497] 相反，他们将这些理论归功于法国社会学家爱弥尔·涂尔干（见第九章）、罗伯特·K.默顿和埃德温·H.萨瑟兰。参见 R. Cloward and L. Ohlin, Delinquency and Opportunity passim (1960)。

理查德·A. 克洛沃德和劳埃德·奥林对罗伯特·K. 默顿大加赞誉。默顿在犯罪学的重要年份 1938 年发表了一篇文章，主张犯罪和越轨行为的起因在于不是每个人都能平等地取得成功，因此可能是文化上的诱导所致。[498] 威斯康星大学社会学家马歇尔·B. 克林纳德称默顿这篇文章为“或许引用最广的单篇现代社会学论文”。[499] 此外，默顿于 1958 年出版了《社会理论与社会结构》。默顿在这部著作中认为，一个人自童年起生长于其中的“文化”会赞成某些目标或社会目标，但不赞成其他目标或社会目标；并且赞成追求目标时可以遵循的某些规范，但不赞成其他规范。默顿将一个文化认可的规范描述为可以用来实现财富积累、声望和社会地位等“合法”目标的“合规手段”[500]，如教育、不自满、勤劳和诚实，与使用强力或欺诈相对。[501] 但是默顿指出，“合规手段”，如辛勤工作，除非辛勤工作的人获得财富，否则产生不了回报，这就造成了下层社会成员的“紧张”。他们获得财富的能力由于技能差以及社会结构不利于其向上层流动而受到限制。因此，默顿得出结论：“不在于你如何玩游戏，而在于你是否胜出。”[502] 至少愿

[498] R. Merton, *Social Structure and Anomie*, 3 Am. Soc. Rev. 672 – 82 (1938). 另见 R. 默顿：《社会理论与社会结构》1957 年版。

[499] M. Clinard, Anomie and Deviant Behavior 10 (1964).

[500] R. 默顿：《社会理论与社会结构》1957 年版，第 187 页。

[501] 同上书，第 193 页。

[502] 同上书，第 190 页。

意通过实施犯罪来获得生活中任何成功所需财富的下等阶层美国人这样想。他提出,个人将以5种不同的方式“适应”目标和手段间的相互关系:(1)遵从(接受文化目标和合规手段);(2)创新(接受文化目标但拒绝合规手段);(3)仪式主义(拒绝文化目标,但接受合规手段);(4)逃避现实(拒绝文化目标和合规手段);(5)叛逆(对文化目标和合规手段有时接受,有时拒绝)。[503] 因此,“思维正常”的人成为“遵从者”,而许多罪犯则对“创新”感兴趣,特别是白领罪犯,例如商人。牧师成为“仪式主义者”,而吸毒者成为“逃避现实者”。

1960年,克洛沃德和奥林出版了《少年犯罪与机会》。他们在书中将默顿的适应模式稍加改动,建立了他们称为“下等阶层青少年导向”的类型学。[504] 与默顿不同,克洛沃德和奥林没有侧重于社会底层青少年积累货币财富的奋斗,而是将这部分青少年改善经济状况的努力与其对改善经济状况和对进入中产阶级的双重追逐分开剖析。[505] 他们将社会底层青少年分为4种“类

---

〔503〕 同上。

〔504〕 R. Cloward and L. Ohlin, Delinquency and Opportunity 97 (1960).

〔505〕 克洛沃德和奥林由于假定典型的美国下层社会青少年希望成为中产阶级而受到严厉批评。在这一点上,参见 J. Douglas, *Deviance and Order in a Pluralistic Society*, in J. McKinney and E. Tirakian, eds., Theoretical Sociology: Perspectives and Developments 368 - 401 (1970)。另见 W. Miller, *Lower Class Culture as a Generating Milieu of Gang Delinquency* 14 J. Soc. Issues 5 - 19 (1958)。

型”,并假定这4种类型可以预测犯罪。他们主张,第一种类型的青少年既希望提高自己的经济地位,又希望进入中产阶级的行列;第二种类型的青少年希望进入中产阶级的行列,但不希望改善自己的经济状况。克洛沃德和奥林认为,由于这两种类型的青少年价值观与中产阶级一致,所以不太具有从事少年犯罪的威胁。另一方面,两位理论家认为第三种类型的青少年实施的少年犯罪行为最多,因为这个群体只希望获得财富,但不希望进入中产阶级的行列。因此,他们想要“跑车、时髦衣服和漂亮女人”,[506]而不愿意努力工作,所以他们就偷窃。第四种类型的青少年对应默顿的“逃避现实”那一类型,由酗酒者和吸毒者组成。

罗伯特·F.肯尼迪任美国总检察长时阅读了《少年犯罪与机会》,随后请作者参与修订联邦关于少年犯罪的政策。[507] 特别值得一提的是,奥林的努力促成了1961年《青少年犯罪预防和控制法》的颁布。这部法律致力于改善犯罪边缘少年的教育和就业机会,并将底层社会社区组织成为类似于克利福德·R.肖的芝加哥区域计划的社区行动团体。最终,1961年青少年法的范围扩大到包括社会经济底层的所有人,无论是否为少年犯罪人,并成为林登·B.约翰逊总统“向贫困宣战”行动的一部分。自克洛沃德和奥林开始,一些调查人员进行

〔506〕 同注504。

〔507〕 参见L. Empey, American Delinquency 294 - 300 (1978)。

了研究，在少年犯罪人[508]和非少年犯罪人身上检验了不同机会理论。[509] 与克洛沃德和奥林对20世纪60年代的10年间制定的联邦政策所产生的影响相比，迄今为止没有任何人对任何级别的政府政策产生了同等重要的影响。近年来，已经有人尝试将萨瑟兰的不同交往理论与B. F. 斯金纳在1938年的著作《组织的行为》中阐述的学习理论相结合。[510] 例如，艾伯特·班都拉在自己的数部著作中曾试图探索攻击性行为的形成机制。[511] 因此，罗伯特·伯吉斯和罗纳德·艾克斯于1966年建立了犯罪行为的"不同交往——强化理论"[512]，提出人们通过操作性条件反射过程习得社会行为以及反社会行为。在这一过程中，受到了奖励（积极强化）或逃避了惩罚（消极强化）时，行为就得到强化，但惩罚或丧失奖励（消极惩罚）等刺激会削弱行为。艾克斯更晚近的著

---

[508] 参见S. Kobrin, J. Puntil, and E. Peluso, *Criteria of Status among Street Groups*, 4 J. Res. Crime & Delin. 98 – 118 (1067) 以及R. Rivera and J. Short, *Significant Adults, Caretakers, and Structures of Opportunity: An Exploratory Study*, in J. Short, ed., Gang Delinquency 242 (1968)。

[509] 参见D. Elliott and H. Voss, Delinquency and Dropout (1974)。

[510] B. Skinner, The Behavior of Organisms: An Experimental Analysis (1938).

[511] A. Bandura, Aggression: A Social Learning Analysis (1973), Social Learning Theory (1977), and *The Social Learning Perspective: Mechanisms of Aggression*, in H. Toch, ed., Psychology of Crime and Criminal Justice 198 – 236 (1979).

[512] R. Burgess and R. Akers, *A Differential Association – Reinforcement Theory of Criminal Behavior*, 14 Soc. Probs. 128 – 47 (1966).

作认为,仅就不同强化而言,[513]“与替代行为受到不同强化相比,越轨行为可以预见……并且被界定为令人满意或正当的”。[514] 这种界定通过同龄群体和家庭中的互动获得。

同样,近年来出现的各种“控制”理论含蓄地指出,只要有胆量或者认为可以逃避侦查,大多数人都会违反法律。其中一个理论是特拉维斯·赫希在1969年的著作《少年犯罪的原因》中提出的社会联系理论。他主张,人们由于依恋、投入、参与和信念而与社会保持联系。赫希的理论认为,不犯罪的青少年由于对家长、老师和思维正常的同龄人的依恋而致力于传统规范和价值观,如上大学和为将来储蓄。他们花费在传统活动上的时间和精力,即他们对传统活动的参与,确保他们正常的信念与思维不会受到削弱或破坏。[515]

美国俄亥俄州立大学犯罪学家沃尔特·C.雷克利斯采取了类似的方法。他提出,内部遏制和外部遏制均有助于将一些青少年与少年犯罪隔绝。[516] 内部遏制包括一个人强烈的自我概念和对挫折的高度容忍。外部遏制包括社会规范和价值观以及有效的监

---

[513] 参见 R. Akers, Deviant Behavior: A Social Learning Approach (1977)。

[514] R. Akers, M. Krohn, L. Lonza - Kaduce, and M. Radosevich, *Social Learning and Deviant Behavior: A Specific Test of a General Theory*, 44 Am. Soc. Rev. 636, 638 (1979).

[515] T. Hirschi, Causes of Delinquency 231 (1969).

[516] 参见 W. Reckless, The Crime Problem (1955)。

督。雷克利斯认为，遏制能够帮助一个人抵制诱惑，其中包括内部“推力”，如躁动；外部“拉力”，如越轨亚文化的引诱以及外部“压力”，如少数群体地位和失业问题。[517]

萨瑟兰不同交往理论的另一个副产品是丹尼尔·格拉泽的不同预期理论。这一理论提出，“一个人犯罪或者克制犯罪，取决于他对结果的预期”，涉及“社会联系”；我们通过不同类型的学习获得品味、技能与理性阐释以及关于遵守或违反法律的“前途”和“风险”的“可见的机会”。[518] 格拉泽警告，一旦预期利益超过预期损失，人们就有可能犯罪。

最近为在青少年中改善“社会联系”作出努力的一个很好的例证是“恢复自尊计划”。[519] 该计划于20世纪70年代在科罗拉多州丹佛县实施了10年。根据法律实施协助管理局的统计，到1979年，完成了“恢复自尊计划”的约160人已经取得了显著成功：这些人在计划结束后最初12个月的累犯率是27%，而对照组为32%。恢复自尊计划的成本据称为每年约4000美元，而置于矫正机构每年成本约12,000美元。

---

〔517〕 参见 W. Reckless, *Containment Theory*, in M Wolfgang, L. Savitz, and N. Johnston, eds., The Sociology of Crime and Delinquency 402 (2nd ed., 1970)。

〔518〕 D. Glazer, Crime in Our Changing Society 126 (1978).

〔519〕 关于旨在加强“社会联系”的“恢复自尊项目”及类似项目的记述，参见 Law Enforcement Administration, Exemplary Projects (1979)。

第四节　亚文化论者

第三组实用主义者出现在20世纪40~50年代,始于威廉·福特·怀特1943年的经典著作《街角社会》。他在这部著作中表明,贫民窟居民通过轻松而有利可图的手段,如收受赌注,能够比通过常规手段更快地实现向上流动。怀特打开了通向所谓亚文化理论的大门,尽管他实质上受到弗雷德里克·M.斯拉舍1927年出版的《团伙》以及罗伯特·K.默顿1938年那篇著名论文的影响。怀特利用萨瑟兰最初(1939年)的不同交往理论中的一部分,考察了芝加哥42个团伙的成员在何种程度上与违法者形成了联系,而没有与守法者,如学校教师以及其他正面榜样形成联系。[520] 他发现,避开与后者建立重要联系的犯罪边缘青少年与前者形成了联系,这暗示着暴力亚文化为自己提供了榜样。

康涅狄格大学社会学家艾伯特·K.科恩在1955年的著作《违法少年》中进一步引申了怀特的模型。他在

〔520〕 W. Whyte, Street Corner Society 104 – 8 (1943).

这部著作中提出，中产阶级的衡量标尺也许是少年犯罪的护身符。科恩认为，人们期望下等阶层的儿童在中产阶级制度范围内行动，至少从他进入美国公立学校系统时起即是如此。鉴于这名儿童对遵守中产阶级标准缺乏准备，这种期望是不合理的。科恩发现，下等阶层的儿童由于无法达到中产阶级的标准——如整洁、礼貌等——而遭到中产阶级教师冷落时，就会"抗拒"中产阶级价值观，并可能接近一个赞成相反价值观的亚文化。这样，科恩提出，下等阶层的儿童最终用不诚实和暴力来在少年犯罪亚文化群体中获得地位。哈佛大学犯罪学家沃尔特·B.米勒建立了类似的少年犯罪亚文化理论。该理论源于他 1958 年提出的下等阶层的核心关切，如"麻烦、强硬、聪明、兴奋、命运和自主性"。这些核心关切主要由女性单亲抚养的儿童所共有。〔521〕科恩和米勒的批评者对下等阶层儿童是否希望成为中产阶级提出质疑。〔522〕米勒的批评者强调，他的理论只适用于居住在内城区的违法少年，〔523〕因此可能只适用于居住在那里的黑人违法少年。〔524〕

---

〔521〕 同注 504。

〔522〕 W. Miller, *Lower Class Culture as a Generating Milieu of Gang Delinquency* 14 J. Soc. Issues 5 – 19 (1958).

〔523〕 J. Clark and E. Wenninger, *Socio – Economic Class and Area Correlates of Illegal Behavior among Juveniles*, in M Wolfgang, *et al.*, eds., The Sociology of Crime and Delinquency 451 – 52 (2nd ed., 1970).

〔524〕 K. Polk, *Urban Social Areas and Delinquency* , 14 Soc. Probs. 320 – 25 (1967).

第八章　分析犯罪学：拒绝法律语言

CHAPTER EIGHT ANALYTIC CRIMINOLOGY:REJECTING THE LANGUAGE OF THE LAW

与科学方法在整个 18 世纪和 19 世纪扎根的同时,人们开始更信赖逻辑或者说以命题间的关系为前提进行推理的正确性。19 世纪末出现了一个新的哲学派别,称为逻辑实证主义。这一哲学派别在 20 世纪转变为所谓的分析哲学。逻辑实证主义者对任何语句的真实性都表示关注。他们认为,如果没有可以首先检验真实或虚假的环境,任何语句都没有意义。他们断称,意义取决于查证。

逻辑实证主义区分 3 种类型的命题:分析命题、综合命题和情感命题。分析命题,如 2 +2 =4,必然是真或假,但不产生现实知识。综合命题提供知识,但只有经过感官核实才变得有意义,如果未经核实就毫无价值。情感命题宣布价值判断,如“犯罪是坏的”,但没有认知功能。逻辑实证主义者认为,在所有的逻辑命题中,有些可能会被发现是语言使用的错误或误解,而另一些将成为符合逻辑的科学命题。

20世纪的分析哲学家沿着逻辑实证主义者指出的方向继续前行。他们否决了早先哲学家提出的不能证明为真的协调设计。他们仍然满足于对传统逻辑表达进行逐一考察,以寻找证据来证实或驳斥其准确性。乔治·爱德华·摩尔是20世纪早期分析哲学家之一。他在他的著作《伦理学原理》(1902年)中宣布:“牺牲真实而寻找‘统一’和‘系统’,不是……哲学家的适当工作。”数年后,摩尔于1922年出版了《对唯心主义的驳斥》,支持复兴古典现实主义,尤其是柏拉图的古典现实主义。

分析哲学的另一位先驱是路德维希·维特根斯坦。在1922年的著作《逻辑哲学论》(*Tractatus Logico-Philosophicus*)中,维特根斯坦认为所有命题都是现实的“图像”,是真实或虚假的意象。在多年后的1953年,维特根斯坦的遗著《哲学研究》(*Philosophische Untersuchungen*)摒弃了“图像”论,并试图通过他所谓的“语言游戏”表明根本没有语言的本质。

第三位分析哲学家约翰·兰肖·奥斯汀探讨了各种常见词语的使用,如“显得”、“看来”和“似乎”等。他在《感觉与可感之物》(1962年)中断定,这种语言使用毫无意义。奥斯汀的另一部遗著,《如何以言行事》

(1962年),恰当地概括了大多数分析学者的主张,他们对我们说话的方式仍然持怀疑态度。

著名实用主义者小奥利弗·温德尔·霍姆斯大法官在1897年1月8日的一次讲话中表达了对法律语言真实性的一些疑问:

目前,在许多情况下,如果我们想知道为什么一种法治采用了某种特定的形式,并且如果我们或多或少想知道它究竟为什么存在,我们就求助于传统。我们在年鉴中追寻,也许超出了年鉴的范围,在萨利安法兰克人(Salian Franks)习俗中,在过去的某个地方,在日耳曼森林中,在诺曼国王的需要中,在某个统治阶级的设想中追寻,而没有普遍化的观点,我们发现,目前最佳的事物的实际动机仅仅靠一个事实证明是正确的,这个事实就是这项事物已被接受,并且人们已经习惯于此。[525]

阶级意识成为大部分分析犯罪学思想的根基已经有一段时间,特别是自1916年荷兰犯罪学家维勒姆·阿德里安·邦格出版《犯罪与经济条件》以来。他在这部著作中写道,犯罪是"不道德的行为","有损因共同利益而团结在一起的某个群体的利益"。[526] 但是当然,分析思想不一定是马克思主义思想,在犯罪学中或其他领

---

[525] O. Holmes, The Path of the Law, 10 HARVARD L. REV. (1879).

[526] W. Bonger, Criminality and Economic Conditions 379 (H. Horton, tr., 1916).

域中皆是如此。

一般而言,分析思想在其范围内普遍关注的是不同类型的道德,正如分析哲学家 W. B. 加利所指出的:

一种道德还是许多道德?自由主义道德与社会主义道德,资产阶级道德与乔治·索雷尔的"生产者道德",新教道德与天主教道德,希腊道德与基督教道德,"贵族"道德与"奴隶"道德,"开放的"道德与"封闭的"道德——这种区分(如果有的话)对道德的哲学意义是什么?

从一个角度看,它们显示了某些足够显而易见的事物,即这样一个事实,不同制度或道德信仰集合在不同的时间地点占优势,并且有时同一个社会中不同群体的人遵守不同的道德信仰,这些不同的道德信仰在某些情况下激烈冲突。[527]

加利接下来对人们为何在道德哲学上产生分歧提出了四种解释。他说,一种解释是君主观点,认为"在每一种道德状况下只能做出一个正确判断或者只有一个正确行动可供选择",而另一种解释,即"唯心主义解释(,)……声称道德本质上只有一种,是绝对而永恒的,但不可避免地分化为完全矛盾的形式或阶段"。[528] 加利继续写道,第三种解释是多头政治观点,令人想起亚里

〔527〕 W. Gallie, *Liberal Morality and Socialist Morality*, Philosophy 24 (1949).

〔528〕 同上书,第25页。

士多德和休谟,“坚持事实远非存在一套唯一有效的道德标准,而是有无限多的道德标准,体现在基本原则互不相容的不同道德中”。[529] 加利结论中的第四种解释是道德相对论,“坚持不同的道德总是与其他道德以及不同群体、社会、文明之间更基本的分歧相关:……分歧存在于……经验知识和历史知识、部落和民族生活的形式和传统、产品生产分配的组织方法等”。[530] 后一种解释是分析思想。

第一节　分析犯罪学:阶级意识和早期哲学

1892 年,爱弥尔·涂尔干获得巴黎大学授予的第一个社会学博士学位,并于次年出版了自己的学位论文《社会分工论》(*De la division du travail social*)。在这篇论文中,涂尔干拒绝接受赫伯特·斯宾塞的观点,即现代社会是自私的个人完全为实现个人利益而同意交换商品的系统。相反,涂尔干区分了两种形式的社会:

---

〔529〕 同上。
〔530〕 同上。

一种是更为原始的机械形式，具有高度的社会同质性并且劳动分工程度低；另一种是更复杂的有机形式，具有更高的价值观念异质性并且劳动分工程度较高。

涂尔干主张，在机械社会形式中，法律约束大多数个人，使其不偏离群体规范，但少量犯罪使这样一个社会不会受到过度病态的控制。然而涂尔干认为，在有机社会形式中，要求其成员之间在某种程度上具有统一性，因为没有一个社会是完全“有机”的，他将这种统一性称为“*le conscience*”，即集体意识，意指“社会相似性总体”。[531] 但是，涂尔干承认“不可能有哪个社会中个人与集体特质之间不存在或多或少的差异”。[532] 涂尔干告诫道，一个社会成为有机社会时，会遇到一些达到病态程度的违法行为，即“失范”。[533]

涂尔干于1895年撰写了《社会学方法论》(*Les regles de la methode sociologigue*)，随后于1897年撰写了《自杀论：社会学研究》(*Le suicide: Etude de sociologie*)。[534] 在《社会学方法论》中，涂尔干宣称犯罪是不可避免的：

试想一个圣人的社会，一个模范个人的完美世外桃源。严格意义上的犯罪在那里不为人知，但在外人看来

---

〔531〕 E. 涂尔干：《社会分工论》1893年版，第80页注10。

〔532〕 E. 涂尔干：《社会学方法的准则》1895年版，第70页。

〔533〕 “失范”是希腊语，大致翻译为“无法”。

〔534〕 涂尔干承袭几位希伯莱语学者，并且出版了宗教社会学著作，例如1912年出版的Les Formes Elementaire De La Vie Religieuses。最后，他于1924年出版了《社会学与哲学》。

可以容忍的错误在那里引起的公愤与普通犯罪在普通人的意识中引起的公愤相同。那么,如果这个社会有审判和处罚的权力,就会将这些行为规定为犯罪,并按照犯罪对待。出于同样的原因,完美而正直的人对最小的失误所评判的严重程度,等同于多数人对更真正具有犯罪性质的行为所评判的严重程度。[535]

这样,涂尔干以某一群体的成员是否愿意因本群体中的一员从事了某些特定形式的行为而对其施以惩罚这一标准界定了犯罪。他说:"我们每个人所处的直接自然环境、每个人的遗传经历以及社会影响各不相同,并因此使意识多元化。"[536]涂尔干接下来告诫道:

没有任何事物永远是无限好的……为了取得进步,必须使个人的创造力能够表现出来。为了使梦想超越其所处时代的理想主义者并且能够表现其创造力,也有必要使低于其所处时代水平的犯罪人有表现其创造力的可能。两者均不会脱离对方而单独发生。[537]

最后,涂尔干做出以下结论:

我们不要犯错误。将犯罪从常态社会学现象中划分出来,并不仅仅是说,由于人类不可救药的邪恶,犯罪是令人遗憾但不可避免的现象,而是要肯定,犯罪是公

---

[535] E. 涂尔干:《社会学方法的准则》(1965, ed., S. Solovay and J. Mueller, trs.),第68~69页。

[536] 同上书,第69页。

[537] 同上书,第71页。

共健康的一个因素,是所有社会不可分割的组成部分。[538]

在这一背景下,人们可以理解涂尔干对犯罪的相对论观点:

从这一观点出发,犯罪的基本事实以全新的角度呈现在我们面前。与我们目前的想法相反,犯罪人似乎不再是完全不合群的人、寄生分子和古怪而未同化的家伙。相反,他在社会生活中发挥了特定的作用。就其本身而言,犯罪不应再被视为如何镇压都不为过的恶行。犯罪率下降至明显低于平均水平时,没有任何理由沾沾自喜,因为我们可以确定,这一表面上的进步与一些社会紊乱相互联系。[539]

因此,涂尔干认为,在社会中有一定量的犯罪是正常的,如果没有这些犯罪,社会将变得不健康。

涂尔干预言,随着任何一个社会变得越来越"有机",生活在这个社会中的个人将会感到疏远,这种感觉可能会伴随着失范。涂尔干在《自杀论》中描写了失范的发生:

1. 任何生命体只有在自己的需要与满足需要的手段充分相称时才能快乐,甚至只有这样才能生存下去。换言之,如果他的需要超过他能够获得的,哪怕仅仅是类别不同,这些需要就会不断产生摩擦,只能产生令人

---

〔538〕 同上书,第67页。

〔539〕 同上书,第72页。

痛苦的作用。

2. 在动物身上，至少在正常情况下，这种平衡由无意识的自发行为建立，因为动物只依赖物质条件。

3. 而人类的情况并非如此，因为人的大部分需求并非仅仅是身体需要。……觉醒的思考使人想到更好的条件，渴望实现看起来令人满意的目标……人的器官和心理构造中没有任何东西限制这样的倾向……因此，一个人拥有的越多，想要的就越多，因为获得的满足感只会刺激而不是满足需求。

4. 需要一种调节力量对精神需求发挥影响，这种影响与有机体对身体需求发挥的作用应当相同……只有社会能够发挥这种节制作用；因为社会是唯一高于个人而个人又接受其权威的精神力量……

5. 在历史发展的各个阶段，社会道德对不同社会服务各自的价值、各种服务应该获得的报酬以及由此产生的对从事各种职业的工作者适宜的平均舒适程度均存在模糊的看法。在这种压力下，每个人在自己的领域中均模糊地意识到对其理想设定的极限，期望不要超过这一极限……这样就为激情设定了目的和目标。

6. 但是，当社会由于某些惨痛的危机或者虽然有益但过于突然的转变而动荡时，则暂时不能施加这种影响，自杀曲线就会突然上升……

7. 的确，在经济灾难中会发生类似降级的现象，突然将某些个人抛入低于从前的社会阶层。因此他们必须降低要求,克制需要,学会更加自控……但是他们不适应强加于自己的这种条件,因为这种条件的前景是不堪忍受的。

8. 如果危机是源于权力与财富的突然增加,情况也同样如此。因此,的确由于生活条件发生了改变,据以规范需求的标准也就不能再保持不变,因为这一标准随着社会资源的变化而变化……标准被颠覆了,但新的标准又不能即时产生。公众意识对人和物重新分类需要时间。只要因此而释放出来的社会力量没有重新获得平衡,各种社会力量的价值就是未知的,因而所有的规范就暂时缺失。可能与不可能、公正与不公正、合理的要求和希望与过分的要求和希望之间的界限不明确。因此期望不受任何限制……不受公众舆论控制的欲念会迷失方向,不再是被认可的正当的限制。另外,这些欲念同时又为仅仅由于公众生活更加紧张而导致的一种自然的异常应激反应所左右。欲望随着繁荣的增长而增加。正是在传统规则失去权威的时候,对其欲念的更多奖赏刺激了他们,因而其欲念更加急迫和不能忍受控制。这样,无序或失范的状态由于在恰恰需要更多纪律时而不屑于受制于纪律的激情而进一步加剧。[540]

---

〔540〕 E. 涂尔干:《自杀论》,J. 斯波尔丁译,第 246 ~ 253 页。涂尔干的这一论述似乎部分建立在 L. M. Moreau – Christopher, Du Probleme De La Misere Et De La Solution Chez Les Peuples Anciens Et Modernes(1851)的基础之上。

涂尔干的观点得出结论,在 19 世纪,教堂、政府和行会等曾经规范人之欲念的机构在法国不再发挥这样的功能。因此,激发了法国大革命的欲念自由同样造成了失范以及随之而来的高自杀率。[541]

涂尔干的观点在某种程度上反映了马克思主义对犯罪的态度,尽管卡尔·马克思对犯罪的看法很少为人所知。马克思的一段话足以确立其观点:

哲学家产生思想,诗人产生诗歌,牧师布道,教授出产教学大纲,等等。罪犯犯罪。如果我们更密切地关注犯罪这种分支与整个社会的关系,就会使自己摆脱许多偏见。罪犯不仅犯罪,还促生刑法,并且与刑法一起促生讲授刑法的教授,除此之外还不可避免地衍生课程,而讲授刑法的教授将自己讲授的课程放在大纲中,作为"商品"投放在普通市场上。……

另外,罪犯还生产整个警察和刑事司法体系、治安官、法官、刽子手、陪审团等;所有这些不同行业同样形成了许多社会分工范畴,开发了不同的人类精神能力,创造了新的需求以及满足这些需求的新方式。单是酷刑就已经引出了最精巧的发明,并且雇用了许多可敬的

[541] 同上书,第 254 ~ 258 页。涂尔干的观点听起来与某些实证主义者观点并无不同,而菲利将涂尔干称为法国社会学家中"最有独创见解、最正宗的实证主义者"时,他想必已经感觉到了这一点。参见 S. Schafer, Theories in Criminology 77 (1969)。

能工巧匠来生产刑具。[542]

在《英国工人阶级状况》(*Die Lage der Arbeitenden Klasse in England*)中,弗里德里希·恩格斯指出,犯罪的数量在1815~1842年增长了6倍,而农业领域的犯罪率高于工业领域。[543] 恩格斯试图将犯罪追溯到惨无人道的资本主义社会所特有的公共道德败坏。但是,意大利人菲利普·图雷蒂在其1883年的著作《犯罪与社会问题》(*Ildelitto e la questione sociale*)中首先提出马克思主义犯罪学理论。在这部著作中,他宣称犯罪是穷人的"专利"。[544] 同年,恩里科·菲利宣称,他认为达尔文、马克思和斯宾塞组成了19世纪"伟大的科学三圣"。[545]

19世纪最后25年出现了许多马克思主义思想家,他们详细阐述了自己对犯罪原因的看法。布鲁诺·巴塔利亚在1886年撰写的《犯罪动力》(*La dinamica del delitto*)中称,犯罪性格由一个人的社会关系加以"肯定或否定",并且除非工人的劳动成果在工人群体中平均分配,而利润不为资产阶级所取得,否则工人无法避免犯罪。安东尼奥·马罗称,无产阶级"令人绝望"的经济

---

〔542〕 K. 马克思:《剩余价值理论》,R. 辛普森译,1969年版,第287~288页。

〔543〕 他将这种情况归因于工人阶级流动"受阻"。F. 恩格斯:《1844年英格兰工人阶级状况》1945年版。

〔544〕 F. Turati, Crime and Social Question (1883).

〔545〕 恩里科·菲利:《犯罪社会学》1883年版。参见 C. Bernaldo de Quiros, Modern Theories in Criminality 67 (A. DeSalvo, tr., 1967)。

状况导致一些工人神经系统衰弱，使他们行为异常。马罗在1886年的著作《犯罪人的一些特征》（*Icaratteri dei delinquenti*）中预言，只有摧毁资本主义制度才能消灭犯罪。保罗·拉法格在同年即1886出版的著作《经济唯物主义》（*Der wirtschaftliche Materialismus*）中认为，犯罪率与法国商品生产同时增长。阿希勒·洛里亚在1894年出版的著作《社会制度的经济基础》（*Les bases economiques de la constitution sociale*）中把犯罪归因于西方社会的资本主义结构。拿破仑·科拉扬尼在1889年的著作《犯罪社会学》（*Sociologia Criminate*）中以及奥古斯特·倍倍尔在1899年的著作《妇女与社会主义》（*Die Frau und der Sozialismus*）中阐述了同样的观点。科拉扬尼也许是19世纪末的马克思主义者中影响最大的，至少在一定程度上如此，因为他的理论以英格兰、爱尔兰、意大利和苏格兰的比较数据为基础。这一时期的政治手册，如卢克斯1892年的《社会政治手册》，认为犯罪是资本主义堕落的一种正常的副产品。但是，除科拉扬尼的研究外，19世纪的马克思主义犯罪学主要是空谈。

1905年，维勒姆·阿德里安·邦格在阿姆斯特丹大学发表了题为《犯罪与经济条件》（*Criminalite et conditions economiques*）的法学博士论文。这篇论文于1916年被译为英语，以《犯罪与经济条件》为题在美国《现代犯罪科学丛书》中出版。在该书1969年版的序言中,奥斯汀·特克指出,邦格认为没有一种行为是“本质上”道德或不道德的,因为他认为道德反映任何特定社会当时并不断变化的情感。[546] 邦格在1913年的一篇论文《宗教信仰与犯罪》(*Galoof en Misdaad*)[547]中阐明了这一观点。在这篇文章中,他对亚历山大·冯·厄廷格等实用主义犯罪学家的道德统计数据中内在的道德的宗教基础提出了质疑。[548] 邦格的确指出,人类可能经历“道德进化”:

> 成长的进程最明显地指向社会组织结构的不断进步。通过这样的组织结构,道德进化必须开始运行。用马努夫里埃的话说:“我们行事时必须采取的方式是,每一个人越来越对成为对同类有用的人感兴趣,而越来越对伤害同类不感兴趣。这就是我们必须使用的规则。”[549]

1932年,邦格发表了《犯罪学导论》。[550] 他的第三部著作《种族与犯罪》[551]荷兰语版于1939年问世。之

---

〔546〕 W. Bonger, Criminality and Economic Conditions (intro. To the 1969 ed. By Turk).

〔547〕 参见J. von Bemmelen, *William Adriaan Bonger*, in H. Mannheim, ed., Pioneers in Criminology 429, 445 (2nd ed., 1972)。

〔548〕 参见第七章注419。

〔549〕 同注545,第450页。邦格喜欢引用法国人类学家、环境论者莱昂斯·马努夫里埃的观点。Bonger在Criminality and Economic Conditions第175页称赞了马努夫里埃的作品。

〔550〕 英文版于1936年出版(E.冯·洛译)。

〔551〕 英文版在邦格逝世后于1943年出版,西北大学法学教授约翰·W.威格莫尔做序。

后不久,邦格在1940年德国开始占领荷兰时自杀。邦格在这部著作中努力表明,经济上的贫困而不是遗传造成了任何文化中少数族裔人口犯罪比例高的情况。

第二节　分析犯罪学:二十世纪的趋势

罗伯特·K.默顿1938年的著名论文《社会结构与失范》[552],尽管本身在很大程度上是实用主义著作,但却为美国分析犯罪学激增打开了大门。默顿主张,由于存在下等社会经济阶层受到歧视的社会结构,失范对这些阶层的影响不成比例而且持久:

> 只有当一个文化价值体系赞美广大民众共同的某些成功目标几乎胜过赞美一切,而社会结构却对同一批民众中相当一部分人严格限制或完全堵死实现这些目标的途径时,越轨行为才会因而大规模发生。[553]

因此,从这个意义上讲,默顿将涂尔干的理论应用

---

〔552〕 Am. Soc. Rev, 672－82. 参见第七章注11。

〔553〕 R.默顿:《社会理论与社会结构》1957年版,第146页。

到其目睹战前和战后美国社会的情况上了。[554] 但是,非常重要的一点是要记住,正如唐纳德·R.克雷西提醒我们的,默顿"滑向了越轨行为理论,而不是将自己限定在越轨亚文化起源的理论中。只有在建立了越轨亚文化以后才会大规模出现越轨行为。"[555] 20世纪50年代以来,分析犯罪学已经呈现出至少三种不同的形态:"冲突"理论、"批判"或"新犯罪学"和"激进"或马克思主义犯罪学。每一种形态都构成一个不同的分析视角。

一、"冲突理论"观点

1958年,冲突理论在犯罪学中的发展达到高潮。这一年,拉尔夫·达伦多夫发表一篇论文,谴责了用于解释犯罪成因的不切实际的实用主义"共识"模式,并呼吁采用冲突模式。[556] 也是在这一年,乔治·B.沃尔德出版了《理论犯罪学》第一版。这是第一部"以冲突社会学的一般条件与原理为基础解释犯罪"的犯罪学教科书。[557] 第二年,即1959年,达伦多夫出版了著作《工业化社会中的阶级与阶级冲突》。

达伦多夫认为,可以将社会视为两个相对不同的群

---

〔554〕 默顿与涂尔干的比较参见 J. Horton, *The Dehumanization of Anomie and Alienation: A Problem of the Ideology of Sociology*, 15 Brit. J. Soc. 294 - 295 (1964)。

〔555〕 E. Sutherland and D. Cressey, Criminology 99, n. 14 (9th ed., 1974).

〔556〕 R. Dahrendorf, *Out of Utopia: Toward a Reorientation of Sociological Analysis*, 64 Am. J. Soc. 115 - 27 (1958).

〔557〕 G. 沃尔德:《理论犯罪学》(第2版),1979年版,第282页。

体:拥有权力并使用权力来统治的人们和没有权力因而被统治的人们。达伦多夫认为这两个群体是相互冲突的。但是,达伦多夫拒绝接受作为马克思主义基本原理的资产阶级和无产阶级简单二分法。他认为这一原理是“过时的”,并且不适用于当今的科技时代,因为:“今天的工人阶级远非由同样没有技能并且贫困的人组成的同质群体,而实际上是一个由许多微妙和不太微妙的不同而区分的社会阶层。”[558]例如,达伦多夫指出,非熟练和半熟练劳动者与熟练劳动者在需求和目标上可能发生冲突,就像他们与企业主或管理人员等根本不从事体力劳动的阶层在需求和目标上可能发生冲突一样。达伦多夫将冲突解释为:

像对待变化一样,我们已经习惯于一遇到任何冲突就去寻找特别的原因或情况,但是,我们再一次需要完全转变思维。存在冲突并非是不正常并且令人吃惊的,相反不存在冲突才是不正常的。如果我们发现一个社会或社会组织没有显示出任何冲突迹象,那么我们有充分的理由对此表示怀疑。当然,我们不必假定冲突总是激烈并且失控的。从内战到议会辩论,从罢工和封锁工厂到共同协商有可能是一个连续不断的过程……我们绝不能忽视的基本假设是,冲突可以暂时抑制、规范、引导和控制,但无论是一个贤达国王还是一个现代独裁者

[558] R. Dahrendorf, Class and Conflictt in Industrialized Society 6 (1958).

都不能一劳永逸地消除冲突。[559]

因此,达伦多夫偏离了马克思的和平“无产阶级专政”思想,但偏离马克思主义凸显出了达伦多夫的主张中大量的矛盾。他强调,在每个社会中,社会变化和社会冲突是“无处不在”的,在所有社会中都有一些人压制其他人;并且生活在任何一个社会的每个人群不仅为该群体和社会的变化做出贡献,而且为其最终“瓦解”做出贡献。[560] 达伦多夫假定这一冲突的根源是他所谓的一系列“强制性协作团体”:“任何特定社会中都存在大量强制性协作团体。在每个强制性协作团体中,我们可以区分统治者集合体与被统治者集合体。”[561] 因此,达伦多夫放弃了马克思的“阶级”概念,代之以“权力”,以此作为社会冲突的根本原因。[562]

冲突犯罪学并非始于1958年,乔治·B. 沃尔德也不是第一位冲突犯罪学家。冲突犯罪学的根源可以追溯到1924年,查尔斯·H. 库利在这一年出版了《社会组织》。在对犯罪学非常重要的1938年,索尔斯坦·塞林

---

[559] 同注556,第126~127页。

[560] 同注558,第48页。

[561] 同上书,第171页。达伦多夫早先已经写到了“权威协调的组织”。参见R. Dahrendorf, *Toward a Theory of Social Conflict*, 2 J. Conflict Res. 170–83(1958)。

[562] 参见I. Taylor, P. Walton and J. Young, The New Criminology 238(1973)。他们说沃尔德是第一位“将犯罪作为社会冲突产物给予重要地位”的犯罪学家。同上书。

出版了《文化、冲突与犯罪》[563]。第二年，塞林发表了一篇论文，其冲突研究法更加显而易见。在这篇论文中，塞林证明了美国黑人被归入下等社会阶层，同时遭受经济剥夺。[564] 沃尔德本人也承认，他受到了库利、格奥尔格·齐美尔[565]和刘易斯·A. 科瑟尔[566]等冲突派社会学家的影响。[567] 沃尔德还承认受到了哈罗德·D. 拉斯韦尔在 1936 年的著作《政治学：谁得到什么，什么时候和如何得到》中提出的政治冲突模型的影响。[568] 沃尔德做出了如下评论：

支持法律者与违反法律者之间的斗争在有立法活动前就存在于社会之中。这种斗争是立法中的战斗的基础，然后在整个起诉和审判司法程序中继续进行，最终通过希望法律得到实施的人对违反法律者通过监狱进行治疗达到顶点。各种力量之间达成的妥协原则在

---

[563] 由纽约社会科学研究理事会出版。

[564] T. Sellin, *The Negro and the Problem of Law Observance and Administration in the Light of Social Research*, in C. Johnson, ed., The Negr in American Civilization 451 (1939).

[565] 同注 557，第 282 页注 1、第 283 页注 3、第 284 页注 6 和注 7、第 285 页注 11 和第 286 页注 14。参见 G. Simmel, Conflict (K. Wolff, tr., 1955) 和 The Web of Group Affiliztions (R. Bendix, tr., 1955) 以及 K. Wolf, The Sociology of Georg Simmel (1950)。

[566] 同注 557，第 282 页注 1、第 284 页注 6 和注 8、第 285 页注 11、第 286 页注 13。参见 L. Coser, The Functions of Social Conflict (1956)。

[567] 同注 557，第 284 页注 8 和第 285 页注 9。

[568] 同注 557，第 287 页注 15。另见 H. Lasswell and Kaplan, Power and Society (1950); E. Latham, The Group Basis for Politics (1952)。

这一冲突过程中的每一阶段均发挥作用。[569]

此外,沃尔德指出,他的冲突理论尤其来自对美国大城市中的政治腐败的研究[570]以及对“公司管理层和工会之间的利益冲突”的研究。[571] 因此很显然,达伦多夫和沃尔德在1958年借鉴了20年或更久以前就已经存在的研究和理论,从而普及了冲突理论。

但是,乔治·B.沃尔德在20世纪50年代的10年间看到的是“政治”犯罪发生率不断攀升,从黑人公民权利激进主义分子对他们认为歧视其公民权利的法律进行和平抵抗,到白人反动势力试图维护种族隔离制度。沃尔德指出:“在许多情况下犯罪行为是正常的,是正常、自然的人在可以理解的正常、自然的情况下奋力维护其所忠于的生活方式时所表现的正常、自然的反应。”[572]因此,沃尔德又指出:“对居于统治地位的白人而言,黑人只有‘在自己的位置上’才是可以接受和可取的,这个位置明显是在社会下层,是公认从属于白人的廉价劳动力。”[573]沃尔德觉得这种“政治”犯罪与为谋取私利而实施的盗窃等传统的常规犯罪形成鲜明对比。沃尔德认为,政治犯罪不能用当时流行的犯罪学理论加

---

〔569〕 同注557,第288页。

〔570〕 同注557,第293页。参见L. Steffens, The Shame of the Cities (1904)。

〔571〕 同注557,第293~294页。参见C. Walker, American City: A Rank and File History (1937)和M. Vorse, Labor's New Millions (1938)。

〔572〕 G.沃尔德:《理论犯罪学》1958年版,第218~219页。

〔573〕 同注557,第295页。

以解释。然而，他告诫说，他的冲突理论无法解释所有形式的犯罪行为，并警告说，这一理论“不应引申得太远”。[574]

但是，奥斯汀·T.特克和理查德·昆尼等将沃尔德的冲突理论引申得相当远。不过，后来昆尼放弃了冲突理论，接受了更具马克思主义色彩的概念体系。昆尼进入冲突理论领域近乎偶然。在1967年与马歇尔·B.克林纳德合著的著作《犯罪行为体系：一种分类》中，昆尼将“社会反应”视为加剧犯罪行为的一个因素。克林纳德和昆尼确定了一种类型的政治罪犯，由看似不同的各种罪犯组成，包括叛徒和间谍、纳粹战争合作者和美国抵制服兵役者、三K党和气象员派。[575] 事实上，克林纳德和昆尼更新了乔治·B.沃尔德的理论，但他们所做的不止于此。他们证明爱德华·M.莱默特等人[576]于20世纪50年代初提出的实用主义标签理论与达伦多夫—沃尔德的冲突理论之间具有明显的知识联系，因为“社会反应”对犯罪而言发挥了标签的作用，而根据冲突理论，这一标签将“政治”罪犯牵扯进来。

理查德·昆尼在1970年的著作《犯罪的社会现实》

---

〔574〕 同注572。

〔575〕 M. Clinard and R. Quinney, Criminal Behaviors Sysytems: A Typology 14 – 19 (1967).

〔576〕 参见第七章注493。

中进一步详述了用突出分析犯罪性质与原因的6项主张：

1. 犯罪是政治上有组织的社会中主管机构对人类行为的一种定义。

2. 犯罪被定义为与有权决定公共政策的社会阶层发生利益冲突的行为。

3. 犯罪的定义由主管刑法执行和实施的社会阶层来适用。

4. 行为模式是在与犯罪定义相关的分层社会中形成的，在这种背景下人从事具有被定义为罪犯相对可能性的行为。

5. 犯罪的概念通过各种媒介在社会各阶层中建立并传播。

6. 犯罪的社会现实是通过犯罪定义的制定和适用、与犯罪定义相关的行为模式的发展以及犯罪概念的设立而构建的。[577]

昆尼的六项主张借鉴了一些较早的犯罪学理论。例如，他的第一项主张源于“互动论者”，特别是标签论者的实用主义观点，[578]而第二项主张很大程度上产生于

[577] 参见 R. Quinney, The Social Reality of Crime 15 – 23 (1970)。

[578] 参见第七章注493。

沃尔德的理论，[579]第三项主张也是如此，第四项主张则来自萨瑟兰的不同交往理论。昆尼的最后两项主张似乎至少部分效仿了社会学家彼得·L.伯格和托马斯·勒克曼1966年的著作《现实的社会构建》。在这部著作中，两位社会学家论述了社会的主观性以及其对个人观念和意识形态的依赖。

1978年，奥斯汀·T.特克将昆尼的六项主张扩充为自己的十项主张。[580] 在这十项主张中，特克似乎回到了拉尔夫·达伦多夫的假设上，即权威，也就是特克所谓的“权力”，是冲突理论的基础。

1. 每个人有不同的观念，对社会现象的理解不同，并且有的人致力于常规行为，而有的人致力于非常规行为。

2. 不同和分歧导致人们相互冲突。

3. 冲突中的每一方或每个人均试图推行自己的思维或行为方式，使其成为最恰当的方式。

4. 结果导致对可用资源的分配和成功实现人生目标的机会开展有意识的争夺。

5. 理解、信念和信仰相似的人常常聚合在一起，聚

---

[579] 昆尼就第二项和第三项主张鸣谢了沃尔德。同注577，第17页注42和第18页注44。昆尼于1975年修改了各项主张，但这次修改对主张的实质内容没有重大影响。参见R. Quinney, Criminology：Analysis and Critque of Crime in America 37－39（1975）。

[580] A. Turk, *Analyzing Official Deviance：For Nonpartisan Conflict Analyses in Criminology*, in J. Inciardi, ed., Radical Criminology：The Coming Crisis 78－91（1980）.

合在一起的人会进一步发展并加深彼此的信任和理解。

6. 持续的冲突会以社会分层体系的形式制度化。冲突群体会成为社会结构中固定的独立组成部分。

7. 这样的制度的特点是以政治统治维持经济剥削，政治统治包括各种形式，从最明显的暴力形式到最微妙的政治说服形式。

8. 确定一个群体在社会结构中的地位时，权力是唯一最重要的标志。一个社会群体所表现出的地位改变仅仅反映出权力分配的变化。

9. 群体成员之间分享与群体成员交往、对付群体的敌人以及处理人们生活的环境等方面的经验。

10. 人类的相互关系本质上是动态的，处于不断变化中。因此，基本的社会进程就是一个冲突的过程。

特克在1969年出版的第一部主要著作《犯罪与法律秩序》中预言了冲突理论对刑事司法政策的意义：

有迹象表明，一些权力机关已经开始认识到，诸如少年不良行为、家庭解体、缺乏卫生意识、人格障碍以及没有实用工作技能等违反规则的现象构成无法解决的问题，除非努力彻底摧毁创造和维持有害语言和行为模式的价值观念与社会关系结构——文化结构与社会结构，并强迫人们进入通向‘良善’的结构。[581]

接下来特克在1969年的这部著作中阐述了犯罪化

〔581〕 A. Turk, Criminality and Legal Order 58 (1969).

过程如何发生作用。他说,最初的因素是任何特定违法行为对警察等"一线执法者"的含义,之后是他所谓的"高级执法者",如法官和检察官,在多大程度上同意或不同意。[582] 特克告诫说,如果各级执法者均认为特定形式的行为非常令人厌烦,那么对当事人逮捕、定罪并判处监禁刑的比率可能就很高。另外,特克提醒道,违法者与执法者的权力对比影响冲突的程度,因为"如果这两个群体享有平等的权力,执法者在进行逮捕时就会谨慎,但是当违法者获得了比执法者更大的权力时,就会废除或修订法律"。[583] 最后,特克建议,通过避免"冲突转向"任何"不现实"的程度,即通过至少在形式上尽量减少双方间的互动,[584] 执法者与违法者均可尽量减少冲突。

学者们进行了各种研究来验证不同的冲突理论原则。例如,一组研究人员检验了这样一项冲突理论的主张:来自社会经济最低阶层而被定罪的罪犯受到最严厉的刑事制裁,如死刑和长期监禁刑。但他们发现"必须摒弃或至少修改这种假说"。[585] 换言之,他们没有为冲突理论家提出的基本假设找到实证基础。即使是使用

---

[582] 同上书,第 65 ~ 67 页。

[583] 同上书,第 67 ~ 70 页。

[584] 同上书,第 70 页。

[585] 参见 T. Chiricos and G. Waldo, *Socioeconomic Status and Criminal Sentencing: An Empirical Assessment of a Conflict Proposition*, 40 Am. Soc. Rev. 768 (1975)。

最不严格的方法技术，也几乎没有任何冲突理论观点经受住了实证检验。其中一个原因是对冲突理论的实证检验相对较少，这也许是由于冲突理论的吸引力已经大打折扣。许多昔日的支持者已返回到实用主义或转向马克思主义，就像理查德·昆尼在20世纪70年代末所做的那样。

二、“批判犯罪学”观点

1973年出现了一种新的犯罪学思想。这一年，伊恩·泰勒、保罗·沃尔顿和乔克·杨出版了《新犯罪学》，从而立即创造了与书名相同的概念，无论在这种情况下使用“新”字是否准确。此后，人们对关于冲突方法的争论热情大减，曾经为冲突观点抗争的犯罪学家开始采用批判观点。其实，转变为批判观点的思想在某种意义上是分析思想的缩影，这一点在尤金·多尔沙尔和诺拉·克拉普马茨在《论新犯罪学》的阐述中显而易见：

新犯罪学关注的不是官方选定的犯罪人，而是(1)犯罪的定义——例如，决定沉醉于大麻或其他毒品是犯罪，而沉醉于酒精(法律制定者的毒品)不是犯罪；以及(2)选择某些违法者作为犯罪人——例如，决定逮捕、起诉并监禁盗窃100美元的下等阶层男子，而对上等阶层贪污数10万美元的人不声不响地予以非正式处理，以免损害其名誉。

新犯罪学将犯罪视为社会中不可分割的一部分——一种正常而非病态的人类行为。它假定犯罪不能消灭——尽管其结构和形式可能会因犯罪控制政策的变化而受到影响,并假定某些形式的犯罪将所谓的守法社会整合为一个整体并划定其边界,从而服务于有益的目的。最重要的是,新犯罪学指出,越轨行为是一个相对的概念,而我们所称的"犯罪"和"犯罪人"或多或少被武断地定义为某些种类的行为和行为者,而不是"犯罪"和"非犯罪"标签意指的明确区分。……通常分派犯罪标签的方式要既维持已经确立的秩序,又不威胁掌握权力和影响力的阶级或群体的生命和生活方式。[586]

格雷沙姆·M.赛克斯对"批判犯罪学的兴起"有更深入的评论:

这一导向的核心是这样一种观点:在一个分阶层的社会中,刑法的实施是当权者控制穷人(以及少数群体成员)的一种手段。当权者利用法律机器,(1)将其特定的道德与良好行为标准强加于整个社会;(2)保护其财产和人身安全不被穷人剥夺,即使可能严重损害其认为构成威胁的人的法律权利;并且(3)扩展非法或犯罪行为的定义,使之包含可能威胁现状的行为。中等或中下等阶层被纳入这种统治方式,这是由于(1)他们被引导着认为维持现状对自己也有利;或者(2)他们成为社会控制机构的一分子,而这一机构的职业带来的回报促使

〔586〕 E. Doleschal and N. Klapmuts, *Toward a new Criminology*, 5 Crime & Delin. 607. 623 (1973).

他们维持穷人安守本分。[587]

马文·沃尔夫冈将批判犯罪学描述为一个试图与权力制度结合的学派,因为它批评甚至攻击权力制度未能推进社会公正。[588]

理查德·昆尼似乎早在1973年即已转入批判犯罪学。这一年他出版了《法律秩序批判》,其中概述了在某种程度上体现了批判思维的批判刑法理论:

1. 美国社会以先进的资本主义经济为基础。

2. 国家的组织服务于占支配地位的经济阶层的利益,即资本主义统治阶层的利益。

3. 刑法是国家和居于支配地位的统治阶层用来维护社会经济秩序,使其永久存在的一种手段。

4. 在资本主义社会中,由代表居于支配地位的统治阶级利益的政府精英来实现犯罪控制,从而建立国内秩序。

5. 先进的资本主义制度的内在矛盾,即存在与本质之间的脱节,要求以各种必要的手段,尤其是法律制度的高压和暴力手段,来使被统治阶层长期处于被统治地位。

6. 只有资本主义社会按照社会主义原理崩溃,犯罪

[587] G. Sykes, *The Rise of Critical Criminology*, 65 J. Crim. L. & Crim. 206 (1974).

[588] M. Wolfgang, "Developments in Criminology in the United States with Some Comments on the Future." Paper at the Fifth National Conference, Institute of Criminology, University of Cambridge (1973).

问题才能得到解决。[589]

昆尼在1973年的著作中进一步指出，“资本主义社会的法律对掌权集团的利益予以政治上的认可”；[590]除了各级立法机构以外，还运作刑事司法咨询机构和团体“来为统治阶层维护国内秩序，”[591]而且“任何国家的犯罪率都反映统治阶级必须通过其刑法机器来强制其他群体，从而防止对其统治和支配能力构成任何威胁”。

在1973年出版的《新犯罪学》中，作者伊恩·泰勒、保罗·沃尔顿和乔克·杨将爱弥尔·涂尔干描述为“对社会秩序的研究始终明确无误地激进”，[592]并称赞他在越轨行为研究中率先创立“激进政治”。[593]这些作者提及批判犯罪学家时宣称：

> 他们结束了这样一种倾向，即将现实中许多重叠并且有时相互矛盾的社会关系简单化为……一种单一的文化，在这种文化中，人们将越轨行为视为本来完善而统一的整体中出现的病态瑕疵。这样就有可能建立能够包含变化、冲突与斗争的理论。[594]

泰勒、沃尔顿和杨对包括达伦多夫、沃尔德、特克和昆尼在内的“新冲突论者”进行了评价，断定这些冲突论

---

〔589〕 R. Quinney, Critique of Legal Order 16 (1973).

〔590〕 同上书，第52页。

〔591〕 同上书，第59页。

〔592〕 I. Taylor, P. Walton, and J. Young, The New Criminology 87 (1973).

〔593〕 同上书，第89页。

〔594〕 同上书，第118～119页。

者并“不是特别新”[595]，并且他们仍然认为犯罪行为既是命中注定的，也是病态的。[596] 与此相反，《新犯罪学》的作者以7项主张建立了自己的替代性越轨行为社会理论：

1. 犯罪的政治经济。可以接受的社会理论必须能够将越轨行为置于更广泛的组织结构中。

2. 犯罪的社会心理学。可以接受的社会理论必须能够解释促成越轨行为的不同活动、经验或结构发展。

3. 行为的社会动力学。可以接受的社会理论必须能够解释信仰与行动之间的关系，能够解释人们选择的最佳“理性观点”与他们实际采取的行动之间的关系。

4. 社会反应的社会心理学。这一理论必须解释社会受众就可供其选择的范围所做出的直接反应。

5. 社会反应的政治经济。可以接受的社会理论必须提出有效的政治经济规则模型，作为“世俗意识形态”以及控制或改变越轨行为数量及水平的“改革运动”的基础。

6. 社会对越轨者进一步行为反应的结果。对越轨行为的社会解释应该是，越轨行为者总是在某种程度上意识到有可能出现针对他的反应以及反应的后果，而他随后的决定是由这种初级程度的意识发展而来的。

7. 理论分析的范围。越轨行为的社会理论必须提

---

[595] 同上书，第266～267页。

[596] 同上书，第267页。

出所有这些现实世界中,即在人与人之间复杂辩证的关系中,出现的正式要求。[597]

这样,这些作者主张,有可能"使犯罪学摆脱人为分割的束缚,并将各部分重新组合为一个整体"。[598] 显然,泰勒、沃尔顿和杨在说犯罪学家是只见树木不见森林。

1976年,威廉·钱布利斯以分析架构简要阐述了犯罪的含义:

犯罪是一种政治现象。被定义为犯罪行为或违法行为是政治进程的结果。在政治进程中形成了禁止或要求人们以特定方式行事的规则。……因此,'为什么有些行为被界定为犯罪行为,而其他行为没有被界定为犯罪行为',这个问题是所有对犯罪与犯罪行为的系统研究的出发点。没有什么是先天具有犯罪性质的,只是反应使之具有犯罪性质。[599]

批判犯罪学通过钱布利斯和理查德·昆尼的理论向马克思主义推进。昆尼在1977年的著作《阶级、国家与犯罪》中指出,"刑事司法是作为现代先进的资本主义社会的一个首要特征出现的。一个社会无法解决自身

---

[597] 同上书,第270~278页。

[598] 同上书,第279页。

[599] W. Chambliss, *The State and Criminal Law*, in W. Chambliss, ed., Whose law? What order? 66 (1976). 另见 B. Krisberg, Crime and Privilege: Toward A New Criminology (1975)。

产生的社会问题时,就必须设计并执行控制其民众的政策”。[600] 此外,昆尼告诫,“资本主义的最终发展也就是社会主义的最初发展。因此,在刑事司法随着资本主义的发展而摇摇欲坠时,产生了新的社会主义司法形式”,[601]“来突出工人阶级并使其团结起来抵御内部和外部的敌人以及国家机器中的精英官僚主义倾向”。[602]钱布利斯对此加以补充。他主张,“由于受到人口增长、社会化和情境压力的综合影响,立法者在刑法创制过程中将控制经济资源之阶级的观念吸收进来”。[603] 最后,钱布利斯论断:“资本主义经济体系的核心是保护私有财产。……因此,发现刑法反映这一基本关注也就不足为奇了。”[604]

有时可能难以将“批判”犯罪学与真正的马克思主义犯罪学区分开来。马文·沃尔夫冈提出的一项区分标准是,“批判”犯罪学“更被动而不主动”[605],意思是尽管“批判”犯罪学可能强烈批判它认为这样一个群体统治社会的方式,但推翻“统治阶级”的志向却并不如此强烈。另一方面,犯罪学中的马克思主义显然与一般的马克思主义并无不同。马克思主义确实是主动而不是被动的。

[600] R. Quinney, Class, State and Crime v (1977).
[601] 同上书,第 145 页。
[602] 同上书,第 163 页。
[603] 同注 600,第 80 页。
[604] 同上书,第 85 页。
[605] 同注 588 第 18 页。

第九章　犯罪学的存在主义现状:超越对错

CHAPTER NINE THE EXISTENTIAL CONDITION OF CRIMINOLOGY:BEYOND RIGHT AND WRONG

“存在主义”是一个被随意用来形容强调理由有限和经验微不足道以及人类生存充满不确定性和恐惧的哲学的深奥术语。从广义上看,存在主义适合从历史角度应用于《约伯记》中明显可见的神经哲学、圣奥古斯丁的哲学和7世纪法国数学家布莱斯·帕斯卡的哲学。有人可能会说,存在主义是现实主义尤其是伊曼纽尔·康德在其三大批判[606]和1785年出版的《道德的形而上学基础》的衍生品。康德在《道德的形而上学基础》中提出了他的法哲学。下列作品可以算作存在主义性质:费奥多尔·M.陀思妥耶夫斯基的《罪与罚》(1866~1867

[606] Critique of Pure Reason (1781). Critique of Practical Reason (1788), and Critique of Judgement (1790).参见R. von Kroner, Kant Bis Hegel (1921-1924); S. Korner, Kant (1955)以及J. Kemp, The Philosophy of Kant (1968)。

年)和《卡拉马佐夫兄弟》(1879～1880年),弗朗兹·卡夫卡的《判决》(1913年)、《在流放地》(1919年)和《审判》(1925年)。在索伦·克尔凯郭尔的《恐惧与战栗》(1843年)、《畏的概念》(1844年)和《关键时刻的想法》(1845年)等著作中,存在主义思想或许受到了削弱。在弗里德里希·尼采的著作,特别是《查拉图斯特拉如是说》(1883～1892年)、《善恶的彼岸》(1886年)和在1889年疯癫后尚未出版的《权力意志》中,存在主义思想或许达到了成熟。

从最狭义上讲,存在主义仅仅与20世纪的四位欧洲大陆人所表述的哲学有关。他们分别是马丁·海德格尔、卡尔·雅斯贝尔斯、加布里尔·马塞尔和让-保罗·萨特。还有两位可有可无的是克尔凯郭尔和尼采。[607] 由于"存在主义"逐渐成为一个家喻户晓的名词,于是尼采在1947年宣称:"存在主义被如此随意地适用于如此众多的事物,因而它不再意味着任何事物。"[608]

存在主义者认为,个人完全能够在其终生面临的一系列选择中做出决断,而不受遗传、历史或社会环境抑或道德的束缚。但是,这一令人兴奋的前景永远伴随着这样的苦恼。一个人在了解他完全对自己的命运负责,

---

[607] 参见H. Blackham, Six Existentialist Thinkers (1959)。

[608] J. Sartre, *Existentialism Is a Humanism*, in W. Kaufmann, ed., Existenialism from Dostoevsky to Sartre 289 (1956).

而又被判定享有一种源于人类境况的达到荒谬程度的自由。他将永远不能与其周围世界的一切取得真正的和谐，包括其他人、社会机构抑或他自己的“真实性”。一些存在主义者相信，现代工业时代的大众文化导致现象世界分解，以至于理性的概念、目标、时间和历史的含义都枯萎到没有任何相关性的程度，人处于一种独自面临绝望的虚无状态。存在主义者主张，人一旦理解了其境况及其周围世界的荒谬、不安全和虚无，便会接受宿命，放弃任何幻想和抗争。

确切地说，从存在的观点看，幻想一直是用于解释成因的传统概念。例如，在存在主义者看来，幻想把犯罪的责任归咎于资本主义社会，似乎与精神分析学家把犯罪归咎于行为人偏离了上帝的恩典和实证主义犯罪学家之类的现实主义者把犯罪归咎于罪犯的遗传基因一样。存在主义声称，事实上，任何确认犯罪成因的公式都必须是一种幻想，因为犯罪本身仅仅就是一种幻想。犯罪是人的存在的一部分，是人的痛苦的一部分。就像尼采总结的，“一个物种通过与不断出现的恶劣环境的长期斗争而变得坚定和强壮”。[609] 因此，犯罪可以成为人类的有益和爽快的经历。

1886年，尼采出版了《善恶的彼岸》一书。他在书中主张，“剥削”在社会中是正常的：

---

〔609〕 尼采：《善恶的彼岸》（W. 考夫曼译，1966年版）第266页。

生命本身*在存在意义上*是侵占、伤害,是对异族和弱者的压制、镇压、冷酷、强加自己的态度、最轻程度上的合并和中等程度上的剥削……“剥削”不属于腐败和不完善社会,它属于作为基本生理机能的生命的存在,它是最终属于生命欲的权力意志的结果……如果这将成为一种理论的创新——事实上,它是全部人类史上*最基本*的事实。人类至少应当对自己诚实。[610]

此外,尼采宣称“**生命**本身就是权力意志”:

我们成功地解释了我们全部的本能生命是一种意志即我所称的权力意志的发展和结果,如果所有器官的功能都可以追溯到这一权力意志,而且一个人还发现权力意志是解决生产和食物问题的办法之一,那么他便能够获得决定一切的有效力量,用单一词汇表示便是*权力意志*。从内部看和按照其可理解的特性来定义和限定的话,世界只是“权力意志”,而不是其他任何东西。[611]

随后,尼采宣称:“在动物界,所有的驱力都能够归结于权力意志。同样,所有器官的功能也都可以归结于这一源泉。”[612]因而,他的观点进一步扩展了。最终,尼采为人类存在的理想而奋斗,他将人类存在的理想称为“狄俄尼索斯(希腊神话中的酒神)的世界断言,因为她

---

[610] 同上书,第259页(斜体是原有的)。

[611] 同上书,第36页(黑体号是原有的)。

[612] 尼采:《权力意志》,W.考夫曼、R.霍林戴尔译,1967年版,第619、658页。

没有减法、例外和选择”。[613]

“狄俄尼索斯”意味超越了人格、日常生活、社会和现实,超越了瞬间的深渊:深感痛苦地俯冲向一个更黑暗、更浓郁、更漂浮不定的状态;一种对全部生命特征的狂热确认……对好的甚至最可怕和可疑的生命质量进行圣化和呼唤的快乐和悲痛的伟大泛神主义的分享,不朽的生产、丰收和循环的意志,创造和毁灭之必要结合的情感。[614]

“狄俄尼索斯是一个**法官**! ——你们理解了我吗?”尼采宣称。[615] 他总结道:“世界上根本没有道德现象,而只有对道德现象的解释。”[616] 他反过来解释了他的观点。“道德观”是“一系列与制定者的生活环境在一定程度上巧合的评价”。[617] 他将这些生活环境称为“等级”,并且由此抛出了他的著名论断:“道德观一定首先被迫向等级*顺序*低头。”[618] 因此在《查拉图斯特拉如是说》中[619]提出了他的基本假说:伦理和道德习惯。

陀思妥耶夫斯基在《罪与罚》中发扬了这一存在主义观点,如学生杀手拉斯柯尔尼科夫解释他杀人是为了实现他的雄心:

[613] 同上书,第1041页。
[614] 同上书,第1050页。
[615] 同上书,第105页(**黑体**是强调)。
[616] 同前书,第48页注4。
[617] 同前书,第256页注7。
[618] 同前书,第221页注4(斜体是原有的)。
[619] 尼采最著名或许也是最好的著作是《查拉图斯特拉如是说》。

事实是这样的。有一天,我向自己提出这样一个问题:如果拿破仑处在我的地位上,为了开创自己的事业,他既没有土伦,也没有埃及,也没有越过勃朗峰,他没有机会完成所有这一切壮丽辉煌的丰功伟绩,而只不过遇到了一个可笑的老太婆,一个14等文官的太太,而且还得杀死她,为的是把她箱子里的钱拿出来(为了事业,你懂吗?),如果没有别的出路,他会下决心干这种事吗?他会不会因为这太不伟大,而且……是犯罪,于是就感到厌恶呢?我告诉你,为了这个'问题',我苦恼了很久很久,当我终于领悟(不知怎么突然一下子明白了),他不但不会感到厌恶,而且根本就不会想到,这不伟大……甚至完全不会理解:这有什么可以感到厌恶的?这时候我真是羞愧极了。只要他没有别的路可走,那么他准会不假思索地掐死她,连叫都不让她叫一声!……所以我也……学这个权威的样……不再思索……掐死了她![620]

拉斯柯尔尼科夫的诡辩毫无疑问是不合逻辑的推理,因为拿破仑可能做的一切事情都不能在任何逻辑程度上证明其行为合法。但是,存在主义的一个重要假设是生命不遵循任何逻辑指令。正像拉斯柯尔尼科夫在做出上述辩解之后不久再次对她的朋友索尼娅·谢苗诺芙娜所说的:"我反复就同一事实问自己:'为什么如

[620] 陀思妥耶夫斯基:《罪与罚》,第5部第4章,第1866~1867页。

果拿破仑杀了这个女人就足以证明我不是拿破仑呢？'"[621]

尼采的存在主义与分析学派相似，至少表面上如此，因为尼采和分析学派都承认阶级划分对法律和道德准则形成的影响。但是，对于绝大多数分析学派人士认为坏的东西，尼采认为超越好坏。[622] 尼采把它称为"真理意志"，且认为它是存在主义条件的一部分：

存在主人道德和奴隶道德。但是，我必须立即补充说，在所有较高和混杂的文明中，同样存在调和这两种道德的尝试；但是人们仍然经常发现对它们的混淆和相互误解。事实上，它们有时紧密并列着。道德价值的区别或者源生于统治等级，这个统治等级欣然自觉地区别于被统治等级，或者源生于被统治等级、奴隶和侍从们。首先，在统治等级规定"善"的概念时，正是高贵的、骄傲的品质被认为是出类拔萃的特征，而且决定了等级秩序。上等人把自己与芸芸众生区别开来，芸芸众生的品质正好与这种高贵的骄傲的品质相反，上等人瞧不起芸芸众生。人们立即意识到，在主人道德层面上，"好"与"坏"的对立实际上就是"高贵"与"下贱"的对立——"善"与"恶"的对立乃是另一种不同来源的对立。胆小如鼠、卑贱、微不足道而且只考虑蝇头小利之徒受到蔑

---

〔621〕 同上（作者原著）。

〔622〕 尼采认为道德价值规范能够而且应当由具有坚强、决断的超人群体的"意志"决定。参见尼采：《善恶之彼岸》第56页（H. 齐默恩翻译版，1907年）。

视;此外,目光闪烁而受到怀疑的人、自甘堕落之辈、甘为鹰犬狗彘不如之徒、沿街乞讨的马屁精,尤其是撒谎者同样被嗤之以鼻——所有贵族的一个基本信条就是:普通人是不诚实的。古希腊的贵族认为他们自己才是诚实的。他们说:“我们,诚实的人。”显而易见,道德价值标准最初被应用于人,并且是派生性地,而在后来才被应用于*行为*;因此,当道德史学家从“为什么同情行为一直受到赞扬”的问题开始时,这就是一个严重的错误。上等人认为自己是价值的制定者,他并不需要批准,他做出这样的评判:“凡是对我有害的东西本来就是有害的。”他知道,只有他才能赋予事物以尊严,他是***价值的创造者***。[623]

尼采注意到了对其称为“统治等级的道德观”的消极社会反应:

但是,统治等级的道德常常与现代人的趣味格格不入。现代人的原则是只对同类的人负责。现代人可以随随便便地或“随心所欲”地对待下等人和陌生人,而且无论如何都“超出了善恶之分”。正是在这里同情或类似品质获得了一席之地。长久的感谢和长久的复仇的能力和责任——两者只在同等级的人之间实行——老奸巨滑,口蜜腹剑,到处树敌(似乎是发泄妒忌、争吵、傲慢等情绪的途径,事实上是为了成为好朋友):所有这一

---

[623] 同上书,第 227 ~ 228 页(**黑斜体**是强调)。

切都是贵族道德的典型特征。如前所述，这一切并非“现代观念”意义上的道德，因此目前很难实现，而且很难被发现和解释。另外还有与第二种道德有关的道德，即奴隶道德。如果凌辱、压迫、奴役、不由自主和厌倦都已经道德化了，那么对它们做道德评判的标准是什么呢？也许表达了对人的整个状况的悲观主义怀疑，也许是对人及其状况的谴责。奴隶看不惯强者的道德，他对这里一切尊重的东西采取怀疑和不信任的态度。他欣然告诫自己，这里的快乐乃是过眼云烟……奴隶的道德本质上都是实用的道德……在奴隶道德占据优势的任何一处，语言都显示出这样的倾向：“善”和“笨”这两个字的意思一模一样。[624]

因此，尼采预见到了马克思主义犯罪学家对法律的目的的反应。

事实上，正像尼采提及但是很快就不直接说的那样，绝大多数罪犯都是领袖或者至少是热心的人而非追随者。马克思主义犯罪学家们不能理解这一点，自然因为他们是“羔羊”。尽管罪犯拥有“统治等级的道德”是事实，而且或许在某种意义上有些悖论，但是他们不是统治者。他们抵制要求他们所做的事情，甚至当法律的强力命令他们实施符合法律的行为，否则将受到惩罚时，也是如此。其中或许有他们的不幸，或许没有，因为

---

〔624〕 同上书，第229～230页。

罪犯倾向于在自由的时刻做他们自己想做的事情，但是他们的自由时刻可能都是在两次服刑期间。职业罪犯坚守一系列道德观。按照这些道德观，他的行为在其同伴和其他罪犯中获得广泛认可。因此应验了那句古老的谚语：贼也讲求荣誉。

同样，罪犯不愿干涉另一个人的犯罪活动，而宁愿遵从**拒绝作证**或沉默的准则。但是，遇到仇敌，他会延迟报复，直至奸诈地实现了复仇。罪犯也拥有尼采所称的主人道德："上等人本身尊重有力量的人，这种人同样有能力超越自身，知道如何去说，知道如何保持沉默，乐于严厉地对待自己，而且尊重一切严厉的东西。"〔625〕所以，罪犯自然能够而且切实忍受监禁的磨难，因而监禁对其恶行的矫正丝毫无效。

罪犯生活在危险之中，应验了尼采的观察结论："世界充满了'危险的个体'！"〔626〕与认为这意味着社会是"病态"的主流观点不同，尼采主张危险是有益健康的：

"我很高兴地看到一切迹象均显示出一个更加雄壮和富有挑战性的时代即将到来……为达此目的，此刻需要许多勇敢的开路先锋。这些人不能是庸碌之辈，他们是建设现代文明和都市文化的基本材料——知道如何在无形的活动中仍能获得满足并坚持到底之沉静、孤独

〔625〕 同上书，第228页。

〔626〕 尼采：《朝霞》，J. 沃尔兹译，1903年版，第170页。

而果断的人，天生有探究能克服自己的一切之气质的人，视伟大虚荣之振奋、单纯与轻蔑如同在胜利中对被征服者所表现之肤浅之虚荣的宽怀大量一样的人，对一切的胜利——有时机运会作弄——有着精确而独立之判断的人，更富危险性、创造性和欢悦的人！相信我！要想体会一切存在之最大生产性和最高享受的秘诀就是去**生活在危险之中**！要活在与你相匹敌的人物甚至与自己交战之状态中！若是不能成为统治者或主人，就要做大盗或破坏者！"[627]

因此，今天的刑事罪犯实际上不生活在危险之中，而是生活在他自己的概念之下。他变成了他自己的"狄俄尼索斯"。他必须自己取悦自己，或者不取悦任何人，即使冒着面对漫长监狱监禁的风险依然如此。像龙勃罗梭主张的那样，罪犯是遗传因素造成的，已经不再是今天之罪犯的答案。不同交往和不同机会理论同样也是不完整的答案。像马克思主义者声称的那样，罪犯是资本主义的产物，是在人剥削人的社会驱使下犯罪的，也不是有效的答案了。

---

〔627〕 尼采：《快乐的科学》1900 年版，第 214～215 页，英文版载 R. 贝克主编：《哲学观点》1961 年版，第 371～372 页。（**黑体**是强调）

第一节 批判的法律研究还是虚无主义

在过去的100年里,美国法律学者或多或少受到存在主义的影响,但是多在犯罪学领域之外。至少在一定程度上由巴西籍哈佛大学法学教授罗伯特·M.昂格尔领导,这些学者创立了一个以"批判法律研究"而知名的知识分子运动。[628] 批判法律研究的主要观点似乎是,传统上认为法律是自主的,实际上它与社会理论和社会实践相关。[629] 昂格尔和他的同事表现出了"道德怀疑主义",[630]结果引起了一些传统法律学者的强烈谴责。[631]根据他们对"批判法律研究"集体的批判,大体上可以将其结论归结为,昂格尔及其同事的观点导致"虚无主

---

[628] 参见 R. Unger, *The Critical Legal Studies Movement*, 96 Harv. L. Rev. 563 (1983)。

[629] 参见 J. Schlegel, *Introduction*, 28 Buff. L. Rev. 203 (1979), introducing D. Kennedy, *The Structure of Blackstone's Commentaries*, 28 Buff. L. Rev. 205 (1979)以及其他"批判法律研究"论文。

[630] R. Unger, Knowledge and Politics 52 (1975).

[631] 尤见 D. Caplan, *A Scholarly War of Words over Academic Freedom*, 7 The Nat'l. L. J. 1 (February 11, 1985)。另见 P. Carrington, *Of Law and the River*, 34 J. Leg. Ed. 222 (June 1984)。

义”,不管准确不准确。

尼采以及自尼采以来的许多存在主义者都被描绘为虚无主义者,依然不管准确与否。虚无主义者牵扯到抛弃对“真理”和“知识”的期待,而对“真理”和“知识”的期待是一部分人保持和增长权力的渠道。因此,一个真正的虚无主义者不承认人能够获得对自己和现实真正了解的理念。[632] 许多哲学家都认为尼采不是一个虚无主义者,[633]但是丹托和另外一些哲学家一直主张他是虚无主义者。[634] 杜克大学法学院院长保罗·D. 卡林顿等人把昂格尔等“批判法律研究”学者打上了虚无主义的标签,要求他们从法学院辞职,否则就开除他们。[635]尼采、昂格尔和其他一些学者,过世的或在世的,是否代表了虚无主义,已经不如审视一下批判法律研究运动的价值重要了。

昂格尔的“道德怀疑主义”于 1975 年出现在他的《知识与政策》一书里,[636]在他第二年出版的另一本书

[632] 参见 R. Schacht, Hegel and After 175 - 76 (1975)。

[633] 雅斯帕斯、洛维特、摩根和考夫曼一直主张尼采不是虚无主义者。同上书,第 177 页。

[634] 丹托一直主张虚无主义是“其哲学的核心概念。”参见 A. Danto, Nietzsche As Philosopher 22 (1965)。

[635] 卡林顿坚持:“一个人不相信作为法学家的一个人的专业技能和判断的价值,那他对法律的观念及其实施机构也不信任。虚无主义的信念以及关于人自己决定一切,原理只不过装饰品之类的课程是不能接受的。”参见 P. Carrington, *Of Law and the River*, 34, J. Leg. Ed. 222, 227 (June 1984)。

[636] 参见下注。

《现代社会的法律》中变得更具体化了。[637] 1975年,昂格尔比较了两种道德观:欲望的道德观和理性的道德观。他以一种纯存在主义的方式指责二者都不能为区分对错提供指导。他写道:“欲望的道德观不能够为提升对他人的一些欲望提供标准,”而且最终“不能作为对选择的批评进行辩解的基础”。[638] 在《知识与政策》的“理性与欲望的悖论”一节中,昂格尔假定所有欲望“对于对世界的已有了解都是随机的”。[639] 昂格尔总结道:

我们不能假定在我们的选择和意向中存在一个次序,并假定可以发现这一次序的理由并影响意愿。一个人的欲望范式只有在他能够问其在具体个案中所追求的目标体系都是什么时才可能产生。[640]

因此,按照昂格尔的观点,“欲望的道德观”不能提供用于解释任何人的个人喜好,尽管期望排序的理由可能“在满足喜好的计划中具有辅助作用”。[641] 根据昂格尔的观点,由于欲望的道德观不能提供标准,因此它只能成为根本不称其为道德规则的伦理,而最多是不充分的描述性的心理状态。[642] 进一步说,昂格尔极力主张,即使作为描述性的心理状态,“欲望的道德观”也是不充

〔637〕 R.昂格尔:《现代社会中的法律》1976年版,第1~46页。
〔638〕 同上书。
〔639〕 同上书,第51~55页。
〔640〕 同上书,第52页。
〔641〕 同上。
〔642〕 同上。

分的，因为它“不能解释我们怎么赞扬和谴责某一行为，也不能解释我们道德判断的实践与我们爱好和反感的形成如何相关联”；欲望的道德观“褒扬知足为乐的品行，并把知足定义为欲望的满足。但是，只要我们缺乏判断和对我们的目标排序的标准，就不能实现知足。一旦一个欲望满足了，另一个欲望将会接踵而来……”[643]因此，昂格尔主张，没有知足就没有良好品行，欲望满足不了就没有知足，欲望是不能够得到满足的。欲望无法满足，对“快乐的追求”就“永远距离终点差一小步”，这是由于“自我”永远不能“理解从各种具体欲望之和中分离出来的自己的道德使命”，因为人类不可能脱离部分之和而获得理解整体的知识。[644]

按照昂格尔的主张，“理性的道德观”也不比其对手“欲望的道德观”更站得住脚，理由有两个：“我最初的反对针对的是作为任何道德判断基础的理性的道德观，我的第二个理由与缺乏理性的道德家构想道德生活的方式有关。”[645]由于存在这样的两难境地，昂格尔总结道：“道德观一定以两种形式存在：可行但是支离破碎的，或者聚合但是不可行的。”[646]根据这些批判，昂格尔假定，“理性和欲望的自相矛盾”构成了两个“同样站不住脚和

〔643〕 同上书，第52～53页。
〔644〕 同上书，第53页。
〔645〕 同上。
〔646〕 同上。

相互矛盾的道德教条”：

如果欲望的道德观不能够提供指导，而将我们丢弃在随机和不断变化的爱好之中，理性的道德观就会无视或者压制我们作为具有不同目标的主体的存在。欲望的道德观禁止我们求得一个结论的努力，理性的道德观则不允许我们做出努力的尝试。一个永远不结束，另一个永远不开始。[647]

昂格尔用这种方式再次清楚地勾画出存在主义者主张的，在一个不同的选择带来难以逾越的障碍的世界中，没有指导和指引，人将陷入孤独的窘境。在《现代社会的法律》一书中，昂格尔极大地扩展了“社会理论的窘境”的视野。根据他的理解，“官僚化的法律和法律秩序是作为对由于习惯弱化而导致的秩序危机的反应而产生的”。在此基础上，他对西方社会法治的发展和退化进行了一次深刻的回归分析（“法律与现代性”）。[648]

在《现代社会的法律》中，昂格尔发现了三个法律概念：(1)习惯；(2)监管（官僚）法；(3)法律秩序或法律制度；明显为了强化“自主权”秩序。[649] 昂格尔在本书中

---

〔647〕 同上书，第54页。

〔648〕 同注650，第134页。昂格尔指出，“我一直所指的发展没有到处都以同样的进度或作为同样的重点产生。在一些国家，君主的集聚惯性超过了财产的自主权和法律的保护……在另外一些社会……一批更新的贵族常常与富有的商人阶层和专业人士结盟，掌握了绝大部分的国家机器。”同上书，第164页。

〔649〕 同上书，第49～52页。

主张法律是"自主的……当政府制定和实施的规则不能够作为一个仅仅对一系列可确认的非法律的信仰或规范的复述而进行令人信服地分析时，它们是经济的、政治的或者宗教的"：

更具体些说，自主的法律制度不把特定的宗教体系法典化。作为一系列世俗的规则，它要避开支配人与上帝关系的戒律，避开任何一种宗教对社会关系的看法……法律推理有一种把它区别于科学解释和道德、政治及经济阐述的方法或风格……一个专门的群体，法律界操纵规则，管理法律机构，进行法律辩论。[650]

昂格尔注意到，在自由国家里"有一套单独的法律规范、一套专门的法律机构、一个关于法律原则的已知传统和一个具有相对独特的见解、利益和理想的法律职业体"，但是监管类法律仍然保持"决策或行政命令的形式"，而习惯类法律保持"法律秩序所依赖并影响的互动之期望和习惯的范式"。[651] 因此，不管是不是虚无主义者，昂格尔都成功地挑战了不仅包括法律制度而且还包括律师、法官、法学院教授和院长在内的官僚的"自主性"。[652]

在几乎一个世纪之后昂格尔于 1983 年发表在《哈佛法律评论》上的《批判法律研究运动》一文揭示，这一

---

〔650〕 同上书，第 53 页。

〔651〕 同上书，第 54 ~ 55 页。

〔652〕 同注 644 和注 648。

运动一直具有两个分立的根源：

在批判法律研究运动中可以区分出两个主要的派别。一派认为过去和现在的教义表达了一种对社会的特定观点，同时强调法律原则具有矛盾和可操作性特征这样的观点。这一派别的直接渊源是反形式主义的法律理论和文化历史领域的结构主义方法……另外一个派别产生于马克思和韦伯的社会理论以及将功能主义方法与激进目标相结合的社会历史分析模式。这一派别的出发点一直坚持的观点是，法律和法律原则反映、证实和重塑源于像“资本主义”这样的社会组织形态或阶段的社会分工和等级制度。[653]

昂格尔观察到，两个“派别”都需要做出下列事项：

1. 批判法律原则的主流形态并试图完善和保持这一形态的法律理论；

2. 在批判的过程中否定把现在的社会安排归咎于工业社会、人类本性或者道德秩序要求的尝试；

3. 尚有待于对方法、内容抑或对规范性的和纲领性的思想的可能性提出一个明确的立场，因为一些源于激进传统的假设导致难以将建设性的建议转变成高于对

---

[653] 同注641，第563页。昂格尔举的第一个派别的例子有 D. Kennedy, *The Structure of Blackstone's Commentaries*, 28 Buff. L. Rev. 205 (1979)，还有 M. Kelman, *Interpretive Construction in the Substantive Criminal Law*, 33 Stan. L. Rev. 591 (1981)。第二个例子是 D. Trubek, *Complexity and Construction in the Law*, 11 Law & Soc'y. Rev. 527 (1977) 和 D. Kairys, ed., The Politics of Law: A Progressive Critique (1982)。

信奉进行陈述或对历史进行预测之类的东西。[654]

昂格尔显然用这种方式消除了批判法律研究运动的存在主义信条与第八章讨论过的"批判犯罪学"的分析方法之间的基本不同,尽管明显有部分重叠,特别是在分析派和存在主义派马克思主义者之间。[655] 即使马克思派存在主义者也不否认,经济之外的因素决定法律的形态。

批判法律研究学者们有待于在刑法领域更广泛地写作,但是他们的著述主要在合同和侵权之类的民法领域。然而,民法与刑法没有很大不同,但是可以推断这些思想家怎样评价刑法的演进。邓肯·肯尼迪教授在一篇重要文章中发现了三个在"利他主义"与"个人主义"之间存在冲突的重叠时期。[656] 彼得·加贝尔教授

---

[654] 同上书。昂格尔承认,许多著作不属于任何"派别",如 Gordon, *Historicism in Legal Scholarship*, 90 Yale L. J. 1017 (1981); Park, *The Past of Constitutional Theory—And Its Future*, 42 Ohio St. L. J. 233 (1981); Simmon, *The Ideology of Advocacy*: *Procedural Justice and Professional Ethics*, 1978, Wis. L. Rev. 29 (1978)尤见 Stone, T*he Post – War Paradigm in American Labor Law*, 90 Yale L. J. 1509 (1981). *id.* at 564. n. 1。

[655] 批判法律研究运动与马克思主义犯罪学之间的不同之一是,前者不像后者,"不主张经济结构之外的其他结构与法律著述无关",而仅仅认为"经济结构发挥主要影响并调节其他结构"。参见 P. Gabel, *Intention and Structure in Contractual Conditions*: *Outline of a Method of Critical Legal Theory*, 61 Minn. L. Rev. 601, 619, n. 27 (1977)。另见 D. Kennedy, *Form and Substance in Private Law*: *Adjudication*, 80 Harv. L. Rev. 1685, 1728 (1976) 以及 L. Althusser, *Structure in Dominance*: *Contradiction and Overdetermination*, in For Marx 200 – 218 (1970)。

[656] D. Kennedy, *Form and Substance in Private Law*: *Adjudication*, 80 Harv. L. Rev. 1685, 1725 – 37 (1976). 三个时期分别为1800 ~ 1850 年、1850 ~ 1940 年和 1900 年至今。

通过比较两个具有里程碑意义的合同判例,再次按照民法划分将这三个时期具体化了。其中一个判例是美国最高法院于1885年做出的,[657]另一个是纽约上诉法院于1918年做出的。[658] 加贝尔认为,最高法院接受了合同具有无限责任的假设。但是,纽约上诉法院在25年之后承认了相对责任。[659] 进一步说,前一个判例认为合同带来的主要是法律问题,而后一个判例则意识到,合同也可以引起事实问题。[660] 加贝尔发现,作为法律从"严厉"向"公正"发展的一部分,"商业惯例和习惯"这样的社会规范在1918年的判例中得到了考虑,而1885年的判例并没有对其进行考虑。[661] 因此,通过1918年这一判例,"善意"成为一个能够弱化法律条文含义的因素。[662] 加贝尔主张,"综上所述,这些法律观念上的变化弥补了通常所说的形式主义的衰退"。[663] 最高法院于1914年就威克斯诉美国案做出的判决中,难道没有

---

[657] Norrinton V. Wright, 115 U. S. 188 (1885).

[658] Helgar Corp. V. Watner's Features. Inc., 222 N. Y. 449, 119 N. E. 113 (1918).

[659] P. Gabel, *Intention and Structure in Contractual Conditions: Outline of a Method of Critical Legal Theory*, 61 Minn. L. Rev. 601, 612 (1977). 换句话说旧判例没有接受合同中"过失程度"的概念,而后来的判例接受了。

[660] 在1918年的赫尔加公司诉华纳电影有限责任公司案中,不像在1885年的诺林顿诉莱特案中那样,法院给陪审团留下很多需要做出判断的事实,如目的、动机和故意。

[661] 同上。

[662] 同上。

[663] 同注672,第613页。

在“形式主义衰退与排他性规则”之间体现出一条即使不完整也局部性的平行线吗？[664] 同样，在20世纪60年代的“刑法革命”之前和期间，对《权利法案》中一些条款的“选择性合并”没有一条平行线吗？[665]

批判法律研究运动激发了若非对刑事诉讼法起码是刑事实体法的分析。马克·科尔曼教授进行的尝试是其中的一项。他通过分析发现，对实体刑法的解释，包括绝对主观主义的和教条主义的，都是法律上的幻想。[666] 科尔曼发现，对不同概念的“狭义和广义”的使用在当时都发挥了较好的作用。[667] 因此，例如，对“狭义时间框架概念的关注消除了在法定强奸中确定合理相信女孩已经达到可以做出同意年龄上的困难”。[668] 这是一个严格刑事责任的例子；但是，广义时间框架概念被用于任一领域，因为以通行规则为导向的刑法本质已经步履蹒跚地进入到规则不如从前盛行的未遂领域。[669] 同样，按照科尔曼的观点，“在要求行为与犯意一致的同意学说上，也发生了被告人的广义和狭义概念

---

[664] 232 U. S. 383 (1914).

[665] 参见 D. Jones, The Law of Criminal Procedure – An Analysis and Critique 588 (1981).

[666] M. Kelman, *Interpretive Construction in the Substantive Criminal Law*, 33 Stan. L. Rev. 591, 672 (1981).

[667] 同上书，第596、600～615、627～628、633、637、641、664～665、667～668页。

[668] 同上书，第606页。

[669] 同上书，第612页。

之间的转换……除谋杀重罪之外,我们(据称)不把一个罪的犯意转到或者归结于另一个罪……”[670]然而,科尔曼主张,按照《模范刑法典》对于过失的定义,“所冒的风险必须是常人‘在行为人的情境下’可以避免的”。[671]因此,一个被告的看法根据他的“阶层”是可以变化的——例如,一般来说,一个盗窃煤气表的贼既能够处理煤气表,也能够处理毒气。[672] 同理,科尔曼批判了“不能实施的自我防卫”(如被告相信攻击者正在使用紧急的致命暴力,但是常人不相信)[673]和“不可能的未遂”(如被告认为他将要获得的物品已经被警察发现,结果物品没有被盗)。[674]

第二节　权力意志

罪犯是剥削者！他是一个典型的资本家。他是一个愿意攫取他人财物抑或生命的家伙。他这么做是因

[670] 同上书,第633页。
[671] 同上书,第636页。
[672] 同上。
[673] 同上书,第616页。
[674] 同上书,第620~622页。

为他想这么做。而且,他这么做还因为他必须遵循他的“权力意志”,权力意志是一个人欲主宰他人的内在驱力的一部分。权力意志是一种与迫使物种幸存和在狼群中取得地位的力量相同的力量。当然,权力意志自身在不同的人身上表现得不尽相同。我们全都是罪犯!但是,我们以不同的方式进行犯罪。其中一些犯罪被法律忽视了,还有一些被我们成功地隐匿了。个人从事的各种各样的犯罪行为,是行为人自身不断变化的生活经历及其祖先在集体无意识的情况下积累的生活经历的一种功能,至少在一定程度上可以这么说。因此,一个人的权力意志迫使他盗窃,而另一个人的权力意志迫使他贩卖毒品,然而第三个人的权力意志迫使他杀人。

动物包括人都拥有不同程度的残暴或暴力倾向。狮子咆哮,狼哀嚎,丛林狼尖叫,均给人以它们都愿意开始即将进行的捕食行动的印象。残暴只不过是权力意志的产物之一。但是,残暴是预示强大的一个负因子,因为真正强大的人或野兽不需要残暴。他只取得他需要的食物来吃,而且尽可能默默地并且不费力地取得。那些像食肉动物般尖叫或行事,使用超出生存所必需的强力的人或野兽试图假装强大而掩饰其软弱。吓唬是一种显示个人权力意志的方式。

通过与他人的不同交往,像萨瑟兰等注意到的那样,或者像克罗尔德和奥林观察到的那样,通过不同的机会,人们学习各种掩饰其权力意志的方法。因此,虞犯少年学习犯罪职业所需的技能和技巧。但是,他最初想从事犯罪职业的期望的根源是权力意志。每个人都有权力意志,无论其社会互动和机会如何。

正像有些人学习如何调和其权力意志一样——转移它,净化它,或者削减犯罪倾向——另外一些人学习推进它,因为他们积极着手进入犯罪职业。随着人们在成长的过程中经历不同的生活,他们会找到特定的渠道来实现权力意志。

实现权力意志的第一个基本渠道是生殖,通过生养子女来实现影响范围成倍增大的愿望。第二个渠道是宗教,神父在宗教仪式中引导众信徒追寻永恒的恩典。"好父母"和"可怜的神父"都克制盗窃或强奸的欲望,因为陷入这类遭人鄙视的活动会导致他们没有权力继续抚养子女或率领信徒祷告,后者不再信任他们。第三个实现权力意志的渠道是参军。在军队里,严格的等级制度使得几乎每个人都可以根据级别对他人行使一些个人的权力。就集体而言,行进的陆军、航行的海军和飞行的空军通过武力或武力威胁都可以对盟军或敌军以及平民行使权力,就像吼叫的狮子和狂野的丛林虎一样。第四个实现权力意志的渠道是商业,一般而言是一个非暴力的舞台。为经济利润而进行的市场竞争和职业发展能够实现成功人士的权力意志。第五个实现权力意志的渠道是政治。在官场上,私人个体投资于公共权力。法官在审判中决定被告无辜还是有罪。警官在决定逮捕、指挥交通或强行进入居民家中这样的问题上具有自由裁量权。矫正官员对囚犯进行支配和控制，监管他们的日常生活。刽子手根据死刑令不受惩罚地杀掉死囚时实现了最大的权力意志。

法律容忍这些权力意志现象，甚至鼓励它们，有时控制它们。这些强势群体抵制超出其一般授权范围的诱惑，因为被逮住就意味着被开除。但是，因为官方意义上的强者都将自己的利益置于维护其官方权力的基础和合法性上，他们必须克制住犯罪的欲望，尽管他们具有成为罪犯，并因此扩展其权力范围的潜在愿望。由于其自己隐秘地渴望从事犯罪生涯，他们便鄙视罪犯，结果就是严厉地处理被定罪的罪犯。

第三节　潜在的与公然的犯罪

当一个人在行使权力意志受到挫折时，他首要和最终的任务则一定是恢复权力意志，而不管这样做的后果意味着什么。因此，当父母失去子女的尊重时，当牧师被揭露为伪君子时，当战士或水兵受到军事审判时，当商人被指控从事不公正交易时，或者当公共官员被揭露出腐败时,权力意志就逐渐变得不重要了,无论其是否一定诉诸于公开的犯罪行为来恢复它。因此,例如,一个被揭露出腐败并因此被开除的警察可能为暴徒提供支持,一个受到降职处分的毒品侦探可能会变成毒品犯,一个色情侦探可能变成掮客。我们都是隐秘的罪犯,但是一旦被揭露就会变成公然的罪犯。一个前公共官员即使未被揭露出犯罪,他也倾向于通过攻击继任者而展示权力意志。例如,一个辞职"去挣大钱"或者落选的检察官很可能作为辩护律师,通过让大家知道或者至少认为他对法庭的内部了解能够简单地用于像维护"制度"一样来攻击制度,而宣扬他的要求。

第四节　渠道与闸口

一旦进入到被最好地描述成将隐秘的犯罪变成公然的犯罪区分出来的渠道,当一个隐秘的罪犯明知和故意违反刑法时,他就面临着一些他必须接连不断通过以维持其权力意志的闸口。这些闸口将犯罪现象的程度做了区分,罪犯每通过一个闸口都逐渐提升到一个承担"更高"一级风险的行为层次,更严重的犯罪,对受害者造成更大的损失，但同时在其他公然的刑事罪犯中赢得更大的亚文化上的尊重。尽管一个人可能为了实现作为非犯罪权力意志一部分的传统目标而开始犯罪，但是当公然的罪犯眼见犯罪一旦曝光面对当局越来越无能为力时，反复犯罪的需要就成为首要的了。

因此，一个最初为了创业而偷盗的人，一旦被揭露出偷盗，便不能维持其生意了。他反而发现他必须继续偷盗。盗窃变成了他的生意，成为他实现权力意志的唯一手段。最终，犯罪经历而不是从犯罪中获取的价值观念能够实现公然的罪犯的权力意志。由于见证了一旦被揭露为公然的罪犯时对于规范其行为的社会的无能为力，这样的罪犯可能产生一种要挫败社会的变态欲望。然后，权力意志驱使他为了杀人的兴奋而杀人。

图书在版编目(CIP)数据

犯罪学的历史 / (美) 戴维·亚瑟·琼斯著；郭建安，宋金莹译. -- 北京：法律出版社，2019(2020.12 重印)

书名原文：History of criminology

ISBN 978-7-5197-3325-4

Ⅰ. ①犯… Ⅱ. ①戴… ②郭… ③宋… Ⅲ. ①犯罪学—研究 Ⅳ. ①D917

中国版本图书馆 CIP 数据核字(2019)第 055504 号

犯罪学的历史
FANZUIXUE DE LISHI

[美]戴维·亚瑟·琼斯 著
郭建安 宋金莹 译

责任编辑 黄琳佳
装帧设计 鲍龙卉

出版 法律出版社
总发行 中国法律图书有限公司
经销 新华书店
印刷 三河市兴达印务有限公司
责任校对 王晓萍
责任印制 陶 松

编辑统筹 学术·对外出版分社
开本 A5
印张 10.625
字数 201 千
版本 2019 年 11 月第 1 版
印次 2020 年 12 月第 2 次印刷

法律出版社/北京市丰台区莲花池西里 7 号(100073)
网址/www.lawpress.com.cn
投稿邮箱/info@lawpress.com.cn
举报维权邮箱/jbwq@lawpress.com.cn
销售热线/400-660-8393
咨询电话/010-63939796

中国法律图书有限公司/北京市丰台区莲花池西里 7 号(100073)
全国各地中法图分、子公司销售电话：
统一销售客服/400-660-8393/6393
第一法律书店/010-83938432/8433 西安分公司/029-85330678 重庆分公司/023-67453036
上海分公司/021-62071639/1636 深圳分公司/0755-83072995

书号:ISBN 978-7-5197-3325-4 **定价**:68.00 元
(如有缺页或倒装,中国法律图书有限公司负责退换)